现代汉语强调标记及其实证研究

陈颖 著

A Study on Emphasis Markers in Modern Chinese with Empirical Research

图书在版编目(CIP)数据

现代汉语强调标记及其实证研究 / 陈颖著. -- 上海：上海社会科学院出版社，2025. -- ISBN 978-7-5520-4633-5

Ⅰ. H109.4

中国国家版本馆 CIP 数据核字第 2025HR9088 号

现代汉语强调标记及其实证研究

著　　者：	陈　颖
责任编辑：	邱爱园
封面设计：	周清华
出版发行：	上海社会科学院出版社
	上海顺昌路 622 号　邮编 200025
	电话总机 021－63315947　销售热线 021－53063735
	https∥cbs.sass.org.cn　E-mail：sassp@sassp.cn
照　　排：	南京理工出版信息技术有限公司
印　　刷：	上海龙腾印务有限公司
开　　本：	710 毫米×1010 毫米　1/16
印　　张：	15.75
字　　数：	278 千
版　　次：	2025 年 5 月第 1 版　2025 年 5 月第 1 次印刷

ISBN 978－7－5520－4633－5/H・080　　　　　　　　　　　定价：92.00 元

版权所有　翻印必究

国家社科基金后期资助项目
出版说明

后期资助项目是国家社科基金设立的一类重要项目,旨在鼓励广大社科研究者潜心治学,支持基础研究多出优秀成果。它是经过严格评审,从接近完成的科研成果中遴选立项的。为扩大后期资助项目的影响,更好地推动学术发展,促进成果转化,全国哲学社会科学工作办公室按照"统一设计、统一标识、统一版式、形成系列"的总体要求,组织出版国家社科基金后期资助项目成果。

全国哲学社会科学工作办公室

序

陈颖教授多年来一直致力于汉语句法与语用标记研究，取得了一系列重要成果。她对传信范畴的研究在国内是开展较早的，我们很多人是通过她的著作《现代汉语传信范畴研究》系统了解汉语传信范畴的。在此之后，她基于传信范畴研究的成果和经验、心得，将研究进一步聚焦到汉语强调的范畴，这本专著就是这一研究的阶段性成果。

在现代汉语中，强调具有重要的语用功能，它能够帮助说话人在交际过程中突出或强化自己的观点、态度、情感或评价，从而有效地实现交际目的。强调标记作为实现这一功能的重要手段，在现代汉语中占有举足轻重的地位。《现代汉语强调标记及其实证研究》一书对这一语言范畴进行了深入的探讨。

强调标记是元话语标记的一个类别，在汉语中的使用广泛且多样，它们通过语音、词汇、句法等多种手段来实现对特定信息的强调。这些标记不仅能够凸显说话人的主观看法和态度，还能够帮助听话人更准确地理解信息，捕捉交际的中心所在。因此，对强调标记的研究不仅有助于深化我们对汉语语用功能的理解，还能够为汉语教学和实践提供有益的指导。

这部著作从多个角度对现代汉语中的强调标记进行了全面而深入的考察。首先，作者对具有强调作用的各种手段进行了归纳和描写，包括语音手段、词汇手段、句法手段等。这不仅为我们提供了丰富的语言材料，还揭示了强调标记的多样性和灵活性。

书中主要对强调标记在三种语体中的使用情况和分布情况进行了探讨。作者通过分析自建语料库中的大量语料，揭示了强调标记在不同语体语篇中的运用规律，以及它们与语体特点之间的关联。这有助于我们更深入地理解强调标记的语用功能，并为汉语教学提供实证支持。

本书的另一个主要特色在于将汉语的理论研究与实证研究相结合，在进行理论分析之后选择10个常见强调标记，对高中生进行教学实验，以证明强调标记在阅读理解中具有提高阅读效率的作用。这一实证研究为将语言理论研究与实践研究进行有效结合迈出了坚实一步。

总之,《现代汉语强调标记及其实证研究》一书对现代汉语中的强调标记进行了比较全面而深入的研究,揭示了强调标记的多样性、灵活性和语用功能。此项研究不仅有助于深化我们对汉语语用标记的认识,还能够为汉语教学和语言实践提供有益的指导。

我们期待着陈颖教授今后的相关研究能够更多关注汉外对比,也期待未来有更多的学者致力于这个领域的研究,为汉语语言学与世界接轨贡献出更多成果。

陈 一

2024年6月于哈尔滨

前　言

　　近年来,元话语标记(metadiscourse marker)的研究在语言学界受到广泛关注,相关研究成果越来越丰富。国外对元话语标记的研究一方面集中于它的定义和分类研究,另一方面集中于实证研究。在不同学者对元话语标记的多种不同分类中,强调标记都是其中固定不变的成员,这说明,强调标记是元话语标记中的原型成员,或者说是核心成员。这是由于强调标记(boosters)是协助读者了解作者立场的最佳途径之一,能够代表性地系统体现元话语标记的篇章功能和人际功能。本研究主要运用元话语标记研究的理论和方法,以汉语中的强调标记为研究对象,探讨汉语中常用强调标记的表现形式、语义和功能,并通过探究强调标记在不同语体文本中的使用目的,来探讨强调标记的使用是否会随语体的改变而改变。为此,本书选择三种不同语体:社论、学术论文、口语中出现的强调标记进行对比研究,包含量化和质化分析,以找出强调标记在不同语体中使用的相同和相异之处,并证明强调标记的使用与语体特征之间具有内在联系。同时,为了验证"元话语标记能够引导阅读"的观点,我们还以在高中学生中设置对照组的形式,对以副词、固化结构、话语标记形式呈现的强调标记在母语者阅读教学中对语篇的预测、引导作用进行实证研究。实证研究是国外进行元话语标记研究所采用的最主要的研究方法,但在国内使用这种方法的系统性研究成果还不多见。

　　由于"强调"属于抽象的语义概念,若无明确定义作为判断标准,则很难区分,因此,本书首先依据语义,确定强调标记的判断标准。这一判断标准共有两条,符合其中一条即可判定为"强调标记":一是通过强化对命题的认定程度,表达作者对其主张的信心,如"显然""的确"等;二是通过与其他观点对比以凸显作者立场,如"竟然""毕竟"等。为了验证我们的定义符合母语者的语感,从而证实我们的分类是科学有效的,我们对 36 名母语者进行了语感调查,并进行相关量化分析,确定了母语者对强调标记的认知度。

　　在以上研究基础上,本书选择新闻社论语体、科技语体两种正式语体和口语这一非正式语体，自建中型语料库，分别对不同语体语料库进行梳理，找到不同语体中常见的强调标记，以列举的方式，解析汉语中常见的几种以词汇或非词汇性形式出现的强调标记的语义、功能，并通过举例说明的方式加以分析。最后，我们在每种语体中选择两个常见的强调标记进行个案研究，以进一步详细说明强调标记在句法、语义、功能等方面的特点。

本书的主要创新之处在于将汉语的理论研究与实证研究相结合，以使我们的研究更具有可信性和实用价值。具体说来，就是在进行理论分析之后，我们选择 10 个常见强调标记，对高中生进行教学实验，以证明强调标记在阅读理解中具有提高阅读效率的作用。最后，我们以上述实验教学结果及分析为基础，确认强调标记在语篇中具有预测和引导功能，能够帮助读者理解作者的写作意图，从而提高阅读效率。因此，我们建议，在基础教育阶段的语文教学中应该加入元话语标记的教学，从而提高母语者的阅读水平和语言使用能力。

目　录

序 ··· 陈　一　1

前　言 ·· 1

第1章　绪　论 ·· 1
　1.1　研究缘起 ·· 1
　1.2　研究内容和研究价值 ·· 3
　1.3　研究步骤和研究方法 ·· 5

第2章　理论基础和现有研究述评 ································· 12
　2.1　元话语标记的研究 ·· 12
　2.2　强调标记的研究 ··· 32
　2.3　阅读中元话语标记的实证研究 ··························· 37

第3章　现代汉语强调标记总体特征与语体分化 ·············· 40
　3.1　强调标记的定义、判定和分类 ··························· 40
　3.2　母语者语感调查 ··· 48
　3.3　强调标记的语体分化情况 ································· 56

第4章　社论中的强调标记 ··· 61
　4.1　强调标记梳理 ·· 61
　4.2　个案分析 ·· 80

第 5 章　学术论文中的常见强调标记 ·········· 109
5.1　社会科学学术论文强调标记的梳理 ·········· 109
5.2　自然科学学术论文强调标记的梳理 ·········· 122
5.3　个案分析 ·········· 128

第 6 章　非正式语体中的强调标记 ·········· 154
6.1　强调标记梳理 ·········· 154
6.2　个案分析 ·········· 171

第 7 章　强调标记的实验教学过程和结果分析 ·········· 196
7.1　阅读教学与方法 ·········· 196
7.2　实验性阅读教学参与者与测量工具 ·········· 198
7.3　实验教学过程 ·········· 205
7.4　实验教学结果分析 ·········· 211

结　语 ·········· 214

主要参考文献 ·········· 216

第1章 绪　　论

1.1　研究缘起

本书的写作萌芽于近些年对本科生、研究生论文写作水平下滑现象的反思。面对一些语言现象,学生们通常能够产生自己的观点,但却苦于不知该如何表述,或者是无法做到清晰表述。这在当下可以说是一种普遍现象,其产生原因当然是多种多样的,但其中的主要原因有二,一是学生们对不同语体的不同表达方式不甚明了,不会使用学术语言进行表达,尤其是不会使用学术文章中惯用的一些元话语;二是对语篇连贯的各种语法手段缺乏充分认知,写出的文章往往整体上不够顺畅。这是我们从输出的角度归纳出的两个原因。从输入的角度看,由于应试教育的偏颇、网络生态的无序,因此很多当代青少年形成认识误区,片面注重文章文采,忽视周严表达的要求,不会使用语言手段对语言表达进行监控,元话语意识淡漠,甚至分不清哪些是话语所传达的信息内容,哪些是作者的主观观点。再推而广之,在中学语文教学中,最困扰教师和学生的往往是"阅读理解"类题目,因为在做过很多训练后,学生仍然很难提高实际的阅读理解能力。许多教师和学生都无法找到提高阅读效率的有效手段。我们认为,其中的一个主要原因是我们的中学语文教学忽视了元话语这样"路标"式语言形式的教学,学生无法直接而有效地抓住作者的主要观点。究根探源,就是在当下的中学语文教学中,教师更重视中心思想的提炼、主要内容的归纳等训练,而忽视语言相关项目的教学与训练,尤其是教师在讲授中往往不重视这类路标性话语的讲解,这也是造成学生阅读理解能力低、得分低的主要原因之一。因此,对元话语进行深入研究,并能够有效地将研究成果应用于基础教育领域,已经成为一项比较紧迫的任务。

元话语标记(metadiscourse marker)是元话语的凝练形式,是元话语的主要组成部分,是展现文本与文本、文本作者与读者之间互动关系的媒介

Hyland & Tse，2004）之一。元话语标记的种类很多，"强调标记"是其中的重要成员，也是最能凸显作者意图的话语形式之一。如果在话语输入和输出的过程中能够抓住这些"路标"式的话语，既能够提高人们对语篇的理解能力，也能够相应提高他们的表达能力。

元话语标记是语篇分析中的常用术语之一，是一个词和篇章、作者和读者之间实现互动的新的概念化的方式（Hyland，2005）。元话语标记具备三大元功能（metafunction）中的篇章功能（textual function）和人际功能（interpersonal function），既能够帮助文章连贯，也能够帮助显示作者态度，使文章成为作者与读者互动的媒介（Halliday，1994）。下面例（1）中的"当然"就是元话语标记，它同时具有语篇功能和人际功能。

（1）中国男足的轨迹众所周知：无缘 2010、2014 年世界杯；2008 年奥运会失意小组赛，未进入 2012 年奥运会；连续两届折戟亚洲杯小组赛；世界排名从最高时的 50 名跌到 100 名开外。当然，10 年间中国足球也曾给球迷带来"高光时刻"，但这些灵光一现的场景早已淹没在"惨败""无缘""告别"的字眼中。（《人民日报》2014 年 11 月 19 日）

本例中，"当然"所在小句论述的主题与前一小句相同，并由"当然"进一步提出作者的看法，体现了衔接前后句的语篇功能；同时，作者在用"当然"向读者承认中国足球也曾取得了一些成绩的同时，进一步坦言更多的是失利，这是作者的观点所在，是"当然"体现出的人际功能。

元话语标记在海兰（Hyland，2005）的分类中被分成互动标记和交互标记两种，强调标记（boosters）是互动标记五个小类中的一个。西方学者对强调标记的定义主要有三种，一是强调标记是用以强调作者对命题的看法（Dafouz-Milne，2003），二是借由其他反对意见来强调作者的论点（Hyland，2005），三是运用双方共有知识，让读者倾听作者观点（Myers，1989）。虽然这三种定义不完全相同，但它们都一致认为，强调标记能引导读者去关注作者表达的重点，同时展现出作者的主张，它是沟通说听双方想法、让人接受作者论点的策略之一。

元话语标记的一个主要特点是它具有强烈的语境依赖性，即它与在特定环境中使用它的人的期望之间具有密切关系（Hyland，2000），这就显示出语境对元话语标记使用具有特殊的重要性——它能够帮助作者或说话人回应或建构语言使用的语境，因为元话语展现了作者的语用目的，它是一种社会行为，而不仅仅是一系列的语言项目。这就使得元话语标记与语体之间会形成密不可分的关系:元话语标记在不同语体语篇中具有不同的功能和分布方式,同时,由于不同语体语篇的受众并不相同,这意味着,元话语的使用会根据受众的不同而有很大不同。因此,研究不同语体语篇中元话语使用的差异,能够帮助我们加深对元话语的认识。反过来,研究这种语体差异又能揭示语言使用模式的多样性,有助于我们理解人们是如何使用语言来适应和解释日常交际情境的。因此,本研究还要探讨不同语体中强调标记的使用倾向,探讨不同的强调标记是如何揭示语体特点、作者的语用目的的。

1.2 研究内容和研究价值

1.2.1 研究内容

本研究主要在两个层面上展开:语言本体和实证。

1.2.1.1 语言的本体研究

本研究首先从元话语的视角出发,采用元话语研究的方法,对汉语的强调标记进行界定。这一界定虽然是以英语相关研究为基础,但由于汉语是一种更加关注语义的语言,因此本研究在对母语者语感进行调查的基础上,将元话语标记分为元话语标记和类元话语标记,并将它们统称为"元话语标记"。然后,在此基础上,对元话语标记进行内部分类,强调标记只是元话语标记中的一个类别。接着,我们选择不同语体文本,主要是以社论、学术论文、日常对话语体语篇为样本,梳理不同语体文本中常见的强调标记,并对其中的典型个案进行深入分析,侧重探讨其话语分布、篇章功能、人际功能和说话人使用它的语用目的,以期能够更加有力地说明强调标记与语境之间的互动关系。

1.2.1.2 实证研究

本书的实证研究主要通过两条途径实现:一是针对强调标记进行的母语者调查;二是将研究成果运用于高中语文教学中,以验证强调标记在阅读教学中的效能,从而证实强调标记,及至元话语标记在阅读中的引导作用。

由于我们对强调标记的界定是从语义角度进行的,缺少形式上的验证标准,因此,这一界定是否能够真实反映汉语实际就成为本研究是否能够成立的关键。由此,我们进行的母语者调查,就是要证明我们的界定符合母语者语感,我们的研究过程和结果真实、可信。

阅读理解既是语文学习的重点，也是语文教学的重点。尽管长久以来，老师和学生都把大部分的时间和精力放在阅读上，但仍有一部分学生在高中阶段阅读能力发展进入瓶颈期。虽然他们在语文学习上花费了较长的时间，但他们的语文成绩长期处于中等水平，无法提高。如何提高中学生的阅读水平和语文成绩一直困扰着教师和学生。本研究的另一个主要研究内容是探索如何通过元话语标记的学习来提高中学生的阅读理解能力。我们选择一个普通高中的两个高一自然班的学生参与实验：设定一个班作为实验班，另一个是平行班，以强调标记为例，将元话语知识加入实验班的阅读教学中，教师用归纳法传授强调标记知识。强调标记功能讲解和练习是教学的重点。平行班则采用传统的教学方法，教学中不涉及元话语理论。实验期间两个班的教学材料与课后练习完全相同。整个实验过程持续4周，通过实验前测和实验后测来衡量两组学生阅读能力的变化，并分析元话语标记教学对学生阅读理解能力的影响。

1.2.2　研究价值

1.2.2.1　理论价值

第一，本研究在参考其他语言，尤其是英语相关研究的基础上，从汉语实际出发，提出了"强调标记"的定义、界定方法、功能分类，并通过对母语者进行调查来确定以上研究结论的可靠性。在与英语相关研究成果进行比较后，探索两者的异同，归纳出汉语强调标记的特征，以期达到补足以往汉语相关分析缺口的目的。

第二，本书研究的"强调标记"是元话语标记的一个主要类别，我们将其从元话语标记中分离出来，利用元话语标记研究的相关理论和方法对汉语强调标记进行全面考察和讨论，这对于汉语元话语标记的研究走向板块化和次范畴化具有推进意义。

第三，由于元话语标记的使用与语境密切相关，对它的研究无法离开对其使用背景的考察，本研究将汉语强调标记的梳理与语体相结合，重点考察不同语体中强调标记的使用异同，这不仅可以推进汉语强调标记研究向纵深发展，还可以开拓汉语语体语法研究的新领域。

第四，本研究采用点面结合的方法，将宏观考察与个案分析结合起来，将理论研讨与实证研究结合起来，这不仅可以使本研究的最终成果更加科学、可信，也开拓了汉语强调标记研究的新方向。

1.2.2.2　实践价值

本研究将研究成果运用到中学语文教学中，将语言本体研究与语言理论应用结合起来,从而使语言研究更加具有实用价值和社会意义。

国内已有关于汉语元话语标记的研究主要是集中于理论考察和个案研究两方面,实证研究涉及较少。本课题的实证研究部分主要要揭示元话语标记的使用对提高普通中等学校语文教学中学习者阅读能力的影响,旨在解决以下三个问题:一是元话语标记的使用能否提高学生的阅读水平,二是元话语标记对不同语文层级、水平的学生分别有何种影响,三是元话语标记的使用能否有效地提高学生的阅读兴趣。由此,本研究的实践价值就体现在能够使学生通过强调标记的使用区分客观叙述和作者态度,并通过强调标记推测出作者的言外之意。同时,我们将实证研究的结果作为依据,建议教师在教学中注意将元话语标记的教学与阅读教学结合起来,超越传统的写作背景、归纳段意、总结中心思想的语文教学模式,回归语言教学,提高学生阅读和解读语篇的能力,并进一步提高母语者的写作水平和语言能力。

1.3 研究步骤和研究方法

1.3.1 研究步骤

本研究大体分四个步骤进行。

第一步,界定"强调标记"。

由于"强调"属于抽象的语义概念,若无明确定义作为判断标准,则很难区分。本研究以"语义功能"为依据,为"强调标记"制定两条标准,符合其中一条即可判定为"强调标记":1.通过强化对命题的认定程度,表达作者对其主张的信心,如"必须""的确";2.通过与其他观点对比以凸显作者立场,如"竟然""毕竟"。

第二步,选择语体研究样本。

为了明确强调标记对不同语体语篇表达语义的精确性与明晰性所产生的调节作用,本研究还将考虑语体因素。书面语篇中,使用强调标记能够在一定程度上提高语篇的逻辑性,同时也兼顾到与不同受众之间的交互关系;口语中频繁地使用强调标记,则是为了适应口语交际的互动性特征,这些强调标记只具有程序性意义。

本研究以中型语料库为依托,以强调标记出现的多寡和特性强弱为选取标准,主要比较以下三种语体中强调标记的使用,一是正式语体,即新闻语体中的社论;二是科技语体,重点比较自然科学和人文科学论文中使用强调标记的不同情况;三是非正式语体,即自然口语谈话。

第三步,对使用强调标记的制约机制进行深入分析。

不同语体中出现的强调标记不同,也并非所有的表达都需要强调标记,那么,对强调标记使用的制约机制就需要进行深入分析。这部分我们要重点说明:强调标记的选择是各种语体具有区别性特征的话语形式;不同强调标记在语篇中所表现出来的浮现特征、句法限制、语义制约条件等都有所不同。比如"其实"和"事实上"都是元话语标记,也都是用来强调真实性的强调标记,但它们在语体分布方面存在较大差异,从而使其在句法限制等方面也表现出差异,如"其实"能与语气词共现,"事实上"通常不能:

(2) a. <u>其实啊</u>,我小时候并不喜欢篮球的,我喜欢做的是绘画、跳舞这些艺术类的事情,可那时太小,身不由己啊。父母一锤定音,就将我"赶"到篮球场上去了。(《人民日报》2003年4月13日)

　　b. *①<u>事实上啊</u>,我小时候并不喜欢篮球的,我喜欢做的是绘画、跳舞这些艺术类的事情,可那时太小,身不由己啊。父母一锤定音,就将我"赶"到篮球场上去了。

第四步,实证研究与结果分析。

本研究的实证研究主要由两部分构成,一部分是对强调标记进行母语者调查,另一部分,也就是主要部分,是将上述研究成果应用于中学语文阅读教学,这既能够检验本研究结论的可靠性,也能够鉴定强调标记在写作及阅读能力提高方面的效能。在这部分的实证研究中,我们主要以"前测→强调标记教学→后测"的方式进行,测试对象主要是高中一年级学生,通过实验组与对照组的数据对比,以及在此基础上对实验组学生进行的问卷调查,考察元话语标记教学对学生阅读理解能力提高的作用,最终总结出汉语强调标记,及至元话语标记对母语者语言能力提高的影响。

1.3.2　研究方法

本研究综合运用多种研究方法,但主要特色还是在于两种研究方法的使用:语料分析法和功能分析法。

1.3.2.1　语料分析法

首先关注语料来源。

---

① 此处 * 为语言学特有标注方法,表示此句为病句。

本研究采用常用于语言分析的三种方法之一的以语料库为本(corpus-based approach)的研究方法。语料库语言研究的主要特点是将定量与定性分析相结合,因为语料库收集了大量的自然语言文本,能够为定性分析提供客观的数据支持。根据研究需要,本研究选择的自然语言文本主要来自区分语体的语料库,语体分类主要是以强调标记出现的多寡和特性强弱为选取标准,主要比较以下几种语体中强调标记的使用:①新闻语体中的社论语体;②科技语体,主要包括文科学术论文和理工科学术论文;③口语语体,它属于非正式语体。以上前两种属于正式语体。这些语料主要来自作者本人自建的分语体语料库和"大学生口语交谈"语料库,其中正式语体语料库大约100万字,非正式语体语料库大约50万字。还有一些例子来源于北京大学CCL语料库和北京语言大学BCC语料库。

其次探讨研究程序。

为了对现代汉语中的强调标记进行梳理,本研究设计的研究程序为:开始,先参考相关文献的观点,结合汉语实际,提出本研究强调标记的定义,再结合语体筛选出汉语中符合要求的强调标记。为检验这一筛选的准确性,我们将进行母语者语感调查,统计出不同强调标记的认知度。接着,我们比较语料库统计分析和母语者调查的结果,并整理出汉语不同语体中出现频率较高的强调标记。此后,我们还会从每种语体中筛选出两个具有代表性的强调标记进行个案分析,以点概面地说明强调标记与语体之间的互动关系。在完成这些语言本体方面的研究之后,我们将进行实证研究,以证实强调标记的功能和作用。

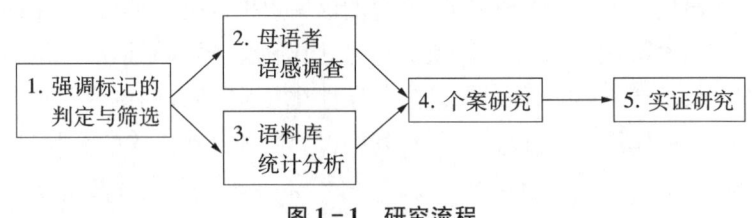

图 1-1 研究流程

步骤1:厘清汉语的强调标记有哪些。本研究采用质化分析的方法来探究。质化方式共有三个步骤,就是先界定清楚强调标记的判断标准,再随语境判断强调标记,在判断时须注意语义和功能,最后筛选出合格的强调标记。

步骤2:进行母语者调查。由于本研究的内容比较专业,因此调查对象的选择采用"便利抽样"的方式,就是以是否具备语言学知识为标准选择调查对象。调查对象及调查内容确定后,对调查对象进行个人施测。施测后对调查问卷进行统计分析,将依据母语者的"认知度"排列的强调标记与本研究对强调标记的判断标准进行对比分析,以确定本研究对强调标记的判断标准是否符合母语者的语感,也就是是否符合汉语实际。

步骤3:在已有研究基础上,选择不同语体语料库进行全面搜索。全面调查语料库,弄清汉语不同语体中有哪些相同和不同类型的强调标记,从而辨识出哪些强调标记是所有语体共有的,它们就是强调范畴的典型成员,哪些强调标记是不同语体中特有的,或者说是该语体中的规约化表达,它们就是强调范畴的非典型成员。

步骤4:在每种语体中挑选出两个常见的强调标记进行个案分析,探讨不同强调标记的句法、语义特点,以及在不同语体中的功能差异。然后在个案分析的基础上,注意从个案到类型之间的逻辑联系。通过这种点面结合的研究方式,分析出汉语不同语体中强调标记的功能、使用特点以及使用动因。

步骤5:本研究最后的实证部分主要是将研究成果应用于阅读教学,以"前测→强调标记教学→后测"的方式进行,测试对象主要是高中学生,通过实验组与对照组的数据对比,以及在此基础上对实验组学生进行的教学和问卷调查,考察元话语标记教学对学生阅读能力提高的影响。

1.3.2.2　功能分析法

韩礼德(Halliday,1973,1994)的系统功能语言学(Systemic Functional Linguistics)认为语言有三种功能,分别为:概念功能(ideational)、人际功能(interpersonal)及语篇功能(textual)。在实际使用过程中,这三项功能共同作用将话语层面中原本不清晰的、隐含的语用效果进行处理,由语言的底层带至语言的表层,把不确定的因素清晰化、明确化。虽然元话语标记通常对命题的真值不产生影响,而只是表达程序性意义,说话人的主观情感态度在元语用功能的作用下,可以在交际过程中得到展现。在具体的交际过程中,元话语标记的三大元功能会产生主次之分,会出现一个或者两个功能暂时发挥主要作用的情况。由于强调标记是元话语标记的一个类别,因此在篇章中通常不表达命题意义,只具有程序意义,此时概念功能表现不够明显,强调标记的语篇功能与人际功能占据主导地位。当然,由于汉语是一种"语义优先"的语言,因此有些"类元话语标记"也会涉及一定的概念功能。对此我们可以用认知语言学的"原型理论"来解释,完全不具有概念意义的元话语标记就是元话语标记范畴的典型成员,而具有一定概念意义的类元话语标记则是这个范畴的边缘成员,但它们都属于元话语标记这一范畴。

本研究以海兰(Hyland,2005)提出的元话语标记的功能为基础,主要探讨不同语体中强调标记的语篇功能和人际功能,并结合关联理论中的明示推理模式(Sperber & Wilson,1986)深入解析强调标记在读者推测作者意图的过程中所发挥的作用。

① **语篇功能分析**

元话语标记的语篇功能主要包括话轮功能和话题功能。

强调标记的语篇功能在于标明前后两个或以上话语单位的关系,使用元话语标记作为语境参照有助于促进篇章的衔接与连贯。作者运用元话语标记勾勒出文章的开始、发展和结束的脉络,可以表示话题的设定、发展、切换和拉回,展现各种语义或语用关系,如例(3),作者在第二段段首使用"的确"作为该话轮的开始,由此开始分析中国羽毛球队的未来发展,是整个文章后半部分的起头句,同时也设定了后半部分的主题与评论方向。也就是说,作者使用强调标记引出话题之后,做出与之相关的阐述,强调标记发挥了连接话题与评论的作用。

(3) 为帮助队员克服心理障碍,黄益冲经常以自己独到的见解,为队员进行入情入理的分析:中国队当前最强劲的对手印尼队会因大部分主力队员年龄老化、战斗力减弱而渐失往日威风,只要大家抓住机遇,也许用不了多久,中国羽毛球便能打个漂亮的翻身仗。

<u>的确</u>,中国羽毛球队的后起之秀们在不到一年的时间里已初显身手。董炯、孙俊、胡芝兰等国家男队年轻的主力队员在1994年的亚洲杯赛、泰国、马来西亚和中国公开赛等重要场合已先后5次挫败了印尼的佐戈、阿尔比、阿迪、蔡祥林等世界名将,打破了印尼堡垒牢不可破的神话,队员们信心大增。(《人民日报》1995年1月12日)

从强调标记"的确"往前推,前一段讲述中国队与印尼队的现状,后面只讲述中国队的现状,用"的确"将两个话题连接起来,具有连接话轮和转换话题的语篇功能。

② **人际功能分析**

除了语篇功能,强调标记的人际功能是传达说话内容以外的信息,表达作者的身份、态度、对事物的推断、评价等功能。李忠勇(2006)指出,人际功能是指说话人可以利用话语标记唤起听话人的参与和注意,标识话语的转换,维持话语的正常进行,确认听话人是否理解话语的意思,是否同意说话人的观点。在人际交往的过程中,话语标记具有缓和交际双方之间紧张的关系的功能。强调标记的人际功能主要表现在强调、评价、推断、引导等方面。

强调标记的推断、评价功能可利用前文提到的明示推理模式,先推导出隐含前提,再推导出隐含结论。由于前提关系既反映语句间的逻辑语义关系,也反映语句间受语境影响的语义关系,如例(4)由强调标记"一定"的句法位置可推知,作者的隐含前提是他不赞成一些地方的做法,要做好深入实际的调查研究,要号准群众的脉搏,实实在在地解决群众的实际困难,因此,作者借由"一定"来提出自己对未来工作的希望。

(4)本来,大力发展棉花生产,对国家对农民都有好处,为什么农民不理解呢?调查中我们了解到,农民也有农民的苦处:一是有的地方未能把农资市场管好,假药泛滥。去年棉铃虫大爆发,群众从市场上买回来的农药,不但治不死虫子,反而将棉花叶子打枯了,将棉花桃子打掉了。二是有些领导只管生产,不问销售,有的干部甚至不负责任地说:"只要压他种下去,不怕他长出来不卖!"收花站压级、压价、压秤现象普遍,老百姓辛辛苦苦忙活了一年,到头来不仅卖不到好价钱,还受了一肚子窝囊气。三是有关政策不兑现,群众积极性被挫伤。前几年的棉花奖售化肥、柴油,去年的棉花加价款还有不少地方未给棉农兑现。四是有的乡镇地势低洼,自然条件根本不宜长棉花,今年也下达了种植计划,群众当然有意见。

因此,各地在下达指标,布置工作时,事先一定要做好深入实际的调查研究,要号准群众的脉搏,实实在在地解决群众的实际困难,而不能简单地采取向下压的办法。一味地压,不仅压不出预期的效果来,反而会压得干群矛盾尖锐,压出纰漏、压出水分来。(《人民日报》1995年7月21日)

同时,强调标记也反映出作者与读者之间的互动关系,通过强调标记激发读者兴趣,引起读者注意,刺激读者思考,并鼓励读者采取行动。比如例(4),作者使用强调标记"一定"除了对地方政府喊话以外,同时也是引发读者注意没有调查研究是不可取的,刺激读者思考如何避免这种情况的发生,鼓励读者认同作者的观点。总的来看,强调标记诱导读者进入语篇与其互动,不仅加强作者与读者间的话语沟通力度,更促成作者、读者、语篇三方互动。

我们在分析强调标记的篇章功能和人际功能过程中,也认识到质化分析的困难与不足。语篇功能与人际功能的判断需要多种理论知识作为基础,一是对元话语标记理论的认识,二是对元话语标记判断标准的坚持,三是对强调标记定义的理解,四是对文章语境的理解。如果缺少上述知识,将难以建构出作者使用强调标记时所隐含的前提与结论之间的关系,从而无法从语境中厘清该标记所发挥的前后文连贯的篇章功能,也无法推测出作者通过强调标记所传达的与读者互动的功能。然而,尽管我们尽量根据理论,详细叙述各个强调标记所体现的篇章与人际功能,由于论证过程偏向质化的抽象解释,当不同的人来分析时或许会产生不同的解释,导致我们的解释可能跟一部分人的语感不同。为避免这种情况的发生,我们将辅之以母语者的语感调查结果,并将其与本研究结论相对照,同时增加量化统计,以作为本研究提出的强调标记的佐证。

1.3.2.3 其他研究方法

除上述两种主要的研究方法,本研究还根据需要综合使用了多种研究方法,主要包括以下几种:

定性分析法:主要包括归纳分析法、演绎分析法、结构分析法等分析方法。在本研究中,我们主要是对不同语体中的强调标记进行归纳综合,然后概括说明范畴中各成员的功能和特征,并对一些典型个案进行分析。

定量分析法:在本研究中就是在对母语者进行调查时,量化分析调查结果中强调标记的认知度,也就是同一个强调标记被选中的次数越多,其认知度就越高;被选中的次数越低,其认知度就越低。

对比分析法:汉语强调标记的选用与语体密切相关,本研究强调标记的语体分析方面主要是对不同语体中常见的强调标记进行对比分析,从而发现强调标记和语体之间的双向选择倾向和动因,为分析汉语强调标记的特征奠定基础。

实证分析法:主要包括问卷调查、实验教学、测试等,用以验证强调标记在语篇分析中的预测、引导作用。这一过程中也涉及量化与质化分析。

在本书的研究中,我们将根据研究需要综合、灵活地使用上述研究方法,尽量使我们的研究科学、准确。

第 2 章 理论基础和现有研究述评

本书的研究主要是在元话语相关理论基础上展开的，具体说来就是建立在对元话语标记研究的基础上，因此，本章将在对这一理论进行梳理的同时，对元话语标记的研究现状进行评述。

2.1 元话语标记的研究

强调标记是元话语标记的一个子类，元话语标记又是元话语凝练而成的标记化的形式，由于本研究主要是从元话语标记的角度对强调标记进行研究，因此有必要首先对元话语进行阐释。

元话语（metadiscourse）的观点最早由哈里斯（Zelling Harris, 1959）提出。"meta"是从古希腊语发展出来的前缀，含有"超越"（transcending, beyond）的意思。近30年来，"元话语"已经成为西方语言学界讨论的焦点之一，相关文献已对其语义、形式和功能做了较为全面的研究，主要代表人物有威廉斯（Williams, 1981, 2003）、克里斯莫尔（Crismore, 1983, 1984, 1989, 1990, 1993）、瓦德·科普勒（Vande Kopple, 1985, 1997）、博韦（Beauvais, 1986）、弗雷泽（Fraser, 1990）、海兰（Hyland, 1998, 2000, 2004, 2005, 2008）、伊瓦泰都（Ifantidou, 2005）、阿布迪等（Abdi et al., 2010），等等。

从元话语到元话语标记，既是元话语的缩减过程，也是元话语的语法化过程，可称为"元话语的标记化"。具体说来，就是在使用过程中，部分元话语由于被高频使用而发生形式的缩减，结构变得更凝练，形式变得更固定，产生了一种同样可以表示语篇连贯关系或表达说话人情感态度的新语言形式。这种新语言形式就是"元话语标记"，国内语言学界也称其为"话语标记"（施仁娟，2015）。由于"元话语标记"比起"话语标记"更能突显其"元"，也就是"关于话语的话语"的特点，因此，本研究将其称为"元话语标记"。

在本节中，我们主要对已有的元话语标记的定义、特性、功能、不同分类系统，以及汉语元话语标记的研究现状及存在问题进行梳理。

2.1.1 元话语标记的定义

2.1.1.1 关于命名

过去 50 年，学界对元话语标记的命名一直缺乏统一认识。举例来说，元话语标记在英语中曾被叫作"元言谈标记"（metatalk）（Schiffrin，1980）、"元话语标记"（metadiscourse markers）（Crismore，1989；Williams，1981）、"句子联系语"（sentence conjunctives）（Halliday & Hasan，1976）"语义联系语"（semantic connectives）（van Dijk，1979）、"话语联系语"（discourse connectives）（Blakemore，1987）、"语用标记"（pragmatic markers）（Fraser，1988）。有学者曾指出，元话语标记的定义尚有模糊性（fuzziness）（Swales，1990；Nash，1992）。

第一个使用"元话语标记"这一术语的是威廉斯（Williams，1981），他对元话语标记的定义是"关于话语的话语"，包括所有不涉及命题内容的部分，是篇章中表达概念意义之外的成分，是表达对命题内容态度的显性语言手段。如：

(1) A Travelcard makes it possible to visit all these sites in one day. (Hyland，2005)

（旅行卡使在一天之内参观所有景点成为可能。）

(2) It is possible that Strauss will also pull out of the tour to Zimbabwe this winter. (Hyland，2005)

（Strauss 有可能取消今年冬天去津巴布韦的旅行计划。）

例(1)中的"possible"是指现实中的可能性，是一种客观情况，具有命题意义。例(2)中的"possible"是对一种可能性的推测，是作者表达主观态度的一种手段，不涉及命题内容，属于元话语标记。

除了术语"元话语"，还有其他一些学者提出了其他术语，如"非主题材料"（non-topical material）（Lautamatti，1978）、"元语篇"（metatext）（ENkvist，1978）、"开场白"（gambits）（Keller，1979）、"元言谈"（metatalk）（Schiffrin，1980）。同样地，迈耶（Meyer，1975）和劳特马蒂（Lautamatti，1978）都使用"非内容"一词来指元话语的特征，这些特征不增加或减少内容，而是帮助读者理解内容。

不同的命名代表了不同的研究取向,也代表了研究者不同的观察角度,这也提示我们,对元话语的研究还没有形成统一的意见,还有许多值得研究之处。

2.1.1.2 关于定义

自哈里斯(Zelling Harris,1959)提出元话语的概念后,许多学者都试图给予元话语一个完整的定义。威廉斯(Williams,2003)认为,语篇中非直接指涉命题信息的语言成分即元话语,因此他将元话语定义为"关于写作的写作"(writing about writing)。瓦德·科普勒(Vande Kopple,1985)则认为,写作包含两个层次,在第一个层次,作者会提供与语篇主题相关的信息,拓展命题内容;在第二个层次,作者会利用各种方法帮助读者组织、分类、阐释、评估、反思命题内容,而为达到此目的所使用的语言就是元话语。也就是说,语篇中非命题信息且象征作者存在的语言成分就是元话语。因此,他将元话语定义为"关于语篇的语篇"(discourse about discourse)或"关于沟通的沟通"(communication about communication),意指与语篇相关的各种作者对读者的沟通方式。理查兹和施密特(Richards & Schmidt,2010)认为,元话语是在句法上,包含单词(如 however)、短语(如 in fact),或从句(如 to make myself clear)的异类表达,用于监督和组织正在进行的话语。

除上述从语法、认知、篇章角度定义元话语,还有多位学者分别从不同角度对它进行定义,如罗西特(Rossiter,1974)从言语沟通角度界定元话语为所有关于语言和非语言的交流信息;凯勒(Keller,1979)从心理语言学角度提出,作者用元话语来引出话题、转换话轮,表达出对所谈话题的态度;希夫林(Schiffrin,1987)从社会语言学角度讨论元话语,认为它是沟通中用来组织和评价话语的显性语言形式;博韦(Beauvais,1989)基于言语行为理论,认为元话语是句子中用来表达言外之意的语言成分。

还有一些学者将该术语限定为修辞组织的特征,只包括那些涉及文本本身的元素(Bunton,1999;Mauranen,1993a,1993b;Valero Garces,1996);而另一些学者则将其限定为修辞组织,将这个术语缩小到明确的言外谓词(Beauvais,1989)。另一方面,海兰(Hyland,2005)认为"一般来说,修辞学家、应用语言学家和作文理论家都同意在广义上使用元语篇来指代用来引导读者阅读文本的各种语言符号,以便理解文本和作者的立场"。

海兰(Hyland,2005)统合前人对元话语的定义,认为元话语是一种"自我反思的表达方式"(self reflective expressions),指作者在写作时会不断反思对于读者来说什么是最佳的论述方式,这些经过选择而使用的语言就是元话语。元话语不仅可以帮助作者表达自己的观点,而且能协助作者与特定社群的读者建立关系,是作者在文本内协商互动的成果。

综上所述,元话语是非命题内容的语言成分,文本里作者用以引导读者理解命题内容并展现出作者态度或立场的语言就是元话语。然而,过去的研究也提到区分"命题意义"(propositional meaning)与"元意义"(metadiscourse meaning)的难点(Hyland, 2005),即如何分辨文本内使用的语言是命题内容的一部分还是蕴含作者立场的元话语。韩礼德(Halliday, 1994)认为,命题内容是语篇中可以被改动、讨论、反驳或怀疑的单位,但这一定义仍不足以区别两者的差异。为了确认特定语言单位是否具有元意义,海兰(Hyland, 2005)提出用以判断元话语的三个关键原则:元话语不同于命题内容;元话语是指涉文本内体现作者——读者互动关系的语言成分;元话语指涉语篇内部的关系。

第一条原则指出文本内存在着元话语与命题内容的事实。第二条原则说明元话语最基本的功能,即为表达作者与读者间的互动关系。此原则强调语言的人际互动功能,且将元话语视为一个可通过语言的变化来展现意义的系统。第三个原则说明元话语的存在范围,海兰(Hyland, 2005)认为语篇具有内部关系(internal)和外部关系(external)。一般来说,外部关系指的是文本内部语言成分与外部现实信息相互联系的关系,与外部现实联系的语言即为命题内容。内部关系指的是文本内部语言成分彼此相互联系的关系,与内部语言联系的语言即为元话语。元话语使用的成功与否将会影响读者阅读文本后的感受,而命题仅为一般性事实的陈述,不具有左右读者主观看法的影响力。

语言成分可以根据其传递的主要信息或主要功能分为两个层次:与信息构建密切相关的形式,就是命题(proposition),它传递的是有关外界现实世界的客观信息(Hyland, 2005)。这一命题性的基本论述属于信息的基本、主体成分,其功能为传达客观、基础的命题意义。元话语,也可称为过渡语,是作者表露其态度,对命题加以确认、争论、否定、反驳、坚持、接受、缓和、惋惜等(Halliday, 1985),以达到作者沟通的意图,它是向读者展示一句话中的思想如何与前一句话中的思想相联系的好方法(Hyland, 2004)。我们可以把元话语想象成街道标志,它告诉读者文本的流动是朝着同一个方向继续,还是朝着一个新的方向继续,属于加在基本论述之上的次要成分(Abdi et al., 2010; Crismore et al., 1993; Fraser, 1990; Hyland, 2005; Ifantidou, 2005; Vande Kopple, 1985)。综上,虽然学界对元话语的定义并不完全相同,这一方面说明对元话语的研究还不够深入,但同时也显示出对元话语的研究吸引了各领域学者的关注,这些从不同视角开展的研究能够让元话语的定义更加丰富而全面。

本研究认为,元话语是用于组织话语、表明作者对话语的观点、涉及读者反应的一种方法,如例(3)中画线的部分。元话语标记是体现这种方法的语言形式之一,是标记化或语法化了的元话语,如例(4)中画线的部分,因此,上述对元话语的理论阐述也适用于元话语标记。

(3)桥多种,用多种。<u>贪多嚼不烂,想只说一点点自己感兴趣的</u>。<u>惯于厚古薄今</u>,仍先说古。记忆中浮出两个,巧,都见于《庄子》。(转引自施仁娟,2015)

(4)根据要求补种完树苗后,李先生还是没拿到合同应付款,宝安皇裕制品厂又要求他更换没成活的树苗。李先生说,<u>奇怪的是</u>,他们在皇裕制品厂栽种的树苗不仅死亡率高,而且连生存能力很强的铁树也枯死了。(《羊城晚报》2012年12月6日)

2.1.2 元话语标记的语言特征

元话语标记的语言特征在句法、语义、语用层面有不同程度的体现。

2.1.2.1 句法特征

在句法方面,元话语标记主要具有形式多样性、可分离性和可取消性。

① 形式多样性

元话语标记在句法层面已经自成一类,很多学者都认为它是开放的类(open category),形式可以是词、短语、小句、段落,甚至是标点符号(Hyland, 2005; Vande Kopple, 1985)。何自然和冉永平(1999)针对英语,归纳了元话语标记的形式类型:部分连词(如 therefore、because)、副词(如 actually、incidentally)、感叹词(如 well、oh)、短语或小句(如 you know、if I am not wrong)等。

汉语的元话语标记同样具有形式多样性,但与英语的情形并不完全相同,比如汉语的语气词、固化结构等也可以成为元话语标记。同时我们也注意到,虽然元话语标记具有"形式多样性",但并不是所有的语言形式都可以成为元话语标记,不然就不能称其为"标记"——它必须是凸显的、可识别的、非临时的,这才能将元话语标记与修辞手段加以区别。我们认为,汉语中的元话语标记主要由副词、形容词、能愿动词、语气词、固化结构、构式等形式充当。也就是说,元话语标记的成员不是无条件开放的,而是有条件开放的。

② 可分离性

元话语标记在形式上的另一个特点就是常常位于句首,与句子命题表述之间常常有语音停顿,在书面上由逗号表示,在句法上是独立的,可分离的,不与相邻单位构成更大的句法单位。如:

(5)<u>显然</u>,168枚金牌仍将较多地落在中国代表团手中,不过,在东亚各国和地区体育发展和体坛格局渐变的情况下,人们也要改变以往的眼光,才不会因爆出冷门而吃惊。(《人民日报》1993年5月7日)

(6)这个戏由于学习了传统,许多演员的表演艺术更加丰满了,也是很<u>显然</u>的。(《光明日报》2021年7月25日)

例(5)与例(6)的区别是明显的,例(5)中的"显然"位于句首,其后以逗号的形式来提示语音停顿,或者说,是以韵律的形式从上下文语境中独立出来,显示了它的可分离性;而例(6)中的"显然"不具备以上特性,因此,例(5)中的"显然"是元话语标记,而例(6)中的不是。

③ 可取消性

可取消性主要是指元话语标记的出现不是必须的,是可以取消的,它的取消并不影响句子命题意义的传达。Khabbazo-Oskouei(2013)就曾提出分辨元话语标记的两种方法,一是能否用标点符号将元话语标记与内文分开;二是能否改以强调结构"it is+形容词+that"的非人称主语句来将元话语标记置于句首,加以强调,如下例:

(7) What the return of character means for policy is less clear, beyond parenting classes or a few. But <u>it is obvious that</u> good societies need good people, and removing the taboo on character talk is start.(Khabbazo-Oskouei, 2013)

(重回性格讨论的老路,除了会影响育儿班或一些其他班级之外,对政策会有什么影响还不清楚。但显而易见的是,好的社会需要好人,消除性格禁忌是开始。)

(8)谎言都是蓄意的,<u>不同的是</u>,善意的谎言是美丽的,恶意的谎言是卑鄙的!(微博)

这里"it is obvious that"中"obvious"的有无对后面命题意义的传达并没

有实质影响,去掉"obvious"后"good societies need good people, and removing the taboo on character talk is start"这个事实仍然存在,也就是说,"obvious"是可以取消的,它取消后并不影响句义的表达。作者选择加上"it is~that",就是表达作者对整个句子的态度,是对整个命题意义的主观限定,因此,"it is~that"句式不具有命题意义,因而是一种元话语标记。这一英语的强调句式对应于汉语也有类似的形式,就是元话语标记"X的是",如例(8),其中的"不同的是"可以取消,取消后句子仍然成立,而且句义基本没有改变。

2.1.2.2 语义特征

① 原型性

在语义方面,元话语标记表现出单一核心意义的原型性(prototype)。希夫林(Schiffrin, 1987)主张,每个元话语标记都有一个核心意义(core meaning),这些核心意义不随使用情况改变而变化。马修斯(Mathews, 1971)从"原型理论"(prototype theory)的观点出发,认为一个元话语标记显现的特征越多,就越有可能被视为所属类别的典型成员,也就是具有核心意义的成员。另一方面,从核心意义衍生出的义项仍是程序性的,不是概念性的,因此,对元话语标记确切语义的解释需要纵观上下文。此外,这些意义不仅对所出现的话语起限制作用,也会影响到整个话语,不是使话语间产生某种关系,而是使早已隐含的关系外显(Redeker, 1991),即读者能够通过元话语标记来理解话语间的关系。换句话说,元话语标记的众多意义是其核心意义在具体语境和语言因素的影响下产生的,进而衍生出元话语标记的语义多样性。

以汉语中的元话语标记"X的是"为例,由于双焦点"的"和"是"的存在,它的原型语义是"双聚焦",在这一原型语义下,它又衍生出"评价""引导"等程序性的意义,但这些意义都是从"双聚焦"这一原型语义中衍生出来的。

② 程序性

语言形式所编码的信息可以被分为两类:概念信息和程序信息(conceptual vs. procedural)。一种语言中大部分语言形式所编码的都是概念信息,在语言交流中,这些带有概念意义的语言形式结合后就形成有真假值(truth value)的命题(proposition)。除了概念信息,语言中还存在编码程序信息(procedural information)的机制。话语中程序信息的功能是指引听话人应该如何处理(process)话语所表达的概念信息。概念信息与程序信息的区别在于"与被操纵表征相关的信息,和如何操纵这些表征的信息"(Sperber & Wilson,1986)。元话语指称或描述的是话语自身,不涉及命题信息,不为命题内容增加信息。从语义角度考虑,元话语标记主要表达程序性意义,它的出现是可以选择的,即使将这些元话语标记删除,也不会影响命题意义的表达。

③ 滞留性

我们已经谈到,程序性是元话语标记在语义上的主要特征之一。但事实上,对于英语这种语言来说,元话语标记可以是具有纯粹程序性意义的,但对于汉语这种"语义优先"的语言来说,纯粹只具有程序性意义的元话语标记虽然有,但数量不是很多。汉语中的元话语标记主要由词、短语、固化结构、构式等充当,其核心意义,也就是原型意义,往往是其原有的词汇义、短语义、构式义的残留,即这些句法成分在词汇化、语法化为元话语标记后,其词汇义、短语义、构式义往往会滞留于元话语标记中,从而使其话语功能锚定于其原型语义的某一方面,如上文的例(5)中的"显然",它在《现代汉语词典(第7版)》中的释义是:〈形〉容易看出或感觉到;非常明显。作为元话语标记的"显然"在话语中的主要功能是"强调结论的可靠性",这一功能与其原型语义密切相关。虽然作为元话语标记的功能主要是程序性的,在话语中是非强制的、可取消的,但其功能的获得与其原型语义密切相关。也就是说,汉语的元话语标记在程序性语义中往往还滞留了原有形式的语义。

汉语中这种形式上具有可分离性和可取消性,具有程序性意义,同时又保留部分概念性意义的类似元话语标记的形式还比较多见,我们把这样的形式称为"类元话语标记",它们体现了汉语"语义优先"的特点,本研究将它们也视作元话语标记的一部分。

2.1.2.3 语用特征

元话语标记的语用特性是其具有多功能性。由于元话语标记在语篇中主要发挥程序性意义,因此,元话语标记的分类应该遵从功能标准。海兰(Hyland,1998)就曾论证元话语标记是一个语用概念,是让读者了解作者是如何影响读者对文章和作者态度的理解。此外,由于语境不同,元话语标记的功能也会随之改变,也就是说,在不同的语境中,元话语标记的功能会有所不同,从而表现出动态性的特征。比如元话语标记"显然"的功能总体上说是"强调结论的可靠性",但具体来说,在评论性语体中,"显然"的功能是提示读者隐含前提与事实之间存在落差,从而强调结论的可靠性;在非评论语体中,"显然"是提示读者隐含前提与结论之前的必然联系,从而强调结论的可靠性。语体不同,或者说语境不同,元话语标记的功能也不完全相同。这是由于人类的语言具有"经济性原则",作者会以最简单扼要的方式来传递信息,如无必要,尽量不增加言语形式,这可能就是元话语标记多功能性的由来。

2.1.3 元话语标记的类型

在元话语的概念日臻成熟后,学者们开始探讨元话语所具备的功能,采用功能取向的分类(Systemic Functional Linguistics)为元话语的分类方式提供了理论基础。

概念功能是指语言具有表达经验及想法的功能,其所表达的内容不只包含生理经验及心理过程(如感受和想法),还包含存在于生理经验及心理过程间的基础逻辑关系,逻辑关系会通过形合、间接言语行为等语言性的句法机制被表达出来。人际功能是指语言具有与他人互动、表达及理解评价和感受的功能,其涵盖发话者与受话者在书面或口语环境中的所有互动关系,在语言上,人际功能常常通过第一或第二人称代词及言语行为(speech act)呈现。语篇功能是指语言具有组织篇章的功能,其关注的是语篇中语言彼此连接的情形,包含语言形式的衔接(cohension)及语义的连贯(coherence)。在韩礼德的系统功能理论中,概念功能凸显的是文本的命题内容,人际功能及语篇功能则提供语言使用的多种策略,这些策略被视为元话语文本(metatext),后人也将它们视为元话语的表现。

韩礼德(Halliday,1973,1994)提出的语言三大功能清楚地区分了语言的功能类型,后人也依循其原则发展了元话语分类的理论构架。瓦德·科普勒(Vande Kopple,1985)的元话语分类系统就是根据韩礼德的理论所架设的。他将元话语分为语篇元话语(textual)和人际元话语(interpersonal)两类。语篇元话语可用来组织命题信息,读者读到组织过的信息后,能够更加顺利地了解文本内容。人际元话语则让作者可以建立与读者间的互动关系,以互动沟通的形式来向读者表达观点。这两类系统还各有次类,语篇元话语还可进一步分为语篇连接标记(text connectives)、注释标记(code glosses)、有效标记(validity markers)及叙述标记(narrators),人际元话语的次类可分为言内标记(illocution markers)、态度标记(attitude markers)及评注标记(commentaries)。依据瓦德·科普勒(Vande Kopple,1985)的分类,可以将各标记的功能及示例整理如表2-1。

表 2-1 科普勒元话语标记功能分类表

类型	功能	语例	
语篇元话语标记			
语篇连接标记	协助语篇内部不同成分间的衔接	连接标记	first、next
		提醒标记	as I mentioned in chapter
		主题标记	with regard to、in connection with
注释标记	帮助读者理解关键词语的意义,以解释、定义等方式进行	X means Y、the definition of X is …	
有效标记	让读者评估命题内容的真实价值,展示作者对语篇叙述的承诺程度,借此帮助读者批评或接受命题内容的接受价值	规避标记	might、perhaps
		强调标记	clearly、obviously
		参考标记	according to
叙述标记	告诉读者信息的来源	X announced that	
人际元话语标记			
言内标记	使作者利用语篇所表现出的某些言语行为更为明确	to conclude、to sum up、I hypothesize、we predict	
态度标记	表达作者对命题的态度	unfortunately、interestingly、surprisingly	
评注标记	让读者可以与作者建立一个隐秘的对话,借由描述读者在阅读时可能产生的心情或反映,暗示读者接下来的文章重点	you will certainly agree that、you might want to read the third chapter first	

瓦德·科普勒是第一个系统性地对元话语标记进行分类的学者,克里斯莫尔(Crismore,1993)等沿用瓦德·科普勒对元话语标记分类的架构,将次类重新打散、归类,并重新检视各类元话语标记的功能,其分类如表 2-2。

表 2-2 克里斯莫尔等元话语标记功能分类表

类 型		功 能	语 例
语篇元话语标记			
语篇标记	连接标记	展现不同想法间的连接性	therefore、and、so、in addition
	连续标记	标识出语段间的连接和顺序	first、next、finally、①②③
	提醒标记	指向之前提过的内容	as we saw in Chapter 1
	主题标记	标志主题的转换	well、now I will、discuss …
解释标记	注解标记	解释文本内容	for example、that is
	言内标记	标识出语篇的行为动词	to conclude、in sum、I predict
	公告标记	宣告接下来的内容	in the next section …
人际元话语标记			
规避标记		表现对文本内容真实性的不确定	might、possible、likely
肯定标记		表现对文本内容真实性的肯定	certainly、shows know
参考标记		提供信息的来源	X claims that …
态度标记		展现作者的情感价值观	I hope/hope agree、surprisingly …
评注标记		建立与读者的关系	you may not agree that …

克里斯莫尔(Crismore, 1993)等的研究厘清并区分了语篇及人际元话语标记的类型和次类,但据海兰(Hyland, 2005)的研究,该功能类型架构依旧存在问题。其中最大的问题在于未能区分语言的命题意义和元话语意义。由于克里斯莫尔(Crismore, 1993)等未在理论中阐明命题意义与元话语意义的判定方式,后人在使用该架构时就容易产生错误。举例来说,"and"在该架构中属于逻辑连接标记(logical connectives),具有连接不同想法的功能,但并非所有的"and"都具有元话语的功能,比如,如果 and 连接的是词汇形式,它就具有概念意义,不能视为元话语标记。因此,确立区别元话语标记的原则是十分重要的。

海兰(Hyland, 2005)所提出的元话语标记的类型,不仅统整前人研究,更确立了区别命题意义与元话语意义的原则。他从功能学派视角将元话语标记分类为交互标记(interactive)和互动标记(interactional)两大类。

交互标记主要用以塑造和制约文本内容以便于读者解读,注重篇章组织方式以达到篇章功能。交互标记有五个次类:一是连接标记(transition),表述主要子句之间的语义关联及篇章中的逻辑意义,有助于解读信息或论证步骤,共包含添加标记(addition)、比较标记(comparison)、结论标记(consequence)三个次类。二是架构标记(frame marker),用以标明文本分界或结构,指出话语的序列或阶段。其下又分四类:程式标记(sequence),用来标明文本内容的先后顺序;标示标记(label),标明文本论述的阶段;预告标记(predict),告知文本的内容;转换标记(shift),提示主题转换。三是照

表2-3 海兰的交互标记分类表

标记主题	标记次类	标记功能	例　　词
连接标记	添加标记	并列关系	and
		递进关系	furthermore、moreover
	比较标记	非对立性关系	similarly、in the same way
		对立关系	however、but
	结论标记		thus、as a result
架构标记	程式标记		first、then
	标示标记		to summarize、in sum
	预告标记		I agree here、the paper proposes
	转换标记		well、let us return to
照应标记			see figure、as noted above
传信标记	直接传信标记		the data shows、the result tells
	间接传信标记		according to、X states
注解标记			in other words、for example

应标记(endophoric marker),其作用是指出文本内的特定信息。四是传信标记(evidentials),说明话语判断的证据和信息来源,又可分为直接传信标记和间接传信标记两类。五是注解标记(code gloss),表明作者对读者背景知识的觉察,并借此提供附加信息。

海兰(Hyland,2005)对元话语标记分类的第二大类是互动标记,这一类主要是关于作者涉入或评述篇章信息的方式,用以明确表现出作者对命题内容的态度或立场,目的是希望借此鼓励读者针对文本有所回应,营造出互动的场面。其下同样也分为五个次类:模糊标记(hedge),表明作者识别不同意见并保留承担责任,以客观角度谨慎表达意见,并开放协商机会;强调标记(booster),加强作者对自己论述的肯定,展示作者权威性,并促使作者与持有相同意见的读者建立一致性;态度标记(attitude marker),分话语评价标记和言语行为评价标记,展示作者对话语采取的言语行为的评价,来和读者产生共鸣,形成凝聚力;自称标记(self-mention),用以指称作者,常用第一人称代词或所有格;参与标记(engagement marker),又分为直指读者标记和纳入读者标记,用来确立与读者间的人际关系。

表2-4 海兰的互动标记分类表

标记主题	标记次类	例　词
模糊标记	—	possible、might
强调标记	—	obviously、in fact、it is clear that
态度标记	话语评价标记	unfortunately、indeed
	言语行为评价标记	frankly speaking、to be honest
自称标记	—	I、me、ours
参与标记	直指读者标记	you、by the way
	纳入读者标记	questions、directives

海兰(Hyland,2005)对元话语标记的分类包含了两个大类十个小类,在内容上改进了前人研究的缺陷,提出了更为完善的元话语标记分类框架,并以明确的例证来支持理论,值得我们参考。我们依据这一分类模式,将汉语中的元话语标记做如表2-5的分类。

表 2-5　汉语元话语标记分类表

基本类	子类	英语例子	汉语例子
信息交互式元话语（Interactive Metadicourse）	过渡标记（Transition Markers）	accordingly、additionally、again、alternatively、as a consequence、at the same time、but	此外、或者、与此同时、相比之下、进一步、相反地、而且、但是
	框架标记（Frame Markers）	first of all、next、finally、subsequently、all in all、at this point、in short、focus、aim、back to、digress、in regard to、return to…	首先、接下来、最后、总而言之、简言之、在目前为止、关于、回到（某话题）、不谈（某话题）、至于（某话题）
	内指标记（Endophoric Markers）	(in) part X、(in) this section、X above、X before、X below、X earlier、X later	如下、上述、前面提到的
	传信标记（Evidentials）	(to) cite X、(to) quote X、according to	据悉、正如……所说、根据
	语码注释标记（Code Glosses）	as a matter of fact、defined as、for example、in other word	例如、举例来说、解释为、称为、换言之、即
人际互动式元话语（Interactional Metadiscours）	模糊标记（Hedges）	apparentiy、broadly、in general、on the whole	大约、大体上、原则上、基本上
	强调标记（Boosters）	beyond doubt、believe、clearly、conclusively、in fact、known	毫无疑问、显而易见、的确、必须、事实上、显然
	态度标记（Attitude Markers）	admittedly、agree、amazed、desirable、disappointingly、unfortunately	不幸的是
	参与标记（Engagement Markers）	the reader's、let us、by the way	读者们、顺便说一下
	自指标记（Self Mention）	I、me、my、us、our、we、the author	我、我们、作者、笔者

综上,本节主要回顾了西方研究元话语标记的主要文献中对元话语标记的分类情况。虽然学者们采用的视角都是功能主义的,但由于对元话语标记的定义不同,因此,对元话语标记的分类及内部成员的构成均有差异,并未达成一致,直至海兰(Hyland,2005)将其分为"交互"和"互动"两大系统,分别展现篇章的前后逻辑关系,以及作者与读者之间的互动。这一分类一方面简化了原有各家的分类,另一方面也顾及了篇章和人际两种功能。因此,本研究的分类将采用海兰(Hyland,2005)元话语标记的分类系统,并用以界定本研究中的"强调标记",依此进一步分析该类标记的分布特点、篇章功能和人际功能。

2.1.4 元话语标记的功能

经过几十年的研究,学者们从不同的侧重角度,如会话、语义、语用等,归纳出元话语标记各种各样的功能。本书主要以韩礼德(Halliday,1994)提出的三大元功能为基础来梳理元话语标记的功能。

韩礼德(Halliday,1994)从系统功能语法里整理出三种元功能(metafunction):概念功能(ideational function),用来揭示语言的意义,就是语篇的命题内容;篇章功能(textual function),用来表示语义的逻辑衔接机制,使文本成为组织严谨、前后连贯的文章;人际功能(interpersonal function),用来帮助作者表明态度、调整语力、维护面子等,并吸引读者积极参与互动,使文本成为作者与读者产生互动的媒介,同时能够顺应沟通过程中不断变化的语境。韩礼德(Halliday,1994)指出,篇章中表述命题概念功能的话语是无标记的,表述篇章功能和人际功能的话语是有标记的。我们前面已经谈到,元话语标记表示的主要是程序性意义,也就是说,它通常只具有篇章功能和人际功能。

元话语标记的篇章功能是从连贯派的理论基础发展出来的。希夫林(Schiffrin,1987)、弗雷泽(Fraser,1990)等连贯派的基本假设是,篇章最重要的特性就是连贯,元话语标记的功能在于标明前后两个或多个话语单位之间的关系,使用标记作为语境参照有助于促进篇章的衔接与连贯。再者,从篇章中话题的转换也可以发现,作者运用元话语标记勾勒出篇章开始、发展、结束的脉络,可表示话题的设定、发展、切换和拉回,展现各种语义和语用关系。如:

(9)本公司正在与海南政府推进旅游业务合作,众所周知,海南免税业务全国有名,而公司也与上市公司中国国旅的中免集团在免税业务上战略

合作。(新浪财经,2020年5月26日)

　　本例中作者使用"众所周知"作为小句的引导成分,由此开始介绍公司的情况。若换个角度,由读者对篇章理解的过程来回溯,元话语标记在话语中发挥了组织和建构语篇的作用,能引导读者获得话语意义及理解作者的意图,从而准确理解作者的语用含义。

　　除了语篇功能外,元话语标记的人际功能主要是表现作者的身份、态度、对事物的推断、评价等功能。学者们(Swales,1990;Bhatia,1993;Myers,1999;Hyland,2000,2004,2005)认为,写作是一种社会参与的过程,其主要功能是互动,建立人际关系。通过元话语标记,读者可以感受到作者的意图和与读者之间的关系,以及作者是否希望读者参与到会话之中。

　　李战子(2000)以人际功能为核心,揭示了元话语标记表现出的两种人际关系。一是作者和读者之间的关系,如例(10)直指读者的参与标记"你",一方面是揭示作者在写作时意识到读者的存在,表达对读者的关注;另一方面是尝试诱导读者进入篇章与其互动,例如激起读者兴趣、引起读者注意、刺激读者思考、鼓励读者采取行动等。二是篇章中多重声音与作者的关系,一种常见的手法是作者使用传信标记,如例(11)中的孔子,引用权威者的话语来佐证自己的观点,或是引用他人结论来预先为自己的观点铺路。作者的动机是借由这些话语来建立权威,对话语进行评价,以获取自己在此话题上的话语权,并使读者信服。由此可见,元话语标记不仅能够加强作者与读者间的话语沟通,更能促成作者、读者、语篇的三方互动。

　　(10)准妈妈们,你或许会有所顾忌,怀孕期间使用手机,会不会对胎儿造成影响呢?手机,现代人最重要的工具。你或许可以不带钱出门,但你绝对不想忘记你的手机。(搜狐网,2016年5月10日)

　　(11)孔子曰:"信则人任焉""民以诚而立";又曰:"会计当而已矣",把会计工作的关键归结于"当"字之上。行业诚信建设就是要汲取和继承中华民族的传统美德,要求会计人员注重信义,诚实守信。(中注协《行业诚信建设实施纲要(征求意见稿)》)

　　总之,元话语标记既具有篇章功能,能够标示语篇的开始、发展与结束,也具有人际功能,能够处理作者与读者,以及作者、读者、篇章三者间的互动。在具体语篇中,元话语标记可能具有其中的某一种功能,也可能同时具有这两种功能,当然,通常情况下元话语标记都是同时具有这两种功能。

2.1.5 元话语在不同语体文本中不同表现的研究

元话语被认为是语篇生产中的主要修辞特征和策略之一(Hyland, 1998)。事实上,作者不能随意改变文体的语言策略,因为元话语与它使用的环境是不可分割的,并且与特定的文化和语体规范、作者不同的语用目的密切相关(Hyland, 1998)。因此,元话语在文本中使用的方式可能因语言和语体的不同而不同。

海兰(Hyland, 1999)认为:"语篇中的元话语是用来组织命题信息的,这种方式对特定的听者来说是连贯的,对特定的读者来说是合适的。"他认为,文本的作者预测了接收者的处理困难和要求,并通过使用某些元话语来适应这些要求和解决困难。他还指出,在"个人元话语"中,"允许作者表达对命题信息和读者的观点。元话语本质上是话语的一种评价形式,表达了作者个人定义的,但受学科限制的角色"。

海兰(Hyland, 1998)基于对四个学科的28篇研究文章的文本分析,承认元话语在说服中的重要性。他的研究定量分析显示,每篇论文平均出现373个元话语,大约每15个单词出现一个。海兰对三个学科的21本教科书进行了文本分析,发现了完全相同的结果。定量分析揭示了元话语的重要性,每个文本平均出现405个词,大约每15个单词出现一个元话语。海兰还对第二语言(L2)研究生写作中元话语的分布进行了研究,揭示了元话语对学生写作的重要性,平均每400万字出现184 000个案例,即每21个词出现一个元话语。这一研究结果表明,元话语是沟通中的一个重要组成部分,没有它,话语的命题内容和语用内容表达都将面临风险。

实际上,很多研究已经涉及不同语体中元话语的使用倾向,如教科书(Crismore, 1984;Hyland, 1999, 2001)、论文(Bunton, 1999)、学生写作(Markkanen, Steffensen & Crismore, 1993)、科普文章(Avon Crismore & Farnsworth, 1990;De Oliveira & Pagano, 2006)、广告(Fuertes-Olivera et al., 2001)、研究性文章(Hyland, 1998, 1999, 2001;Mauranen, 1992;Moreno, 1997;Mur Duenas, 2007;Myers, 1989;Rahimpour & Faghih, 2009;Salager-Meyer, 1994;Swales, 1990)、大学教科书(Hyland, 1994, 1999, 2001)、闲谈(Schiffrin, 1980)和报纸(Dafouz-Milne, 2008)。

此外，也有研究探讨了不同类型的元话语标记语在不同领域、不同语言、不同文章中的使用情况。阿布迪（Abdi，2002）的研究以社会科学（Social Science，简称"SS"）和自然科学（Natural Science，简称"NS"）论文为研究对象，考察了人际元话语标记的使用情况，以说明作者的身份认同和对这些标记使用的选择。为了研究人际元话语，阿布迪（Abdi）考察了三个小类的标记语："态度标记语""强调语"和"模糊限制语"。通过分析发现，SS作者使用人际元话语标记的次数多于NS作者。虽然两个专业在使用限制语和态度标记上存在显著差异，但结果显示，在"强调语"的使用上差异不大。在另一项研究中，邦顿（Bunton，1999）调查了中国香港的研究生如何在他们的博士论文中使用元话语。他认为范围和距离是决定元文本参考水平的主要因素。在他的研究中，他对论文中使用的两种元文本进行了比较，一种是在文本量较大的高级别元文本引用，另一种是在文本量较小的低级别引用，他的结论是高级别元文本引用被使用的频率更高，与较低层次的文本相比，文本具有更强的凝聚力和连贯性。

达尔（Dahl，2004）分析了元话语标记在研究性文章中的使用。达尔考察了英国、挪威和法国的作者在经济学、语言学和医学三个不同学科中所写的作品，以观察何种因素、学科或文化对元话语的使用具有影响作用。研究发现，由于英语和挪威作者比法国作者更多地使用元话语，因此，可以认定语言和文化因素在经济学和语言学中是最重要的。另一方面，在医学领域，民族文化（即母语）被证明比语言因素更重要，因为对固定结构的介绍、方法、结果和讨论是全球通用的。布拉戈耶维奇（Blagojevic，2004）进行了另一个类似的对比研究，他研究了以挪威语和英语为母语的学术文章的元话语标记的使用，研究了不同语言和文化背景的作者在元话语标记使用上的异同。这项研究结果表明，尽管有英语和挪威作者在元话语标记的使用上存在一些细微的差异，但这些差异小到不具有统计学意义。研究人员发现，这些差异是学科特异性的，而不是语言或文化特异性的。

关于元话语标记的正确使用，巴顿（Barton，1995）研究了元话语标记在议论文中的功能，包括主张和反诉。该研究考虑了元话语标记的对比功能和非对比功能。研究结果显示，作为对比性和非对比性连接的人际元话语标记的使用，使反诉变得柔和，同时又得到强调。

尽管这些研究在元话语的使用与语体之间关系的领域做出了很多贡献，但由于元话语具有动态特性，仍需要更多的研究来深入了解元话语的结构、意义、分布、类型和使用动机等与语体之间的互动关系和制约因素。此外,更加深入的研究还可以提高语言使用者在不同语体文本中有效使用元话语标记的意识。

2.1.6 汉语中元话语标记的研究

在汉语的传统语法中,元话语标记被视为一种句子成分,就是"插入语"。吕叔湘(1962)、朱德熙(1962)、王力(1987)都曾论及汉语里的插入语,但都将其视为句子的附属成分,不涉及句间关系,他们主要是从语法结构和语义的角度进行讨论,并未涉及它们的语用功能和篇章功能。

最早从篇章角度关注这一现象的是廖秋忠。在20世纪80年代初,廖秋忠即以连贯理论为基础,注意到现代汉语中起篇章连接作用的表达式,他将这些表达式称为"连接成分",在功能上是用以明确表达语言片段之间在语义上的转承关系。同时,他还将这些连接成分视作篇章成分,多位于句首,在主语之前。篇章管界(discourse scope)是连接成分重要的功能之一(廖秋忠,1986),连接成分标注出段落间关系以及篇章的起止,适当地使用能降低阅读难度,让篇章更容易为读者所接受。虽然廖秋忠(1986)已对汉语元话语标记形式的研究拓展至篇章层面,但尚未涉及语用、认知等层面。

与英语类似,汉语中对元话语标记的命名最初也是多样的:话语联系语(何自然和冉永平,1999)、元话语标记语(何自然和莫爱屏,2002)、语用标记(方梅,2005)、元话语标记(李秀明,2006)等。这些名称或者是不同英文术语的翻译,或者是同一英文术语的不同翻译。从术语的不同我们可以认识到,研究者关注的角度并不相同,故而产生了"同义异名"的情况。同时,这种名称多样性也反映出元话语标记的多功能性,以及范畴划分上的不确定性,从而导致功能和范畴划分上的模糊性。

汉语元话语标记有很多是实词虚化的结果,因此,运用语法化、主观化等理论探讨标记的来源和形成过程也是学者们的研究兴趣所在,比如方梅(2000)认为,连词在使用中常发生语法化,不表达真值语义关系,而发挥两种功能,一是话语组织功能,一是言语行为功能,能在对话中转接话轮或延续话题。

随着语用学的兴起,学者们开始使用语用理论来探索元话语标记。冉永平(2000)以关联理论和语言顺应理论为基础,将元话语标记界定为在话语中起语用作用的词语或结构。同时,他也从认知—语用角度出发,揭示出元话语标记没有概念意义,只有程序意义,它所起的作用主要是认知导向和制约,如下面例(12)中的A句虽然提供了理解B句的语境,但答语仍有多种可能。虽然 B1 到 B5 等句的概念意义都相同,但因标记词不同,就是各句画线部分,对语境产生不同的限制,能够对读者的理解产生不同的引导(何自然和冉永平,1999)。

（12）A：Susan is not coming today.　　（A：Susan 今天不来。）
　　　B1：<u>After all</u>, Tom is in town.　　（B1：毕竟,Tom 回来了。）
　　　B2：<u>So</u>, Tom is in town.　　　　（B2：所以,Tom 回来了。）
　　　B3：<u>You see</u>, Tom is in town.　　（B3：你看,Tom 回来了。）
　　　B4：<u>However</u>, Tom is in town.　　（B4：但是,Tom 回来了。）
　　　B5：<u>Anyway</u>, Tom is in town.　　（B5：不管怎样,Tom 回来了。）

进入 21 世纪,学者们更加重视从认知—语用视角对元话语标记开展更加全面的研究。莫爱屏(2004)主张用关联理论解释元话语标记,并探讨元话语标记的使用和关联的重要关系。她剖析元话语标记的使用在很大程度上取决于语境与关联的互动,而关联理论可以为解决各类争议性问题提供可行的解决方法。李秀明(2006)运用元话语标记理论对汉语篇章中的元话语标记进行研究,定义元话语标记是指"对命题态度、篇章意义和人际意义进行陈述的话语",并以英语元话语标记类别为基础,设计出汉语元话语标记的分类框架。刘丽艳(2011)同样认为元话语标记在口语交流中没有概念义,只有程序义。元话语标记是在互动式口语交流中所特有的一类功能词(或短语),在句法上具有相对独立性,其功能体现了作者的元语用意识。

综上所述,汉语的元话语标记研究仍处于以引进、介绍为主的阶段,如成晓光(1997,1999,2004,2008,2009)、冉永平(2000)、李战子(2001,2003)、方梅(2000,2005)、李佐文(2001,2003)、徐海铭(2001,2004,2005)、高健(2005,2009)、胡曙中(2005)、李秀明(2006)、徐赳赳(2006)、郭红伟(2017)等,尚未形成汉语自己的理论体系。一些学者也注意到了汉语中元话语标记同语体之间的关系,如李秀明(2007)、张曼和宋晓舟(2017)等。近十年,对元话语标记的个案研究也开始增多,如李元瑞(2018)、曹秀玲和杜可风(2018)、鲁莹(2019)、曹秀玲和魏雪(2021)等。

综观以上国外和国内的研究,可以发现,国外元话语的研究在理论和实证方面呈现如下特点:在理论上,绝大多数学者都是从功能语言学角度来研究元话语,学者们对元话语的人际功能研究较多,语篇功能研究较少;从研究所涉及的语体来讲,以学术论文或科技语篇为主,大多数元话语的研究都涉及过这类语篇,这主要是因为学术语篇以说服受众接受作者的学术观点为主要目的,元话语使用频繁。

国内关于元话语的大部分研究者重视对模糊限制语和情态标记语的研究,对元话语的其他类别研究甚少;重视研究元话语的人际意义,但是对语言的概念意义、谋篇意义以及它们和元话语之间的关系较少涉猎;重视研究学术语篇、新闻语篇中元话语现象,其他语篇类型涉猎较少;以元话语为研究对象的论文几乎没有谈到元话语对语篇的衔接所起到的作用;元话语理论基础薄弱,争议较多,尤其汉语元话语的研究较少,特别是汉语机构话语中的元话语研究更少。

2.2 强调标记的研究

语言的主要功能就是交际,交际的定义不仅限于交换信息、商品或服务,也涉及沟通者自身的个性、态度与意识,而元话语标记的使用动机正是人类需要更顺畅的交际(Coates, 1987; Sinclair, 1981)。元话语标记中的强调标记也是使交际更为顺畅的语言表达形式之一。在西方语言学界,强调标记历经众多实证研究,对于其定义和类型已有较为清楚的界定,汉语对此领域的研究则刚刚开始。

2.2.1 英语强调标记的研究

与元话语标记类似,强调标记也因不同学者切入角度不同而有不同的名称,例如强化标记(emphatics)(Vande Kopple, 2002)、确认标记(certainty markers)(Dafouz-Milne, 2003)、强调标记(boosters)(Hyland, 2005)等专有名词。由于学者们的研究视角不同,因此,他们认定的强调标记的语言形式也有所不同,如瓦德·科普勒(Vande Kopple, 2002)认为强调标记的语言形式可以是副词(例如 certainly、assuredly、even)、短语(例如 without a doubt、with no hesitation、whatsoever)、小句(例如 I am certain、We do know that),甚至是标点符号,如感叹号(例如 That was an error, it was!)等。

总之,关于强调标记的定义,各家学者都有各自的侧重点,可归纳为三大类:

第一种观点是,强调标记是作者用以强调对命题的确信程度或表达作者对其主张的信心。米尔恩(Dafouz-Milne,2003)提出,针对命题的内容,强调标记肯定命题的真实性。它同时也是作者考虑语境因素后确立的作者主张的高度可能性、突出作者对其论点的确信程度、表达作者对命题的保证(Abdi et al.,2010;Crismore et al.,1993;Holmes,1998;Hyland,2005;Khabbazo-Oskouei,2013)。强调标记表现了确信和强调命题的语力(Hyland,1998),同时也是增强言语行为的言外之意的语言标记,如例(13)中的"frankly"表示作者强调"我们比其他政党更早行动"。

(13) Quite frankly we've moved much more swiftly than any other party. (Holmes,1984)

(老实说,我们比其他政党更加迅速地行动起来。)

第二种观点是,强调标记是指拒绝其他观点以强调作者立场。强调标记是让读者相信作者所言的媒介,因此作者通过强调标记抑制与其相异的观点,借由这些语力强度较大的词语提升立论强度,否定其他反对的论点,强调作者个人主张或立论逻辑的确定与自信程度(Hyland,1998,2005)。如例(14)中作者已经预测到读者的可能反应,因此加入"surely""obviously""highly"这些强调标记以强调其主张并否定其他潜在的回应。

(14) This brings us into conflict with Currie's account, for static images surely cannot trigger our capacity to recognize movement. If that were so, we would see the images as itself mobbing. With a few interesting expectations we obviously do not see a static image as moving. Suppose, then, that we say that static images only depict instants. This too creates problems, for it suggests that we have a recognitional capacity for instants, and this seems highly dubious.

(这使我们与 Currie 的说法发生了冲突,因为静态图像肯定不能激发我们识别运动的能力。如果是这样的话,我们看到的图像会是一团糟。有一些事是可以预期的,我们显然不认为静态图像是移动的。那么,假如我们说静态图像只描绘瞬间。这个也造成了问题,因为它表明我们对瞬间有一种识别能力,而这似乎非常可疑。)

第三种观点是以沟通为出发点,认为强调标记是与读者互动的标记,运用双方共有知识,显示出作者与读者立场一致,拉近说听双方距离,让读者愿意倾听作者的观点(Hyland, 1998; Myers, 1989)。如例(15)中的"of course"与例(16)中的"It goes without saying that"都标示出作者与读者的伙伴关系,表现出作者对读者可能立场的反映,并邀请读者参与。

(15) I will, of course, make sure you're all kept fully informed. (Holmes, 1984)

(当然,我会确保你们都得到充分的信息。)
(16) It goes without saying that you will improve your skills with practice. (Holmes, 1984)

(不用说,你会通过练习来提高你的技能。)

虽然以上三种对强调标记的定义不完全相同,但其共同性在于,强调标记是在客观信息、主观评价和人际互动之间保持一定的平衡,以达到强有力的说服效果;同时它也是沟通思想,让对方接受说话人观点的策略。强调标记强调了命题的必然性,建立作者与话题、读者之间的关系,并要求读者认同其立场,排除其他反对的声音。

2.2.2 汉语强调标记的研究

汉语学界对"强调"的研究同比其他类型的元话语标记,开始得比较早,研究内容主要在以下几个方面:

第一,基于语义内容的研究。

吕叔湘(1985)认为"强调"和"肯定"是同一个语义概念,都是用来加强句子中的肯定或否定语气。张孟晋(2008)将语气副词中强调性强的一部分单独列为"强调副词",并依其语义将其分为九个小类:程度类、语气类、时间类、范围类、否定类、频率类、关联类、仅语气类、情状类。根据他的分类,强调类语气副词的主要作用就是在作者使用句子沟通或表达态度、情感时,强调句子的重心和话题的焦点。

第二,基于语法形式的研究。

王贵华(2008)经由汉英对比,认为"强调"是通过语音、词汇、句法和修辞等方式来突出表达某部分语义。鲁莹(2011)指出,"强调"在语法层面的形式有三种:词汇(包括副词、连词、助词、介词)、固定句式("连"字句、"是"字句)和语序(句法成分的移位)。然而,这一阶段对汉语强调标记的研究仅局限于单句内语法位置的介绍,相关文献多散见于对单一语言形式(如"连"字句、语气副词)的研究中,缺少系统性的论述。

表 2-6　王贵华的强调标记表现形式表

类　别	强调形式
语音强调	重音、音长、停顿
词汇强调	程度强调(显然、尤其、一点儿+也+都+否定)、周遍强调(凡是、一律)、量强调、语气强调(反正、居然)等几类
句法强调	语序易位、双重否定、插入语
修辞强调	反问、反复、排比、设问、夸张
篇章强调	将主题句安排在篇章的开始或结束部分予以强调,同时也可以使用一些具有篇章连接功能的副词和插入语

第三,基于语用态度的研究。

在语用学兴起之后,学者们发现"强调"更类似于语用概念,其目的是增强表达效果或增强语力。当作者在沟通时需要将突出表达的意念传递给读者,给读者超乎一般的心理刺激,从而获得特别的表达效果,此时,作者会选用强调标记,因此,强调总是"有标记"(marked)的。另一方面,当话语本身语力达不到作者的要求时,作者也会采用强调标记对其进行强调。也就是说,强调标记可用来强调语力(殷树林,2012)。阐释强调标记表现发话人对陈述内容的确定性,是发话人对陈述内容拒绝商谈的态度表现(鲁莹,2011)。李秀明(2011)将强调标记称为"明确表达标记",在书面沟通过程中作者希望读者完全接受自己的资讯而采用的语言策略,如"无须怀疑""很明显""显而易见的是""不用说""毫无疑问""从根本上说"等。强调标记呈现发话人对陈述内容的肯定态度,表明发话人的决心,使读者对陈述内容没有商量的余地。刘丹青(2008)还就强调所指范围做出分类——"句子的强调"(sentence emphasis)和"成分的强调"(constituent emphasis)。句子的强调是指整个句子都是强调的对象,成分的强调则只强调句中的某一个成分。总之,强调标记的语用表达过程是表明说话人从发话潜意识出现到陈述立场其间存在多样性,但是说话人根据自身的意向缩小立场的选择范围,从特定的角度选用肯定的态度表达,预防听话人有反对意见,尽量避免协商的发生。

第四,基于认知机制的研究。

基于认知机制的研究又包括两个方面:信息、焦点说和心理认知说。

关于信息、焦点说,较有代表性的学者有徐杰、张斌、陈昌来等人。徐杰

（1993）深入探讨了"是""就""才"等所强调成分的特点，并指出说话者所强调的重点即焦点。张斌（1998）指出，强调的表现形式主要有三种，即自然焦点（尾焦点）、对比强调和标记强调。陈昌来（2000）等学者从信息结构的角度出发，把强调当作一种信息处理的方式，认为强调概念与焦点概念是等同的，是说话者希望让听话者重点注意到某部分内容而采取的手段。持这一观点的学者多是在研究焦点的过程中提及"强调"这一概念的。

心理认知说是近年来学术界出现的一种新的观点，以张辉松、汲传波为代表。

张辉松（2005）认为强调的基本原理是说话者采用一定的听觉、视觉等手段来突出所说的内容，并以此引起受话者的注意，从而起到强调的效果。其中涉及的刺激、注意等概念都与心理活动有关，因此强调结构与心理有着密切联系。通过论证，他还证明了有意注意和无意注意在强调中发挥的重要作用，联想和想象也是构建强调功能的重要心理机制。之后，张辉松（2012）又从认知的角度给予强调结构一定的解释：强调表达的最根本的理念正是来自认知语言学的"图形—背景"理论，被强调的部分属于图形，其他衬托的部分则属于背景。

汲传波（2015）在心理学"不随意注意"理论的启发下，认为"强调"的本质是"心理现象"，并以"强调"为纲展开各章节，围绕对强调结构的认知解释、近义强调结构的强调级次等核心内容进行了研究。

第五，基于功能的研究。

基于功能的研究是近年来随着功能语言学的兴起而出现的，主要散见于多种话语标记或副词、语气词的研究中，少数几篇对强调标记的个案研究也都是从功能视角进行的，如周明强（2017）、鲁莹（2019）等。

综合上述各家观点，汉语学界对"强调"现象的探索已经产生了质的改变，从对强调现象在语音、词汇、句式、语序等各级语言层面上的描写、梳理，发展到语用、功能、认知等多层面的拓展延伸，但在以下三方面还存在欠缺：对汉语强调标记的研究还处于以词语、结构分析为主的个性研究阶段，宏观考察较少；对汉语强调标记的某些重大问题（如界定、篇章功能、在不同语体中的功能差异、使用策略等）还缺乏清晰认识或存在较大分歧；实证研究相对落后，在语文教学中没有对强调标记做出清晰定义，也没有明确指出在何种语体语篇，或何种语用场合下使用何种强调方式，没有充分发挥强调标记对阅读理解和写作的引导作用。因此，借鉴强调标记的上位概念元话语标记的研究成果和方法，从功能角度切入对强调标记的研究，对现代汉语强调标记进行系统描写和理论阐释，并通过实证手段加以印证是解决这些问题的关键,也是提升公民语言能力和国家语言能力的有效手段之一,亟待切实有效推进。本书将从以上这三方面对汉语强调标记进行深入研究。

2.3 阅读中元话语标记的实证研究

阅读是一个自下而上、自上而下策略和元认知技能交互作用的过程(Dubin & Bycina,1991;Shih,1992)。尽管学者们承认元话语标记有助于阅读理解(Crismore,1989;Crismore & Vande Kopple,1997),然而,关于元话语标记与阅读关系的现有研究成果仍不是很丰富。

元话语标记能够协助读者组织篇章并从宏观上理解全篇文章,促使读者进行批判性思考并建立自身对文章的理解与意见(Crismore & Farnsworth,1990;Janifar & Alipour,2007)。洛曼和迈耶(Loman & Mayer,1983)的研究表明,元话语标记在篇章阅读中具有预测和引导功能,它对阅读理解的促进作用与篇章难度和长度相关。当篇章难度和长度中等的情况下,元话语标记的作用最为显著。此外,元话语标记在阅读理解中的作用也与阅读者对篇章内容的熟悉程度有关,克莱兹(Kletzien,1991)证实,当阅读者对篇章内容相对生疏的情况下,元话语标记能够发挥较大作用。

在认识到元话语标记对篇章理解的优势后,学者们着手进行教学实验,让教师利用讲授元话语标记来提升学生的学习品质。一些研究结果显示,元话语标记能够帮助中等程度阅读者组织或回忆文本内容(Vande Kopple,1985;Crismore,1989)。元话语标记更有助于初级学生的阅读理解(Parvaresh & Nemati,2008)。中高级学习者能从元话语标记教学中获益最多(Hashemi,Khodabakhshzadeh & Shirvan,2012)。由此可知,运用元话语标记进行阅读教学后能让学生的阅读策略与理解能力有所改善。

在汉语学界,对元话语标记与阅读训练之间关系的研究还比较少见,但也有一些学者关注到了元话语与写作,主要是英语写作之间的关系,如成(Cheng,1994)进行过一项系统的关于元话语的实验。他主要在实验班让学生阅读关于元话语的文章,以改错的形式让学生们做这方面的练习,给学生们分析专业作品中元话语的使用情况,最后让学生在自己的作文中练习元话语的使用。他肯定了这项训练的积极作用,认为它帮助学生认识到了写作不仅仅是作者完成规定字数的作文,更是一个作者始终考虑着读者反应的动态过程。通过训练,学生们在元话语的使用上减少了随意性,并在写作过程中更加关心读者、更注意内容的真实程度等,从而使得文章也更具有说服力。徐海铭(2001)考察了国内某高校英语系一年级到四年级学生的作文中使用元话语的情况。研究的结果显示,一年级到三年级学生的作文中元话语的使用在数量上是递减的,而到了四年级又上升了。他得出的结论是,元话语使用的数量跟文章的质量之间不是正比关系。曹凤龙和王晓红(2009)对比分析了中美大学生英语议论文中元话语使用的异同,认为元话语在两组作文中都频繁使用,在总体数量上表现出相似性,使用最多的是篇章标记词;但在篇章、人际元话语的使用上存在显著差异:中国学生使用连接词、委婉语过多,但态度标记词的使用却较少。作者最后分析造成这些差异的原因,进而提出改进课堂作文教学的建议。

在这类文章中,仅有的几篇涉及将元话语标记与阅读教学相结合,如张志红(2014)从接受元话语标记教学实验班的学生身上发现,以元话语标记进行教学的方式,让学生从原来的只注重细节、自下而上的阅读模式转变到宏观导入的阅读模式,这种阅读方式的改变最终提高了学生的阅读成绩。该文的另一个有趣发现是,实验中学生先前阅读成绩的好坏并不影响学生对元话语标记的学习,即阅读成绩差的学生也能掌握元话语标记的使用。徐捷和黄川(2015)的实验显示,接受元话语标记教学组在两方面表现优于无元话语标记教学组,元话语标记不仅可以增进学习者对篇章建构过程的理解,还能凸显学习者对作者介入篇章和读者关系建构过程的认知,其中中等水平组和低水平组在元话语标记训练中获益最大。

以上这些研究皆可印证,熟悉元话语标记对学生阅读及理解语篇会有所助益。元话语标记的重要性固然已经被学界承认,然而,现有文献(张志红,2014;徐捷、黄川,2015)多聚焦于外语学习或第二语言习得情况,缺少对母语者阅读理解能力的关注。此外,现有对阅读教学中元话语标记作用的研究中,描写性的多,解释性的少。也就是说,即使现有研究成果承认元话语标记在学习者组织话语、理解话语中的作用,但若无法详细解释元话语标记是如何发挥作用的,就无法证明学习者的确是利用元话语标记取得了较好的学习效果,也就无法证明习得元话语标记的重要性。

在中外相关实证研究中,研究对象的发展也相当不平衡,对写作和口语中元话语标记的研究比较多,包括教科书(Crismore, 1984; Hyland, 1999, 2000)、学生写作(Crismore et al., 1993)、科普文献(Crismore and Farnsworth, 1990)、广告(Fuertes-Olivera et al., 2001)、论文(Mauranen, 1993; Luuka, 1994; Valero-Garce's, 1996; Moreno, 1997, 1998; Hyland, 1998, 1999, 2000, 2001; Mur Duenas, 2007),但对汉语强调标记在不同语体中分布差异的研究还鲜有见到,需要进行深入研究。

在教学实践中，多数老师会告诉学生，"作者的观点或态度多数会出现在最后几段"，但实际上，并无相关文献或统计说明或证明这一说法，究竟文章中元话语标记是否在后几段出现的多于前几段，是否后几段就是作者观点所在，作者观点或态度出现的位置是否与语体有关，这些疑问都将影响到阅读速度与课堂教学方法。对这些问题的解答会凸显出本研究将元话语标记教学与阅读理解相结合的必要性。

第 3 章　现代汉语强调标记总体特征与语体分化

3.1　强调标记的定义、判定和分类

3.1.1　强调标记的定义

前文已经提到,国外对"强调标记"并没有统一的定义,我们综合前文提到的强调标记在语义、功能等方面相关文献的讨论结果,从语义入手,结合汉语实际,提出本书对现代汉语强调标记所下的定义:能够通过强化对命题的认定程度来表达作者对其主张的信心,或通过与其他观点对比以凸显作者立场的语言形式。从这一定义可以看出,对汉语强调标记的判定有两条标准,符合其中一条即可断定为"强调标记":

① 强化对命题的认定程度,表达作者对其主张的信心;
② 通过与其他观点对比以凸显作者立场。

可见,"强调"是说话人态度的一种表达方式。马丁和怀特(Martin & White, 2008)认为,人们在使用语言表达态度的时候,要么直陈所思,要么假借他人思想、观点、立场来表达自己的思想、观点和立场。在马丁和怀特看来,前者是"单声/自言"(monogloss),后者是"多声/借言"(heterogloss)(张继东和陈晓曦,2016)。我们对强调标记的两条判定标准也是从这两方面进行的,即定义①其实是一种"单声"的形式,仅从自身出发来强化对自己所说话语内容的认定程度;定义②则是一种"多声"的形式,是在同与其他类似或相反情形对比的基础上进一步凸显自己的立场。具体说来:

定义①是作者考虑语境后确立作者主张的高度可能性,从自身角度突出作者对其论点的认定程度、表达作者对命题的保证,如例(1)中"世界正因电信行业的飞速发展而缩小",作者用"的确"来强化了对这一命题的确信程度。

（1）有人说,这个世界正因电信行业的飞速发展而缩小。<u>的确</u>,对于地球人来说,上有通信卫星萦回,下有海底电缆沟通,无线电波和有线网络相互交织,人与人之间的联系越来越紧密和快捷。这一领域令人振奋的现实和前景也带来了激烈的竞争。(《人民日报》1995年5月20日)

定义②是作者通过同与之相类或相异的观点进行对比,或借助强调标记抑制与之相异的观点,否定其他反对的论点;或在相同观点的基础上更进一步,借由语力强度更大的词语提升立论强度,以增强作者个人主张或立论逻辑的确定与自信程度。如例(2)的前提是白集村由名不见经传的穷村变为小康示范村,其中的原因肯定有很多,但在这中间,最重要的原因就是其"善抓机遇"。作者将其他因素设置为认知背景,使用"关键在于"这一强调标记凸显出作者自己的观点,这就是通过类比其他观点以凸显自己观点。例(3)的前提是新女排的队员之间在配合上还欠火候,但作者认为由于主攻、副攻都活了起来,老女排快速多变的打法已在新女排中有了雏形,这是将两种相异的情形进行对比,通过强调标记的使用来凸显自己的观点。

（2）一个名不见经传的穷村为何一跃成为徐州市首批小康示范村?<u>关键在于</u>——白集善抓机遇。(《人民日报》1996年6月21日)

（3）虽然从几场比赛情况看,队员之间在配合上还欠火候,但<u>毕竟</u>主攻、副攻全都活了起来,人们已不难看出老女排快速多变的打法已在新女排中有了雏形。新组建的中国女排虽然已让国人看到了希望,但以世界冠军的标准来衡量仍有不小差距。古巴队目前也做了调整,加之路易斯等3员主力的缺阵,队伍实力大打折扣。所以对中国队的胜利不必过早乐观。只要中国女排不因眼前小小的胜利而自满,继续加倍努力训练,重夺世界冠军也许比人们预想的还要快些。(《人民日报》1995年3月19日)

3.1.2 强调标记的判定

3.1.2.1 与其他范畴成员的异同

在本书的写作过程中,我们发现,强调标记与其他范畴的成员存在交叉,这给我们判断强调标记带来了一些困难。因此,我们在确定某一成分是强调标记以前,要将强调标记与其他范畴成员进行区分。

一是强调标记与情态词的异同。

"情态"是一个类型学范畴,不同的语言有不同的"情态"表现形式,但情态语义系统是相对统一的。莱昂斯(Lyons,1977)阐明"情态"的语义属性包括可能性和必要性,也可以用来表达说话者对命题抱有的态度或观点,并将情态分为"认识情态、道义情态、动力情态"。彭利贞(2007)借鉴莱昂斯(Lyons,1977)的分类方法,展示了汉语情态动词的语义系统,认为汉语情态动词的语义系统与英语情态动词的语义系统一致。我们认为,情态范畴和强调范畴既有交叉,又有不同。情态范畴是建立在"可能性/必然性"二元对立的哲学观念的基础上的,是语句中的非现实性成分。因此,情态范畴包含两个下位范畴:义务情态和认识情态。根据我们对汉语强调标记的定义,强调范畴大体上也可以分为两个部分:从自身角度强化对命题的认定程度,通过与其他观点的对比以凸显作者立场。通过对强调标记这两方面的定义可以看出,"强调"更多与人的认识相关,是说话人主观态度的一种表达。因此,我们认为,认识情态和说话人对话语的评估是重合的,而义务情态与强调互不相干,也就是说,强调范畴仅与情态范畴中的认识情态有交集。

人类的认识属于认知范畴,是认知判断的一部分。所谓认知判断就是依据不同个体的不同认知背景对命题内容可接受的程度,例如对命题内容是否为真的确信程度可以分为三个次类:一是确信程度比较弱的"推测"类,如"大概""恐怕";二是确信程度较强的"断定"类,如"应该""一定";三是确信命题为真并加强保证程度的"保真"类,如"真的""确实"。通过对每个次类中具体语料的观察,我们可以发现,这些词语其实也属于情态标记中的"认识情态",但根据强调标记的定义,强调标记仅包括其中"断定""保真"两类,不包括"推测"类。这也能够从另一个侧面说明,强调标记与情态表达确实存在交叉的情况,但又不完全重合。

二是强调标记与态度标记的异同。

强调标记是说话人主观态度的表达,在海兰(Hyland,2005)整合的元话语标记的互动标记中就有一类"态度标记",如 indeed、frankly speaking。李秀明(2011)列举了汉语中的态度标记,如"说到底""很显然"等。这些态度标记完全符合我们对强调标记列出的判断标准,也可以认为是强调标记,也就是说,态度标记与强调标记有重合。但我们也认为,并不是所有的态度标记都可以做强调标记。

我们对强调标记的判定标准有两条,一条是从说话人自身角度进行的对自己所说话语的保证,一条是通过与其他情形对比后的凸显,虽然都具有主观性,但态度表达往往是通过"单声"的形式表达,而无需"多声"。也就是说,说话人通常是从自身角度出发表达自己的态度,而不考虑其他情况,所以,与态度标记重合的主要是由判定标准一判定的类别,与由判定标准二判定的类别关系不大。

另外,马丁(Martin,2005)综合元话语标记中的态度标记研究和评价理论中的态度系统,认为可以把态度标记语分为四类:情感态度、话语态度、行为态度、叙事态度,并分别加以举例(转引自刘明,2021),如表3-1。

表3-1 马丁态度标记语分类表

类　型	功　　能	汉语例子
情感态度	对命题表现出的感情反应	觉得、早熟的、忧郁
话语态度	对自己或他人话语的态度	值得注意的是
行为态度	对他人行为方式的描述	小琴板起脸来说
叙事态度	对话语叙事的态度	我认为

通过对强调标记的定义我们可以判断,只有"话语态度"一类态度标记可能会与强调标记发生重合,其他类型的态度标记都与强调标记无关。

综上,强调标记与态度标记也仅是部分重合的关系。

三是强调标记与程度副词的异同。

海兰(Hyland,2005)把 highly 这样的程度副词也视为强调标记,那么,程度副词到底属不属于强调范畴呢?程度范畴往往表示的是事物性质的量级,当与程度范畴表达形式组配的成分具有[+性质]语义特征时,就与程度范畴具有了语义一致性,因而能构成合理的语义结构。也就是说,程度范畴是用来说明事物性质的量级,是指某个量处于相应级次序列中的某一层级,是量的层级表现(陶瑷丽,2010)。程度范畴是关于程度义的抽象,不同性质的量都可形成相应的级次序列,并在语言中有其表达形式。程度范畴的这一本质属性决定了它离不开"量",所以在语言表达中,程度范畴要求与其表达形式组配的成分具有[+量]的语义特征。与一般数量含义不同,等级数量含义具有等级依赖性,其产生的必要条件是存在一个语言级阶。这个被称为荷恩等级(Horn Scale)的语言级阶是由一组可供语言使用者选择的语言成分构成,并根据它们的信息强弱或语义力度进行线性排列,如:〈e1,e2,e3…en〉(Horn,1972;Levinson,1983;徐盛桓,1995;沈家煊,1999)。荷恩等级关系是基于语义信息强度的比较关系(转引自黄瑞红,2008)。克莱因(Klein,1998)根据程度副词所表程度的量级的差别将英语程度副词分为八个小类,分别是绝度副词、极度副词、高度副词、中度副词、低度副词、接近副词、准否定副词和否定副词,详见表3-2。

表3-2 克莱因英语程度副词分类表

分类	绝度副词	极度副词	高度副词	中度副词	低度副词	接近副词	准否定副词	否定副词
例子	completely、absolutely	extremely、awfully	very	rather、pretty	somewhat、a bit、a little	almost、nearly	little、hardly、barely	not、not at all

汉语中的程度副词与英语中的程度副词一样,也具有"量"的特征,但与英语不同,汉语中的一些程度副词,如"相当""极""最""太"等虽然也用来表达"高量级"的语义,但它们只是对后面所修饰词语的性质量级的描写,而非整个句子,并不符合本研究所设定的强调标记的定义。也就是说,这些程度副词是语句命题意义的组成部分,也不符合元话语标记的定义,不是元话语标记,更不是强调标记。如例(4)中的"最"修饰的是"多"而不是整个命题,例(5)中"非常"修饰的也仅是"好",也不是整个命题。

(4) 中国史学会重点研究课题"中国姓氏文化研究"组织了全国各省上百名专家学者共同攻关,准备将目前中国人姓氏中数量<u>最</u>多的100个姓氏在3年内以一姓一卷的形式编著出版,这是有史以来第一部全面系统研究中华姓氏的丛书。(中新网,2000年10月10日)

(5) 天脊集团在对外贸易方面,打算到青岛搞一个化工基地,因为青岛是一个<u>非常</u>好的对外贸易港口,不像上海这样的大都市,青岛有它自己的对外贸易优势,所以选择青岛作为"天脊"对外贸易的窗口。(《人民日报》2004年4月2日)

当然,也不是所有的程度副词都不能看作强调标记,陈颖(2008)以"真"和"很"为例,将程度副词分为"主观"程度副词和"客观"程度副词,客观程度副词主要是描写其后接谓词性成分的客观程度量级,传达概念意义,与强调表达无关,如例(6a)句;主观程度副词则不同,主要传达说话人的主观评价,因此,主观程度副词属于强调范畴,是强调标记,如例(6b)句。

(6) a. 这个房间<u>很</u>宽敞。
　　b. 这个房间<u>真</u>宽敞。

四是强调标记与传信标记的异同。

"传信"(evidentiality)与"强调"一样,也是一个语义语法范畴,根据陈颖(2009)的研究,它指的是语言本身所固有的一种功能:人们在使用语言的过程中总是要自觉或不自觉地交代自己所说话语的来源,以此来表现话语的可靠性。根据信息的获取渠道是直接的还是间接的,陈颖(2009)将传信语(evidentials)分为两大类,"直接型"和"间接型",再根据具体的信息来源的类型,将"传信语"进一步细分为"感官型""言语型""假设型""文化传统型""传闻型""归纳型""演绎型"和"信念型"传信语。其中"归纳型"传信语同强调标记也是有同有异。

归纳是指由特殊到一般的推理方式。从人们的认知过程看,就是通过感官的直接感受人们进一步做出理性的判断。当然,这个判断是否正确,最后还得在实践中检验,所以归纳型传信语体现的是推论的认识立场。在汉语中,当我们说"我感到有虫子在我腿上爬"时,从信息的来源方式上讲,这是"感官"证据;当我们根据这种感觉的程度和以往的经验相结合做出如例(7)这样的判断,我们把异物看作"一定是只虫子",这种认识就得之于"归纳",其传信表现是由"一定"来完成的。同样地,例(8)"显然"也表示归纳的语义,因为这是说话人根据眼前的情况结合事态常情得出的结论,尽管有关感官所及的现象在话语中没有出现。

(7) <u>一定</u>是只虫子。
(8) 一些坟堆被风雪所蚀,因年岁而坍,枯瘦萧条,<u>显然</u>从未有人祭扫。(余秋雨《阳关雪》)

以上两个例子中的"一定""显然"既是传信标记,也是强调标记,从这个意义上看,强调标记与传信标记有重合之处。但由于传信标记更多反映的是信息的来源,因此,大多数的传信标记与强调标记并不一致,只有少数与主观确认相关的传信标记才会与强调标记重合。

3.1.2.2 汉语强调标记与英语强调标记的差别

由于英语中元话语标记和强调标记的研究文献较为丰富,所以我们在进行本研究之初就先从英语中的强调标记入手,并查找相关研究成果。我们发现,虽然英汉两种语言在强调标记的语义倾向性方面有很多相同之处,但也有一些不同。比如海兰(Hyland, 2005)将"indeed"归入态度标记,而非强调标记,但根据我们对汉语的理解,以及本研究对强调标记的定义,汉语中的"的确"也应同时归入强调标记。如例(9)中的"的确"强调了作者对命题"'1(家)+1'不算什么,但成千上万个'1'的相加,将是何等壮丽的事业"的可信性,在传达了作者态度的同时,也强调了自己所说话语的真实性。

(9) 面对每一位被采访者,我们总免不了要问:资助一个素不相识的孩子上学,图的是什么? 一位到青基会物色资助对象的年轻妇女说:"你们真有意思,这有什么可图的。生活中,谁都难免有求人的时候,将心比心,有那么多失学儿童,能无动于衷吗?"她的回答代表了众多捐款人的心声,的确,"1(家)+1"不算什么,但成千上万个"1"的相加,将是何等壮丽的事业! 我们由衷敬佩那些为播种希望而默默奉献的共产党员、普通人!(《中国青年》1994 年第 3 期)

此外,除了所属类别的不同,我们也注意到,由于汉语是一种"语义优先"的语言,很多标记性的成分并没有完全摆脱概念意义,我们前文已经谈到,我们把这样成分叫作"类元话语标记",在本书中也归入"元话语标记",符合"类元话语标记"条件的强调标记我们也归入强调标记。但保留概念意义的强调标记在英语中并不多见,这也是汉英强调标记的主要差别之一。

与英语在强调标记方面的差别虽然使我们在查阅文献时遇到了困难,但也促使我们思考,强调标记中的哪些成员是两种语言共有的,哪些成员是汉语中所独有的,为什么会存在这些相同和相异之处。这也是本研究能够深入进行的一个切入点。

3.1.2.3 强调标记的语法范畴归属

本书对"强调标记"的定义主要是从语义角度进行的,这是由于"强调"主要是从语义角度做出的分类,因此,从语义角度对其进行定义是最直接的。然而,在本研究进行的过程中,我们遇到的一些难解决的问题:一些语言形式,如语音形式(语调、重音、节奏等)、篇章形式(变式、标点、符号变异等)、修辞形式(并列、叠加、矛盾等)是否也可视为强调标记,属于强调范畴? 一些新兴的超常组配形式是否也可视为强调标记,属于强调范畴? 一些具有[+强调]语义特征的动词、形容词是否也可视为强调标记,属于强调范畴? 对这些问题的解决关系到本研究的结论是否可信。

第一,从整体上说,从功能的角度讲,语音形式、篇章形式、修辞形式在语义上无疑都表示"强调",具有强调功能,应该属于强调范畴。但从"标记"的角度看,这些形式不符合我们对强调标记的定义,不应属于本研究要讨论的强调标记。第二,本研究主要是将强调标记作为元话语标记的下位类进行研究,也就是说,强调标记属于元话语标记的一部分,必须符合我们前文提到的元话语标记的语言特性,即句法上具有形式多样性、可分离性、可取消性,语义上具有原型性或语义滞留性,语用上具有多功能性。需要注意的是,虽然我们说元话语标记在句法上要具有形式多样性,但我们也谈到,它们在句法上应该同时是凸显的、可识别的、非临时的,不然就无法与修辞表达相区别。因此,上述涉及的语言形式大都不符合元话语标记的语言特性,也就是说,它们虽然也是强调表达的多种方式之一,属于强调范畴,但不是本研究要讨论的强调标记,在本书研究中不予考虑。

本书要研究的强调标记主要是以副词形式出现,还包括固化结构、构式等在语义上符合强调标记的定义,形式上符合元话语标记特性的语言形式。

本书强调标记的定义是从语义角度设定的,而不是从句法角度入手,因此要以"语义"作为主要的判断标准,句法只是辅助的参考标准。尽管汉语中的某些副词,如"绝对"等,无法置于句首,但这是受其他句法规则的影响,不代表它在语义上的管辖范围不及于整句。因此,强调标记的判定仍需依据其在该语境下是否符合强调标记的定义。

3.1.3 强调标记的分类

我们在对强调标记进行定义时其实已经将作为作者态度表达的强调分为了两类,即"单声"的"强化对命题的认定程度,表达作者对其主张的信心"和"多声"的"通过与其他观点对比以凸显作者立场"。

强调标记作为元话语标记的一个类别,本身仍然常常残存源形式的语义,尤其是"单声"的情况,它是从作者个人立场出发的一种主观认定,完全是通过自身语义传达出作者强调的态度。因此,我们可以从语义的角度将此类强调标记做进一步分类,这一分类可以使听话人能够通过语言形式本身对其后续内容的语义倾向性有一个预判。根据"强调"对象的不同,我们将"单声"的情况分为两类:

一是对本质的强调,就是对情况或事理本身的性质进行强调,如强调情况或事理的真实性、准确性等,是说话人主观认识的表达,属于知域范畴。

二是对结果的强调,就是对情况或事理的结果可能造成的影响进行强调,如强调情况或事理的必要性、必然性等,其语用目的是劝说听话人按照自己的想法或自己认可的情况行事,因此属于言域范畴。

"多声"是通过与其他情况进行对比来凸显自己的观点或自己认可的情形。这一对比可以是两种情况:或者是与自己的观点相类,或者是与自己的观点相异。由此,我们将"多声"的强调标记也分为两类:

一是同言,就是通过与类似观点或情况的对比,强调自己观点的更进一步。

二是异言,就是通过与相异观点或情况的对比,从相反方面强调自己的观点。

我们可以通过图3-1详细了解本书对强调标记的分类:

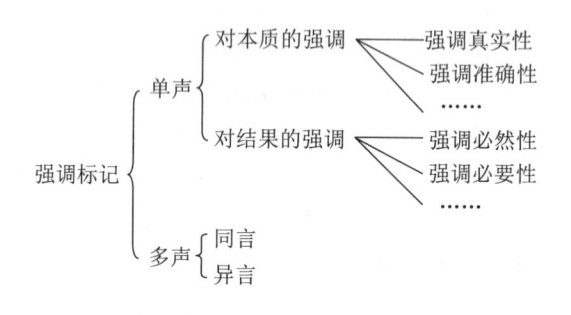

```
                    ┌─ 对本质的强调 ─┬─ 强调真实性
                    │              ├─ 强调准确性
              ┌ 单声 ┤              └─ ……
              │     │
              │     └─ 对结果的强调 ─┬─ 强调必然性
强调标记 ─────┤                    ├─ 强调必要性
              │                    └─ ……
              │
              └ 多声 ┬─ 同言
                    └─ 异言
```

图3-1　强调标记分类图

3.2　母语者语感调查

为验证我们给强调标记所做的定义无误,在这一节我们采用对母语者进行语感调查的方法来进行判定。

3.2.1　调查过程

由于作为本书研究对象的强调标记属于元话语标记的一种,而且在汉语中表现形式比较多样,普通母语者不是很熟悉,因此,本次调查的调查对象我们选择了汉语言文字学和语言学及应用语言学、汉语国际教育专业的研究生,也就是"有经验的母语者"进行调查。本语感调查采用米尔恩(Dafouz-Milne,2008)"便利抽样"的方式,以是否具备语言学知识为标准,调查对象为哈尔滨师范大学汉语言文字学、语言学及应用语言学、汉语国际教育硕士2019级、2020级、2021级共36名研究生。

此次调查主要是请被测者在有限时间内从选定文章中挑选出他们认为的"强调标记"。为了照顾到不同语体,本次调查选择了两篇不同语体的语篇,一篇为对话语体,一篇为社论语体。这是由于通常这两种语体语篇中使用强调标记的频率高、类型多,便于进行调查。

我们首先从自建的语料库中筛选出强调标记使用得比较多的文章作为语感调查样本。为增加样本的广度,同时又照顾到被调查者的积极参与度,调查内容以两篇文章为限。尽管我们选择的这两篇文章已经是使用强调标记比较多的,但当按照我们的定义将强调标记标出后,仍然发现,这两篇文章中出现的强调标记种类还是不够丰富,无法囊括所有类型的强调标记。因此,为了验证我们对强调标记所做的定义能够为母语者所接受,或者说符合母语者语感,我们需要更加丰富的强调标记资源。我们的解决方案就是在这两篇文章的文意适合处增加了一些我们认定的强调标记,在下面的表中以括号标记,但在给被测的文章中没有标记。

请从下面两个语篇中根据您个人语感选出您认为具有"强调"意味的词、短语或结构。

语篇一
对话作业帮侯建彬:发现并激发个体潜力,是我们存在的最底层逻辑

《网易科技》:可不可以这么理解,作业帮管理体系比较扁平化?

侯建彬:扁平谈不上。<u>毕竟</u>我们是超过 1 万人的公司,需要一定的层级和组织体系。但从文化上、内涵上,作业帮是非常平等的。举个例子,联创和 CEO 都不设办公室,大家都在开放空间办公。

《网易科技》:你希望员工从跑步领悟到什么?

侯建彬:跑步本身没有什么。<u>重要的是</u>,你定了一个有挑战的目标,并且能通过自己的刻苦努力,超越这个目标。我(<u>的确</u>)非常向往对自己的刻意练习和突破。这种突破之后带来的成就感是非常有力量的。

《网易科技》:什么契机让你决定创立作业帮?

侯建彬:第一,我当时一直想创业,在找各种各样的机会,看到教育行业有很多事情可以做。第二,我也是教育的受益者,从衡水农村走出来考上北大。我知道学习<u>肯定</u>有更好的方法,而这些方法在今天通过技术具备了普惠的可能。因为人是最重要的,所以一直想为教育行业做些事情,希望孩子们学得更有效率,<u>其实</u>是有这种使命感和责任感在里面。

《网易科技》:作业帮从什么时候开始进入"备战状态"?

侯建彬:武汉封城那天,1 月 23 号下午我们紧急开会,主题很简单,就是疫情当前我们可以做些什么。开学推迟,那是不是可以给孩子们提供课程?这个阶段用户比任何时候都更需要我们的存在。所以我们大年初一就推出了免费直播课,(<u>确实</u>)是第一家推出的纯公益的课程,<u>就是希望</u>孩子们不要把学习落下。

《网易科技》:整体数据表现如何?

侯建彬:作业帮 App 日活用户从去年同期不到 3 000 万,涨到今年的 4 400 万,增长达 50%。免费直播课疫情期间报名量超过 3 100 万,是我们所知行业内规模最大的。

《网易科技》:作业帮最近官宣中国女排担任代言人,之前你们一直都很低调,现在打法上要变激进了?

侯建彬:<u>其实</u>我们一直挺激进的,只是我们不太说。(<u>当然</u>,)这跟整个团队可能有些关系,要么做产品的,要么做技术的,要么做教研教学的,大家可能更擅长也更有热情把时间投入产品服务迭代上。与中国女排达成战略合作是因为我们在精神、理念上高度契合,女排能很好地彰显作业帮需要对用户传递的精气神。我们自己也可以讲,但是没有和女排结合在一起讲得<u>更</u>透彻、<u>更</u>形象。

《网易科技》:你怎么评价作业帮现在的组织能力?

侯建彬:还有很大提升空间。

《网易科技》:具体怎么讲?

侯建彬:我们刚创业时,只有四五十人。没有钱,找了一处连窗户都没安上的办公区。后来每年员工数都翻几番,发展速度太快了。去年一年辅导老师团队从一千多人涨到五千人,从两个分站扩到八个。<u>显然</u>,相比业务发展速度,管理是需要补课的。所以 2020 年,我们内部定的主题叫"组织的重塑",重新梳理公司的组织能力。

语篇二

重塑年节文化

本世纪以来,中国社会发展得太快。除了自然属性较强的节日外,又萌生了大量社会属性较强的节日,比如"五一""七一""八一""十一"。近年的改革开放,<u>更</u>掀起一个人为造"节"的浪潮。许多地方都是抓住某宗土特产品,实行当地各系统的总动员,限时限量"造"出一种招商引资的社会性活动,按照"文化搭台、经济唱戏"的模式进行操作。本来这一做法也带有一定的创造性,但由于过于"直奔主题",也过分看重物质实利,(<u>真</u>)就难免会违反"自愿自觉"和"逐渐成型"的原则,也从根本上忽略了"调节身心"的终极目的。至于对新年的庆祝,同样也集中在对物质丰腴的关注,而忽视了精神文化的积累和升华。所有这一切,都说明已经到了重塑年节文化的时候了。

京津沪穗等大都市,目前似都成为"人口密集""劳动紧张"的代名词。人们在挤压的状态中连续生产、生活了一年,要不要喘一口气?如果要,又到哪里喘这口气?以什么方式喘这口气?看来,只能在城市当中(至少也要在其近旁)设立一块乡村般的土地,要有高远、澄静和开阔的视野,要有树木、庄稼和泥土的气息,要让人一眼就觉得心旷神怡。<u>甚至</u>,让成年人一到那里便恢复到儿童的心境,忍不住想随地打上几个滚儿才觉得过瘾。可惜,现今大都市已然少有这样的开阔地;<u>更可惜的是</u>现今城市居民很少能萌生出这样的闲心和童心。在现实的世界中,虽然破旧民房正大量拆除,但随之新建设的则是以集群高楼商厦为模式的矗立型建筑物。触目入眼的,都是几何图形交织的画面,都是钢筋水泥塑造的牢固。人们(<u>确实</u>)没有办法在这样拥挤而又既定的空间中,从自身极其有限的业余时间中,找出儿时记忆中的那种梦境情调。

(<u>然而</u>,)果真没有办法了吗?好像并不是这样。就拿北京人口密集、房屋破旧的宣武区来说,本有自己独具的优势——拥有大栅栏商业街和琉璃厂文化街,拥有菜市口名人住宅区和牛街宗教区,除此之外,其会馆建筑和八大胡同建筑也都具有极高的研究、旅游价值。如让这些零散景点连成具有内在联系的"片",是否就会变成城市中的乡村?是否就可以在年节之际,吸引众多城市居民和外地游客前来狂欢?中国没有狂欢节,<u>实际上</u>,正是长期劳作之后的这个"狂"字儿,才最具有调节身心的能力。现代中的古典。

<u>毫无疑问</u>,中国的奋斗目标是实现现代化。在这当中,物质的现代化需要一个大的基础和背景,<u>那就是</u>首先要实现国民思想、文化素质上的现代化。但是,不妨反问一句:为了追求这一软件上的现代化,就要把一切古典(传统、历史、风习、民俗……)都掀翻在地,再踏上一只脚吗?我们已经有过这样的尝试,那就是"文化大革命"所做的一切,<u>事实已证明</u>这一思路的不可行。

从15年前直到现在,中国社会以一种高速飞驰的规范疾转着。它已经形成一种行动惯性和思维定式,但也经常忽略了行进节奏,失去了自我控制的警觉及能力。具体到年节问题,就是只忙于建立和运作,缺少必要的反思和把握。人们<u>应该</u>怎样去"过"年节?质而言之,<u>无非</u>就是要短暂地打破以往的规范,在国民性格中增添一些活泼的新侧面。在火树银花、把盏相庆的时节,不妨暂时忘却长幼尊卑的礼节,"老夫聊发少年狂",尽情地拥抱生命中那份赤子般的天真,恢复<u>一些</u>与生俱来的野性。野性者,

> 就是人类朦胧中向前奔走的那种原动力,那种积极挣脱捆绑的勃发力。等到年节过后重新投入生产实践时,那就可以使得"年节野性"在"非年节"大环境和大生态中加以施行,逐步形成新的规范。显然,这样的年节也就具备了时代所需要的、最积极也最长远的文化意蕴。

我们按照本书的定义将上述两篇文章中的强调标记进行梳理,列表3-3。

表3-3 语篇一、语篇二强调标记汇总表

文 章	强调标记
语篇一	毕竟、重要的是、的确、其实、确实、就是、当然、显然、肯定、更
语篇二	真、果真、甚至、更……的是、确实、然而、实际上、正是、无非、毫无疑问、显然、(那)就是、事实已证明

在测试范围确定后,下一步就开始施测。施测前先以口头方式告知被测:此项测试与"强调标记"相关,请根据个人语感找出你认为是作者表达"强调"的词、短语、话语标记、构式等语言形式。

本语感调查实施的时间为2021年9月2日—3日,被测者每人阅读两篇文章,每篇文章的阅读时间在5分钟左右,共计10分钟,施测形式为"问卷星"电子问卷。本次调查共下发36份问卷,回收36份问卷,均为有效问卷。我们将被测挑选出的"强调标记"及使用频次记录下来,并与我们根据本书给出的强调标记的定义选出的强调标记进行对比,以验证我们的定义是否准确,是否能够涵盖所有类型的强调标记,是否超出母语者认为的强调标记的范围。

3.2.2 调查结果分析

3.2.2.1 母语者认知度

我们将被测提交的问卷进行了整理,并将被测圈出的强调标记进行列表分析,包括这些被选择出来的强调标记具体都有哪些,以及它们被圈出的频次,以分析它们在母语者中的认知度。

我们将被选中的"强调标记"的总次数与总人数的比率看作这一"强调标记"的认知度,也就是在全部参与调查的人员中选中此"强调标记"的百分比,它代表了母语者对这一语言形式表达"强调"的认知情况。由于我们在问卷中是说"表达'强调'意味的词、短语或结构",没有说明是强调"标记",因此,有个别被测选择了反问句等形式,由于只有一次,因此被排除。然后我们分别将语篇一、语篇二中被选择出来的"强调标记"的总次数和认知度进行了列表分析。

对语篇一的问卷分析结果。在语篇一中,被测一共找出 17 个他们认为的强调标记,排除只有一个选择的,还有 14 个"强调标记",如表 3-4 所示①:

表 3-4 语篇一中的强调标记分析表

	重要的是	的确	毕竟	显然	非常	最	确实	更	其实	就是	肯定	当然	是……的	挺
次数	23	19	15	14	14	11	10	9	9	6	6	4	4	2
认知度	0.64	0.53	0.42	0.39	0.39	0.31	0.28	0.25	0.25	0.17	0.17	0.11	0.11	0.06

对语篇二的问卷分析结果。在语篇二中,被测一共找出 21 个他们认为的强调标记,排除只有一个选择的,还有 18 个"强调标记",如表 3-5 所示:

表 3-5 语篇二中的强调标记分析表

	更的是	甚至	毫无疑问	显然	确实	实际上	正是	那就是	真	果真	然而	无非	但是	看来	最	极其	事实已证明	挺
次数	24	20	19	19	13	12	11	11	9	9	9	7	5	5	5	3	2	2
认知度	0.67	0.56	0.53	0.53	0.36	0.33	0.31	0.31	0.25	0.25	0.25	0.19	0.14	0.14	0.14	0.08	0.06	0.06

可见,由于"强调"是一种语义分类,缺少形式上的界定,而且此前对它的研究也不多见,因此,即使是有语言学背景的母语者对何为"强调"也没有

---

① 加黑的语言形式是我们认定的强调标记。

统一认识,认知度最高的强调标记也仅在60%左右,更多强调标记的认知度都在50%以下。但我们也注意到,虽然认知度普遍不高,但被测选出的强调标记与我们根据本研究定义筛选出来的强调标记在总量上相差并不多,可见,汉语中确实存在强调标记,但人们对它的了解还不够深入,我们有必要对这一类元话语标记进行深入研究。

3.2.2.2 与本研究定义的对比分析

本书对强调标记的判定有两条标准,符合其中一条即可判定为"强调标记":

① 强化对命题的认定程度,表达作者对其主张的信心。
② 通过与其他观点对比以凸显作者立场。

通过以上对母语者"强调标记"认知度的统计,并同本书对"强调标记"定义的对比分析,我们可以得出以下结论:

第一,在所有被选出的强调表达中,认知度最高的是语篇一中的"重要的是",这里的"重要"在语义上与"强调"是一致的,根据"重要"的语义将其选为强调标记是非常便利的。可见,语义仍然是主导以汉语为母语者做出判断的主要因素。这也能够从另一个侧面证明,"强调范畴"是一个语义范畴。

第二,无论是语篇一还是语篇二,母语者认知度最高的强调标记都是话语标记"X 的是"。这一话语标记是通过与其他情形对比来凸显作者立场的,而且,以这种方式表达的强调标记的认知度普遍比较高,如语篇一中的"毕竟""其实",语篇二中的"甚至""实际上"等,由此可以推测,通过对比方法来凸显作者观点比说话人的"自说自话"更能够被母语者认定为强调表达法,或者说可及性更高。

第三,被测选择出来的强调标记大多数都是以副词形式呈现,即使是话语标记,也是多由副词演化而来,可见,在汉语中,副词是强调语义和功能的主要承担者,强调标记也主要是由副词来充当。

第四,"显然""的确""确实"这种带有强烈主观倾向性的副词在母语者看来都是"强调标记",可见,"强调范畴"是一个具有强烈主观性的语义范畴。

第五,我们在两个表格中都以加黑的方式标记出与我们认定的"强调标记"一致的强调表达,由此可以发现,在语篇一中,被测选择出而又不符合我们对强调标记的定义的语言形式主要是程度副词,即"非常""最"和"挺",这些程度副词都是代表高阶量级的,就像我们在 3.1.2.1 节中所说,程度副词,尤其是客观性的高阶程度副词非常容易同强调标记混淆。但由于客观性程度副词一方面是对后续事物的性质量级的描写,而不是对整个话语的"强调",另一方面由于它们具有概念意义,也不属于元话语标记,因此,客观性程度副词并不属于强调范畴,不是强调标记。但在母语者看来,高程度就代表了"强调",但此"强调"只是对量级的强化,而不是我们所说的对全部话语内容的"强调",不能表达说话人的主观态度,因此,客观性程度副词并不是强调标记。

第六,语篇二中被测与我们认定的强调标记不同的语言形式除程度副词外,还包括"看来"和"但是"。"看来"是一个话语标记,通常用来提出或总结说话人的观点,但很明显,总结并不等于强调,如果将"看来"也视为强调标记,既不符合我们对强调标记的定义,也将无限扩大强调范畴的范围,从而使对这一范畴的研究也失去意义。"但是"和"然而"都是表示转折的连词,我们认为"然而"是强调标记,"但是"不是。韩礼德和哈森(Halliday & Hasan,1976)将英语转折关系分为一般转折(adversative proper)、对比(contrastive)转折、更正(corrective)转折与撤销(dismissive)转折,其中的对比关系又可分为两种:一种是中性的,划入添加关系;另一种含有反预期语境,属于转折关系。我们认为,"然而"是真正的转折关系,后续小句与前述小句构成反预期的关系;"但是"在一定情况下也是如此,但有时候却不表示转折,只是一种添加关系,如下面的例(10)中的"但是"就不表示转折,也不能由"然而"替换。"但是"的转折语力由此转弱,不如"然而"强烈,如例(11),在表示强调时,使用"然而"要比使用"但是"语力更强,更能展现作者意图。因此,我们未将"但是"划为强调标记。

(10) a. 你可以对他这种行为不屑一顾,但是不得不说你做不到。这种人格不一定好理解,尤其对于现今生活在二十世纪的人,因为这时候已经没有了那种刻骨铭心的仇恨。(原曼《古龙笔下一百单八将》)

b. *你可以对他这种行为不屑一顾,然而不得不说你做不到。这种人格不一定好理解,尤其对于现今生活在二十世纪的人,因为这时候已经没有了那种刻骨铭心的仇恨。

(11) a. 光驱动就是一种仿生机器人理想的操控方式,它可以通过非接触式的能量供给实现对仿生器件人遥控操作。然而,开发光控的仿生机器人也同时面临诸多难题。(王震《基于光固化制造系统的光驱动微机器人的制备和操控研究》)

b. 光驱动就是一种仿生机器人理想的操控方式,它可以通过非接触式的能量供给实现对仿生器件人遥控操作。但是,开发光控的仿生机器人也同时面临诸多难题。

被测将"看来""但是"这两个常见的话语标记、连词也当作强调标记,也能够说明在以汉语为母语的人的潜意识中,多认为"强调"就是应该由"元话语标记"来表达,因此,当他们见到熟悉的话语标记,就会将它们归入"强调标记"。这也能够从侧面印证本书从元话语标记的角度对强调标记进行讨论是可行的。

第七,在语篇二中有一个比较特殊的被选择出来的强调标记"事实已证明",虽然其认知度不高,但我们仍认为它是一个强调标记。这是由于它的高频使用,其概念义已经减弱,在很多情况下只代表后续内容是有依据的,也就是强调后续内容的真实性,去掉后也不影响句义的表达,只是在真实性方面有所减弱,如下面的例(12)是文章的标题。但看到内容后发现,文章只是提出了自己的观点,并没有用事实去证明,其观点也未见得可靠。作者之所以使用"事实已经证明"做标题,只是为了强调自己观点的可靠性。我们发现,在学术论文语体中,类似表达尤其多见,成为作者与受众协商的一种手段,已经由元话语发展为元话语标记,成为一种规约化表达。这种形式认知度低的原因在于,它是一个完整的主谓结构,与通常所知的话语标记形式差别较大,可及性较低。

(12) <u>事实已经证明</u>,人老了以后,没有这 3 样东西,很可能会晚景凄凉。("沐棋心理",2022 年 8 月 19 日)

通过上面的分析,我们认为,本书对"强调标记"的定义和判断标准符合母语者的语感,符合汉语实际,是科学、可信的,可以运用到我们后文的研究之中。

3.3 强调标记的语体分化情况

3.3.1 语体与元话语标记

由于人类社会的复杂性,因此在不同的社会生活领域内进行交际时,因不同的交际环境会各自形成一系列运用语言材料的特点,即言语的功能变体,也就是语体。日常生活中,说话人总是带着一定语用目的同某些人在特定的环境与场合下展开对话,在交际之前他们都会对语体有一定的认识,然后才运用符合语体特征的语言材料。在不同的语境下,说话人对语言材料的选择会有所不同。说话人使用元话语标记组织语言的时候同样具有这样的特点,当说话人选择某一元话语标记时,头脑里就会有事先存储的多个元话语标记可供选择,选用某一元话语标记一定是受到一些因素的影响。

　　元话语之所谓"元",就在于其具有反身性。阿德尔(Adel, 2006)提出,元话语(metadiscourse)是关于当下语篇的语篇或者作者对自身话语的显性评注。元话语研究的反身模式(reflexive model)强调元话语仅仅与当下语篇及其作者和读者相关,与现实世界、其他语篇或者作者和读者的身份无关(转引自张曼和宋晓舟,2017)。可见,元话语的核心特征就是它的语篇依赖性。语篇因素又与语体密切相关,元话语在不同语体文章中的分布方式上,语体的特殊性尤其明显,它能够帮助作者或说话人回应或建构语言使用的语境,因为元话语代表了作者的语用目的,它是一种社会行为,而不仅仅是一系列的语言项目。这意味着它的使用会根据受众的不同而有很大不同。反过来,研究元话语的语体变异又能揭示语言使用模式的多样性,有助于我们理解人们是如何使用语言来适应和解释日常交际情境的。本书的这一部分内容就是要探讨不同语体中发现的不同强调标记是如何揭示特定作者的语用目的、受众和社会环境之间的对应关系。

　　元话语是作者如何将自己呈现在文本中并与目标受话人沟通的一种方法。因此,它在安排话题、吸引读者和解决交际意图方面起着重要作用。正如海兰(Hyland, 2004)所说,元话语分析是探索学术写作、比较不同语体语篇的修辞特征和偏好的一种有价值的方法。元话语模式的差异可能被证明是区分话语群体的重要手段(Hyland, 1998)。这一分析模式是语体分析的一个关键维度,因为它有助于展示语言选择是如何反映作者的不同语用目的,作者对受众的不同假设,以及他们与读者的不同互动。人们越来越关注不同专业领域不同的人际关系,这激发了人们对语体的元认知方面的兴趣,特别是这说明了"说服"不仅仅是通过表达思想实现的,也要通过建构一个合适的权威自我和与接受者之间协商的关系实现的。

　　在理解不同文本的过程中,社会文化因素是阻碍理解的因素之一,使作者的意图具有可解释性是另一个理解文本需要考虑的重要因素。近20年来,元话语的研究因其对话语的语用、语境,以及对不同体裁文本的解释力度而不断发展,学者们进行了大量考察。正如奥乔拉(Ochola, 2001)所说,对任何语篇的深入研究都应该考虑作者使用元话语标记作为逻辑组织命题内容以实现语篇连贯性的手段(Hirose & Sasaki, 1994),及其传递的在人际参与和内部参与两个层面上表达意向性的信息,也就是元话语标记的使用与不同语体文本之间的互动关系。

可见,我们对汉语的强调标记进行研究必须涉及语体因素,有必要将强调标记置于不同语体中进行分类考察。

3.3.2 本书的语体分类

要将强调标记置于不同语体中进行分类考察,首先的一步必然是对语体进行分类。

汉语的语体问题是伴随现代汉语语法研究整个过程的。有了白话文运动才有了现代汉语的研究,但是白话的定义究竟是什么,白话跟文言的界线究竟怎么划分,始终是个没有很好解决的问题。吕叔湘先生在七十多年以前就专门写文章探讨文言与白话的界线问题(吕叔湘,1944)。值得注意的是,吕先生这篇文章关注的虽然是文言与白话的界线,眼光却触及对话与叙述、说明与议论、应用与文艺等多种文体的对立问题。可惜的是,这些问题后来并没有引起语法学家的充分重视,只是在修辞学领域里有所讨论。事过二十多年以后,吕叔湘先生在强调"通过对比研究语法"这一观点的时候,把文体影响语法的问题明确提了出来,他讲到的汉语跟外语、现代汉语跟古代汉语、普通话跟方言的对比或许人们都不难意识到,但是普通话内部不同语体的对比,是不是有同样高度的意义,吕先生的态度是肯定的,他说:"近年来英文的语言学著作里讨论这个问题,常用 register 这个字,我想可以译作'语域'。语域的研究属于社会语言学范围,也可以说是语法和修辞的边缘学科,是以往探索得很不够的一个领域。"(吕叔湘,1977)

20 世纪 80 年代中期以后,一些语言学家把语体问题拿到方法论高度来认识。朱德熙先生表达得最为明确,他指出:从语料中抽绎出什么样的语法规律,跟研究者是否把语料内部的不同层次区分开有密切的关系。"书面材料驳杂不纯,包含许多不同层次的语言现象。如果不是经过严格的选择和分析,凭这样的资料得出的结果恐怕既不足以反映口语,也不能真正显示书面语的特点。"(朱德熙,1985)"语料包含的层次越是复杂,语料内部的均匀性和一致性就越低,能够从中归纳出来的语法规律也就越概括,作为规律的约束力就越弱。"(朱德熙,1987)此后,胡明扬也专文强调了语体影响语法概括的问题:"给现代汉语语法研究带来最大困难的是口语和书面语之间的差异。现代汉语这两种不同语体之间的差异反映在各个方面,在个别问题上甚至很难'调和',给语法学家带来几乎难以克服的重重困难。就目前的情况来看,不少人似乎还并没有充分意识到现代汉语口语和书面语之间的差异对现代汉语语法研究的严重影响。不少人不加考虑地认为,在剔除了方言成分和文言成分以后,现代汉语书面语基本上还是一个均质的系统,口语和书面语尽管有些差异,不过在语法方面的差异是细微的,至少不会影响一般的结论。可是实际情况并非如此。"(胡明扬,1993)

语体的分类问题一直是学者们没有达成一致的问题。20世纪70年代在美国兴起的功能主义语言学,着眼于语言的交际功能,从交际应用的角度考察语法结构的形成。交际是取决于场合的行为,因此语体的区分就成为功能研究必然要强调的方面。不同的交际需求会导致不同的语法选择。从这个视点来看,语体区分就不再仅仅是"口语"和"书面语"二极对立。陶红印(1999)指出:"言谈交际涉及的方面很广,因此语体的分类不可能从任何一个单一的角度穷尽分类。"他详细介绍了当代语言学在语体观察方面的一些新的视角,诸如传媒和表达方式的对立,有准备的和无准备的对立,庄重的和非庄重的对立,等等。张伯江(2007)认为,任何一段现实的语言材料,都可以从不同角度去认识其语体特征,也就是说,都是不同特征交会的产物,在这个意义上说,任何简单化的认识,也许都会导致我们迷失了使用这种语言材料时候的原本目的。

有关语体分类的问题,学界至今没有定论,目前普遍认可的是张弓(1963)从话语方式方面将语体分为口语与书面语两大基础语体类型,并以此作为语体的第一层。王德春(1987)将语体分为谈话语体与书卷语体,袁晖和李熙宗(2005)将语体分为谈话语体、公文语体、科技语体、新闻语体、文艺语体和融合语体六类。根据崔希亮(2020)所研究,语体具有调整说话人和听话人距离的功能,在非正式语体中,说话人与听话人的物理距离很近,表现在语言表达风格和交互性特征上与正式语体有明显的分别。

我们认为,调节话语参与者之间距离的主要手段就是元话语标记的使用,因此,以"正式""非正式"来区分语体更适合于我们的研究。我们根据崔希亮(2020)的研究将语体划分为两大类,即正式语体和非正式语体。正式语体与非正式语体的区别表现在句子长度、语气情态、欧化程度、古今层次、熟语运用、零句与整句、儿化与后缀等语法层面,也表现在庄雅度、整合度、正式度和互动性等语用层面。崔文认为,非正式语体的互动性要高于正式语体。对于这两类语体的进一步细分并不是本书主要的研究内容,因此,我们不做详细讨论。我们只是根据元话语标记出现的频率多寡,选择元话语标记出现频率较多的语体文本,并依此选择所要研究的对象。在正式语体中我们主要选择社论和学术论文进行研究;在非正式语体中,我们主要选择自然口语对话进行研究。

以下第4、第5、第6章我们将对不同语体语篇中强调标记的使用情况进行较为全面的梳理,主要对包含126篇文本的分语体语料库进行多维分析,提取强调标记,探讨它们在社论、学术论文、自然对话中的使用及变异。我们之所以选择这三个语体的文本,是由于元话语标记语更多用于信息密集型语篇,较少用于叙事性语篇,这主要是因为前者阅读难度更大,更需要元话语标记语来展示语篇和引导阅读。学术语篇是典型的信息密集型语域,具有客观正式、信息量大、用词考究和词汇密度大的特点(Biber,1988,1995),这些特点能够拉大作者和读者的距离,提高阅读难度(Halliday,2004)。小说则是典型的叙事性语域,具有故事性、趣味性和连贯性的特点,小说阅读往往更加轻松(Genette,1988)。相应地,学术语篇和小说中元话语标记语的使用频率差异也最大。居于学术语篇和小说之间的是通俗散文和新闻语篇,他们的信息密集度和叙事性居于两者之间(Biber,1988,1995),元话语标记语的使用频率也居中,但两者差异仍显著,通俗散文远远高于新闻语篇。这可能是因为新闻语篇,无论是报道、社论或者评论都基于具有新闻价值的事件(Bednarek & Caple,2012),因此具有较高的叙事性,但通俗散文中除少量传记外,多为说明性语篇,具有更高的客观性和更低的叙事性(转引自张曼和宋晓舟,2017)。

这些维度的定量和定性分析揭示了元话语标记在不同语体间使用的频率。为了更好地说明强调标记在不同语体中的使用差异,我们选择了强调标记出现频率高的语体——学术语篇和强调标记出现频率中等的语体——新闻语体中的社论作为正式语体语篇的考察对象。同时,为了使结论更加周密、完整,我们也选择了自由谈话这种非正式语体作为考察对象,这样就能使我们的研究相对完整——既包含正式语体,又包含非正式语体。

第4章 社论中的强调标记

社论是新闻评论的一种，是最为重要的新闻评论和舆论工具，是新闻编辑部就重大问题发表的评论。甘惜分主编的《新闻学大辞典》对它的定义是："（社论）集中反映并传播一定政党、社会政治集团或社会群众团体对当前重大事件和迫切问题的立场、观点、主张。"

在众多新闻语篇的文本类型中，社论作为最具声望的写作形式以及最权威的语篇类型之一，对于报纸和观众都发挥着重要作用。编辑们经常采用各种策略对当前事件和问题发表意见、态度和观点，并以简洁准确的方式提供评论。可见，强烈的主观倾向性和评论性是新闻社论语篇的主要特点，这就使得在社论语篇中会经常使用强调标记。此外，由于社论往往是政府观点的体现，通常采用正式表达，因此我们选择其作为一种较典型的正式语体进行考察。

4.1 强调标记梳理

在研究过程中，我们首先选取100万字的"人民日报社论精选"语料库中的语料。《人民日报》于1948年6月15日创刊，内容综合多样，记录着中国发生的变化。同时，报纸也担负着党中央机关报职能，坚持正确导向，锐意创新，宣传党和政府的政策及观点，有较高的权威性和影响力。尤其是《人民日报》中的社论文章，主要是对时事和重大问题进行解释说明的，社会影响巨大。社论是传递信息和引导舆论的工具，作为新闻载体中最有力的言论武器，如何运用元话语标记来构建社论语篇是值得关注的。

由于社论的作者可能根据不同语境选择我们前述的两种不同的强调标记，因此，无论是"强化对命题的认定程度，表达作者对其主张的信心"还是"通过与其他观点对比以凸显作者立场"，只要符合其中一点，我们都可以认定它为强调标记。我们据此筛选出社论中经常使用的强调标记。

虽然强调标记是元话语标记的一个类别,但在句法形式上并不是单一的,其构成形式可以是副词、固化结构、构式,也可以直接就是话语标记①。因此,我们这里就按句法形式的不同对其进行列举性归类。

表 4-1 社论语篇中的强调标记表

判断标准 分类	强化对命题的认定程度	通过与其他观点对比以凸显作者立场
副词/情态动词②/固化结构	必须、必然、一定、势必、到底、绝对、有必要、确实、的确、无疑、显然、真的、自然、肯定、恰恰、正、就、无非、应、应当、应该	毕竟、当然、竟然、甚至、尤其、然而、关键(是)、关键在于、特别(是)、又(+否定)
话语标记	毫无疑问、能愿动词+说、事实证明/事实告诉我们	X的是、说到底、其实、实际上、实质上
构式		是……的

4.1.1 强化对命题的认定程度

这类强调标记主要通过对命题确信程度的强化来表达作者对自己主张的信心,这种强调以自我为中心,不考虑其他情况,是一种"自我的""单声"形式。

4.1.1.1 副词/固化结构

通过表4-1可知,此类强调标记以副词或固化结构的形式为多,另外还以话语标记的形式出现。我们认为,这是由于此类强调标记主要是用来进行主观的自我强化,主观性更强,也更容易语法化为话语标记,适合用副词、固化结构来表达。

① **对本质的强调**

就是对情况或事理本身的性质进行强调,通常包括对其真实性、准确性等的强调,是说话人的主观认识的表达,属于知域范畴。

---

① 我们认为"元话语标记"与"话语标记"是所指内容相同的不同术语,这里只是为了避免与"元话语标记"混淆,而使用"话语标记"的术语来代表那些只有程序性意义而没有概念意义的独立的固定的语言形式。
② 虽然我们前文谈到动词、形容词不能作为强调标记,但情态动词比较特殊,它们虽然属于动词,但功能更接近于副词。因此,我们将情态动词与副词放在一起,认为它们也可以被视为强调标记。

A. 强调可靠性

我们这里讲的"可靠性"是说话人通过自己的话语主观强调自己所述内容具有可靠性,是一种"确信"的表达,因此,强调可靠性的强调标记多由表示肯定性推测的情态副词充当,这类强调标记同时也可以归入表示推断的元话语标记。但并不是所有推断性元话语标记都具有强调功能。根据陈颖(2009)的研究,推断属于传信范畴的一部分,因此其成员就具有传信度的等级区别,只有那些具有高传信度,也就是强确信度的词语才能成为强调标记,因为它们主要与推论的正确性相关,主要用来强化自己观点的可靠性。

我们前面已经谈到,汉语中的强调标记,尤其是以词汇形式呈现的强调标记,或多或少都保留了一些词汇义,或者说,其强调功能的获得都与其词汇义密切相关,因此,我们在梳理这种类型的强调标记时,都是先将其词汇义展示出来,以便更好地解读其强调功能的获得。此后,我们再通过具体的例子来展现其在句子中的强调功能。

肯定

语义①:表示没有疑问,必定。

(1) 这样的实践,<u>肯定</u>会有诸多的困难风险和不确定因素。(《人民日报》2011年7月27日)

(2) 他表示,加入WTO<u>肯定</u>会对中国汽车业造成巨大冲击。(《人民日报(海外版)》2001年7月17日)

显然

语义:容易看出或感觉到;非常明显。它是通过"超出真实性"的评价来达到强调的目的。

(3) 许多人表示,要不是因为有免广告显IP的木子版QQ存在,他们早就弃用QQ了。<u>显然</u>,QQ的商业化使许多用户颇多怨言。(《人民日报》2003年7月2日)

(4) 孔子所谓"道之以德,齐之以礼",是儒家的理想治国方略。这个"德",是指仁爱忠信之道德,既是社会群体应当树立的基本价值观,又是个人应当遵循的道德准则及精神境界;这个"礼",则是指在道德准则指导下建立的礼仪制度(包括典刑制度)。<u>显然</u>,"德"是起价值导向作用的,是治道

---

① 第4、第5、第6章以词汇形式呈现的元话语标记的语义均来自《现代汉语词典(第7版)》。

之"本","礼"是起保证作用的制度与规范,是治道之"用"。(《人民日报》2008 年 10 月 24 日)

"显然"是通过"容易看出或感觉到"来强调自己所说话语真实性的。
确实
语义:对客观情况的可靠性表示肯定。

(5) 以这个理念,以群众的期望,以科学发展观的内涵,来衡量体育,确实还有不小差距。正如经济需要转变增长方式一样,体育也需要转变发展方式。(《人民日报》2009 年 10 月 21 日)

(6) 只要不是捏造事实和恶意诽谤,媒体有权进行更正与解释,而且报道是否严重失实而危害公共利益,需要严格的司法程序认定,不能由作为被监督者的政府说了算。从这种意义上讲,这个"征求意见稿",确实还需要继续广泛征求意见才好。(《人民日报》2009 年 10 月 26 日)

的确
语义:完全确实,实在。

(7) 这种严厉的抨击不是无的放矢,它的确勾勒出了不少城市积弊。避免悲剧重演,最好的办法就是吃一堑长一智,在以后的规划中,别再只注重面子忽略了里子。(《人民日报》2011 年 6 月 24 日)

(8) 文章说,中国目前的确"充满朝气,正在快速发展,每天都在发生着深刻变化"。文章认为 12 亿多中国人民"正在拥有一种新的精神面貌、新的思想、新的能力,特别是新的雄心壮志"。(《人民日报》1997 年 7 月 14 日)

无疑
语义:没有疑问。

(9) 正如一位教育学者所言:"有史以来,教育所追求的目标都是双重的,一是帮助青年人开启智慧,二是帮助他们发展良好的品性。"重视大学生的人格养成,上海交大的育人方向无疑是正确的。(《人民日报》2009 年 11 月 10 日)

(10) 在 2002 年,杭州新开张的咖啡馆数目是 2001 年的 3.6 倍。这仅仅是单独登记的大中型"咖啡馆",并没有算上酒店中的咖啡吧、在各个城区登记的大小咖啡馆以及遍布各城区的中小型咖啡馆。<u>无疑</u>,2002年,大量资金进入了咖啡馆行业。(《人民日报》2003年3月7日)

真的
语义:强调话语的真实性。

(11) 家长们交流信息,时时可以听到议论:"某某比赛得奖不稀奇,花多少钱就能搞定一张证书";网上甚至有竞赛获奖者亮出亲历记,感慨:"<u>真的</u>很黑!"(《人民日报》2009年10月15日)

(12) 网络反腐能形成今天的声势,<u>真的</u>可以用两句老话来形容:群众的眼睛是雪亮的,群众的力量是无穷的。(《人民日报》2009年10月30日)

由于《现代汉语词典(第7版)》还没有收录"真的",因此,我们仍将它作为固化结构,即使陈颖(2010)已经通过论证将其收入副词。

B. 强调恰切性

如果说"可靠性"是从事件是否"真实"的角度阐述的,那么,"恰切性"就是从事件的准确程度角度阐述的。我们这里讲的"恰切性"也是说话人通过自己的话语主观认定的恰切。由于"恰切"通常是与"预期"相符,因此,这类强调标记多由表示"合预期"的副词充当。

恰恰
语义:正好,通过逆向回应超过预期,从而达到一种强调。

(13) 冠县简单地把网吧行业存在的问题都归咎于网吧本身,对所有网吧一概实行长时间关闭整顿的做法,实质上是推卸和转嫁管理责任,这种因噎废食的做法<u>恰恰</u>暴露了其平时在网吧管理上存在的严重缺陷,以及遇到问题后在管理思维和处置方法上的陈旧保守和简单机械。(《人民日报》2009年10月23日)

(14) 由一起网络赌博案件掀起的"抓赌打假"风潮之所以引来万民瞩目、众议滔滔,<u>恰恰</u>说明民众"爱之深、责之切",对中国足球的关注犹在,期待犹在。(《人民日报》2009年11月9日)

正
语义:加强肯定的语气,强调自己所说话语的恰切性。

(15) 这些做法无疑罔顾媒体责任,损伤了社会信心。但我们也不能以偏概全,由此否定媒体的正面作用、拒斥舆论的批评监督。许多事实已经证明,正常的舆论监督正是工作的推进器。(《人民日报》2011年8月31日)

(16) 这种直面社会问题、直接回应"怎么办"的方式,运用的正是"怎么办"思维,既在解决问题的思路、方法、举措上为广大干部群众解疑释惑,又促使各方把智慧力量凝聚到思考"如何解决问题"上来,也有利于引导全社会建树"怎么办"思维。(《人民日报》2011年8月12日)

就

语义:表示加强肯定。

(17) 一部上下五千年的中国史,就是一部各民族诞育、发展、交融,合力形成多元一体中华民族、建设统一多民族伟大祖国的历史。(《人民日报》2009年9月30日)

(18) 21年前我就知道,与美人似的镜海相亲相逢是要凭运气的,因为,此间时不时地会"云稍动、风乍起",那么,"吹皱一池春水"的镜海便会"美人蹙眉",哪怕你等上半天她也会羞恼地掩着玉颜。今天,她竟娉娉婷婷,迎我如故友,温顺可人,清影照人,任你拍摄!(《人民日报(海外版)》2005年9月13日)

无非

语义:只,不外乎(多指把事情往小里或轻里说),用来强调情形与预期相一致,即使说话人对此不是很看重。

(19) 山东过去对外推介的本地旅游资源,无非"一山一水一圣人",即一个泰山;一个孔子;一条黄河及济南的喷泉,顶多再加上烟台、青岛等处的海岸线。(《人民日报(海外版)》2004年12月15日)

(20) 中广核引发的深层次思考:现代企业制度的魅力细想想,中广核的内部控制制度并没有特别高明之处,无非一个是重"程序",一个是重监督。(《人民日报》2001年12月27日)

② 对结果的强调

就是对事情或情况某种结果发生的合理性进行强调,这种结果可以是已经发生的,也可以是还未发生的,就是强调结果出现得不容怀疑,如强调某种情况出现的必然性、必要性等,其目的通常是通过这一强调来劝导听话人按照说话人的意见行事,属于言域范畴。

A. 强调必然性

在社论语体中,我们找到的此类强调标记主要是用来强调结果出现的必然性,因此多由情态动词充当。"必然"是指客观事物联系和发展的合乎规律的确定不移的趋势,是在一定条件下的不可避免性和确定性。虽然我们在前面谈到过,充当元话语标记的词汇形式不包括动词,但由于情态动词在话语中的功能相当于副词,因此,情态动词也可以演化为元话语标记。

情态范畴多可以分为义务情态和认识情态,义务情态是"情理上必须如此",认识情态是"估计情况必然如此"。由于强调是说话人主观确认态度的体现,因此能够成为强调标记的情态动词都属于义务情态。又由于说话人使用此类元话语标记的主要语用目的是通过强调某种情形必然出现来促使听话人接纳自己的建议并执行,因此,能够成为强调标记的情态动词多是"必然类"情态动词。

必然

语义:事实上确定不移。

(21) 有社会责任感的媒体,<u>必然</u>反映公众心声,代表公众良知,引领社会风尚,维护社会秩序,滋润社会关系,推动社会进步。(《人民日报》2009年10月9日)

(22) 首先就是守得住思想防线。思想上的滑坡<u>必然</u>导致前进方向的偏离,引发行动上的溃退。(《人民日报》2011年8月30日)

一定

语义:表示坚决或确定。

(23) 相信各代表团的教练员、运动员<u>一定</u>能够自觉维护良好赛风,严格遵守赛会纪律,赛出风格、赛出水平,确保运动成绩和精神文明的新收获。今日的成功预示着明日的希望。(《人民日报》2009年10月16日)

(24) 当征信项目泛滥开了、防不胜防的时候,"失信"就没了羞愧感,征信系统难免就要扭曲变形。所以,哪些信息可以纳入采集范围,<u>一定</u>要有严格审查,七七八八、林林总总的"搭车",只能让征信系统一上场便超载行驶,难行久远。(《人民日报》2009年10月16日)

势必

语义：根据形势推测必然会怎样。

(25) 希图扮演"正义"英雄，迎合反华势力，不惜与中国消费者为敌，以换取廉价掌声，势必被中国市场抛弃，这是失算。(《人民日报》2021年3月24日)

(26) 词曲家应该注重从生活中撷取灵感，充实自己这杯并不太满的"奶"，才会使作品具有较长的生命力。倘若一味加水稀释，或者提前透支，那才华势必一天天枯竭，以致最后连一杯水也挤不出来了。(《人民日报》1999年7月20日)

绝对

语义：完全；一定。

(27) 但是，"管"绝对不等同于简单的"关"。冠县简单地把网吧行业存在的问题都归咎于网吧本身，对所有网吧一概实行长时间关闭整顿的做法，实质上是推卸和转嫁管理责任，这种因噎废食的做法恰恰暴露了其平时在网吧管理上存在的严重缺陷，以及遇到问题后在管理思维和处置方法上的陈旧保守和简单机械。(《人民日报》2009年10月23日)

(28) 廖艳琼本计划做一个关于"土地流转"的选题，采访过程中偶然发现了矿老板植树的线索，写了一篇《矿老板变身林大哥——汝城民间资本染绿荒山》，发表在《湖南日报》上。原来的主题先行报道思路就这样被打破。用她的话来说，如果是一两天的停留，或者是打打电话，绝对"挖不出这么鲜活的素材"。(《人民日报》2012年5月26日)

到底/归根到底

语义：表示经过种种变化或曲折最后出现某种结果，通过强调事件的原因或事件的特点来强调必然性。

(29) "一条微博、一段微视频、一句流行语，都是微动力，都可能成为引起风暴的蝴蝶翅膀。"这"风暴"，到底是"过也，人皆见之"的嘘声，还是"更也，人皆仰之"的掌声？赢得好评，当从善待"差评"开始。(《人民日报》2011年8月31日)

(30) 宣传思想工作归根到底是群众工作，根基在群众、智慧在群众、力

量在群众。(《人民日报》2013年9月16日)

自然

语义：表示理所当然。我们发现，"自然"和"当然"都强调"理所当然"，表达对合于某种事理的命题的主观评价，但不同的是，"自然"的基本语义决定了它侧重于肯定动作行为顺承而来的结果或容易达到的效果，也就是说，"自然"更侧重客观性，强调肯定事物发展的必然结果。

(31) 30年前，柏纳斯只是想利用网络传送信息，根本没想到网络会这么普遍。柏纳斯<u>自然</u>更不会想到，他发明的互联网，可能成为反腐利器。(《人民日报》2009年10月30日)

(32) 决策若无有效的民意参与，就会导致公共责任缺失，公共利益<u>自然</u>难以得到维护。(《人民日报》2009年11月4日)

B. 强调必要性

这类强调标记主要是用来强调事情或事理造成结果是"必要"的，并以此来建议听话人做某事。

应当/应该/应

语义：表示理所当然，认为情理上必须如此。这一"理所当然"是说话人主观认为的理所当然，由于作者对命题的确信程度很高，因此他认为这一主张是"理所当然"的，体现了作者对其主张，也就是某一结果必然发生的信心。

(33) 我们<u>应当</u>坚持以人为本的现代理念，坚持民主法治的正确路径，坚持公平正义的基本价值，在政府与社会、官员与民众的紧密互动中，化解社会的矛盾，求解发展的难题，建设和谐的新局。(《人民日报(选编)》2009年第18期)

(34) 有时候，放弃也是一种坚守，放弃是为了更好的坚守。每个人都<u>应该</u>有自己的精神高地，共产党人更应该信守。如此，我们不仅活得轻盈而自在，更会活得光明而磊落。(《人民日报》2012年6月19日)

(35) 为什么立身要不忘做人之本？在群众心目中，领导不仅是一种管理的权力，更是一种示范和榜样。古人云，"其身正，不令而行；其身不正，虽令不从"。用今天的话来说，就是领导干部<u>应</u>以高尚的品德影响人，以模范的行动带动人。(《人民日报》2012年6月19日)

必须

语义：表示事理上和情理上必要。

（36）社会要前进，仅靠"问题"思维是远远不够的，还<u>必须</u>运用"为什么"思维，导引社会"怎么看"问题，分析和回答"为什么"。(《人民日报》2011年8月12日)

（37）我国发展中不平衡、不协调、不可持续问题突出，制约科学发展的体制机制障碍躲不开、绕不过，<u>必须</u>通过深化改革加以解决。(《人民日报》2011年7月1日)

4.1.1.2　话语标记

根据刘丽艳(2011)的研究，话语标记就是互动式口语交际中所特有的一类功能词或短语，它们在句法上具有相对独立性，在口语交际中没有概念义，只有程序义，其功能体现了认知主体的元语用意识。根据刘丽艳(2006)的观点，符合以下特征的句法成分才能视为话语标记：

1. 可以单用，也可以与语气词一起构成一个紧密结合体，中间不能插入其他成分(如宾语、补语)，各音节间没有语音停顿；
2. 位置相对灵活，可出现在话轮的开端、中间和结尾；
3. 语义虚化，对所在语句的语义(概念义和真值条件义)不发挥作用；
4. 在句子中相对独立，不跟前面或后面的任何语言单位构成更大的语言单位，不参与前后任何句法成分的建构，因此可以省略。

关于"元话语标记"与"话语标记"的差别问题并不是本研究所讨论的问题，我们这里只是为了避免与"元话语标记"发生类别混淆，而使用"话语标记"的术语来代表那些只有程序性意义而没有概念意义的独立的固定的语言形式。

我们发现，在社论中经常出现的具有强调功能的话语标记主要以"强调真实性"为主，这可能与这类表达主观性更强，语言形式更容易发生语法化而成为话语标记有关。

以话语标记形式出现的强调标记通常是用来对本质进行强调，也就是强调话语的真实性和准确性。

A. 强调可靠性

毫无疑问

语义：一点儿疑问也没有。

(38) 在"梁丽案"上,舆论究竟在多大程度上影响了司法判断,我们无从知晓。但倘若就此总结为是媒体的越位,这恐怕并不公平。毫无疑问,法律是神圣的,但法律从来不会自命神圣,而拒绝更加全面、更加客观、更加公平地审视具体的案件,达到合情合理的结果。(《人民日报》2009年10月12日)

(39) 百年奥运,风云变幻,不变的是始终如一的人文精神。毫无疑问,2008年奥运会将成为歌颂人、尊重人,一切以人为中心,塑造和谐发展的人文舞台。(《人民日报》2001年2月21日)

事实证明/事实告诉我们
语义:通过事实或前述论述来强调话语的可靠性。

(40) 事实证明,MBA以及EMBA(高级行政工商管理硕士)教育给学员带来了思维方式的革命,教会了他们全新的思维方法,也学会了更多的管理工具,提高了他们的领导艺术与管理水平,让他们学会了团队协作精神。(《人民日报》2003年11月13日)

(41) 事实告诉我们,农区这两条腿同样重要,缺一不可。(《人民日报》1988年12月19日)

有时候,作者为了进一步强调后续内容的真实性,还会在"证明"的前面加入修饰性的词语,如例(42)和例(43)。

(42) 事实雄辩地证明,我国解决民族问题的实践是成功的,我国各族人民大团结是牢不可破的,党的民族政策和民族区域自治制度是完全正确的。(《人民日报》2009年9月30日)

(43) 事实再一次证明,不讲诚信、坑蒙拐骗换不来真正的经济发展。诚信是安身立命之本。(《人民日报(海外版)》2001年11月13日)

前文已经谈到,汉语中还存在一些虽然具有元话语标记功能,但还保留一定概念意义的形式,我们将这样的语法形式叫作"类元话语标记"。它们往往还没有完全虚化,但在特定语体中,其程序性意义往往大于概念性意义,功能更接近于元话语标记,我们把这样的"类元话语标记"也归入"元话语标记"。

从句法的角度说,"事实证明"只能是一个短语,还不能称为"固化结构",因为它还没有发生语法化,组成成分之间的关系还比较松散,如例(42)和例(43)中在"事实"与"证明"之间都插入了修饰性成分。但由于在社论语体中这一短语经常出现,其功能是作者以事实为依据来强调自己观点的可靠性,并希望读者接受,修饰性的成分只是用来加强说话人的主观确定性,是对本质的强调。因此,我们认为,这一表达形式在社论语体中已经成为"强调"的规约化表达。

B. 强调恰切性

能愿动词+说

语义:根据朴惠京(2011)的观点,"应该、可以+说"是"能愿动词+说"在自然口语里的高频格式,它们作为话语标记,功能在于表达说话人的态度或评价。"说"和"是"与高频双音节能愿动词结合,这种词汇化方式,分化了多义词的表达功能,把表达主观意义的解读单独用一种方式固定下来,也就是说,把说话人在说出一段话时所表达的自己对这段话的立场、态度和感情,用明确的结构形式加以编码。它在句子中既具有篇章衔接功能,又能够传递作者的主观态度,强调表达了作者对所述内容的认识和看法确信、有把握,强调的语气能够加深读者的印象。经常出现的是"可以说"和"应该说"。

(44) 得知中华人民共和国成立后,钱学森决定放弃这一切,为自己的国家效力。可以说,正是有了一代又一代的热血儿女追求理想、不懈奋斗,才有了今天祖国的繁荣昌盛。(《人民日报》2011年7月29日)

(45) 由"政绩体育",转向民生体育;一手抓竞技体育,一手抓群众体育,最终实现由体育大国迈向体育强国的目标。应该说,从体育人口比例、体育产业、竞技体育影响力三个方面来判断,我们和世界体育强国相比,差距不小。(《人民日报》2011年3月25日)

4.1.2 通过与其他观点对比以凸显作者立场

说话人表达"强调"既可以从自身角度进行,也可以从与其他事物/情况进行对比的角度进行,这就是一种"多声"的模式。由于这种"多声"引入了其他的观点,因此其强调的程度要高于说话人的"自说自话",也就是"单声"的模式。前文我们也已经谈到,这种"多声"可以是相同的声音,也就是类似情形间的比较,即"同言";也可以是不同的声音,也就是不同情形间的对比,即"异言"。

4.1.2.1 副词/固化结构

① 同言

就是通过类似情形间的比较来凸显某一种情况。

尤其

语义:与其他类似情况比较之下,强调后续情况的更进一步。

(46) 在当前这样一个变革的时代,实现公共治理的"善治",实现社会关系的"和谐",同样需要"预见性"思维,<u>尤其</u>需要"怎么办"思维。(《人民日报》2011 年 8 月 12 日)

(47) 众多经历六十年巨变的前行者,虽也曾遭遇历史的震荡、命运的不公和际遇的荒凉,但在人性的坚忍、顽强和宽容中,他们坦然面对世事沧桑,心中依然一片清亮。<u>尤其</u>不能忘记的,是普通劳动大众在现代化事业中作出的巨大牺牲。(《人民日报(选编)》2009 年第 18 期)

特别

语义:与其他类似情况比较之下,强调后续情况更加重要。

(48) 在肯定网络监督的积极作用的同时,也必须正视这种监督的尺度,谨防网络监督变成"网络暴力",<u>特别</u>是网络"人肉搜索"可能导致的侵犯个人隐私等问题。(《人民日报》2009 年 10 月 13 日)

(49) 首先中小学除偏僻地区外,一般都已经开始用普通话教学。更重要的是,普通话已经出了学校的大门,开始向社会推广,而且农村比城市积极,劲头很大。<u>特别</u>在福建,学普通话,讲普通话已经逐渐成为社会风气。(《人民日报》1959 年 3 月 20 日)

"尤其"与"特别"在表达"强调"的语义时,语义比较相近,在一些情况下都可以互换使用,但需要注意的是,"特别"常常只起到了一定的强调作用,并没有明显的程度上的区别和标示。"尤其"的语气则要重许多,由于"尤其"重在比较,因此,它对于程度的区分有很重要的作用,目的在于突出后者比前面对象程度上更进一层。

关键是/在于

语义:通过与其他类似情况对比,强调凸显最重要的情况。

(50) 欠发教师工资严重的省(自治区、直辖市),应调整对下的财政体制或者加大转移支付力度,使县级财政有足够的财力保证按中央统一规定的项目和标准及时、足额发放工资。农村义务教育管理体制,<u>关键是</u>"以县为主"。(《人民日报》2001年6月15日)

(51)毫无疑问,法律是神圣的,但法律从来不会自命神圣,而拒绝更加全面、更加客观、更加公平地审视具体的案件,达到合情合理的结果。<u>关键在于</u>,司法机构如何避免受舆论影响,如何在汹涌的、有倾向性的舆论中坚守自己的判断,如何通过自我约束和自我规范保持客观公正。(《人民日报》2009年10月12日)

甚至

语义:通过与其他事例对比,强调要突出的事例,以突出其后情形的反常性。

(52)假如你成天忙忙碌碌,却事倍功半、成效低下,<u>甚至</u>将精力耗费在劳民伤财的"形象工程"与"政绩工程"上,辛劳在应对上级检查的表面文章中,或是奔波于觥筹交错的接待里,群众怎么会没有意见?(《人民日报》2011年8月29日)

(53)于此,官员们有了迎接上级领导检查视察的"盆景",有了自己表功炫耀的"面子",<u>甚至</u>还有了其中房地产开发的"实惠",老百姓却尝到了难言的苦果。(《人民日报》2009年9月19日)

又(+否定)

语义:用在否定形式和反问形式前的副词"又"具有强调功能,这一功能是通过类同关系的"累加"获得的。

(54)这一用一弃的筷子,无疑加大了商家的经营成本。若说这样顾客用起来放心,可那盘碟<u>又</u>不是"一次性"的,要不认真消毒,该不放心的还是不放心。(《人民日报》2001年①)

(55)这些情况说明,实用的手工业品,在目前农村中同样不可缺少,而这些东西,<u>又</u>不是一个短时期内就可由大工业品所代替的。(《人民日报》1953年8月12日)

---

① 文中来源于北京大学CCL语料库《人民日报》的语例标注方式同原语料库,即只标年份,下同。

② 异言

就是通过不同情形间的对比来凸显某种情况。

毕竟

语义：表示追根究底所得的结论，强调事实或原因。

(56) 不过，话语的修养毕竟只是一个相对私人的问题。面对此事，除了对当事者的道德批评，更应有权力伦理层面的思考。(《人民日报》2009年11月3日)

(57) 从市场发展的角度看，当前真正困难的是如何保护好中小投资者的积极性，使他们树立长期投资的理念和信心。毕竟1000多家上市公司要靠他们支撑，水可以载舟也可以覆舟，正因为如此，我们看到，近两年来政策对股市的干预已越来越少了，凡是有可能对股市造成影响的政策如创业板推出、国有股减持等真正实施起来都是慎之又慎，政府管理部门对股市小心呵护的态度已对股市的发展产生了积极影响。(《人民日报(海外版)》2001年2月10日)

然而

语义：〈连〉用在后半句的开头，表示转折。

按照一般看法，连词是不能作为元话语标记存在的，因为连词通常不与主观性相联系。但我们发现，"然而"在社论语体中使用得非常多，而且，作者使用"然而"而不是"但是"来表示转折，主要是通过对由"然而"连接的前后项之间的对比来强化肯定后项，主观性明显。因此，我们认为，连词"然而"也是一个强调标记，强调后续话语与前述话语的差异。

(58) 直到2011年，赤城只有4个乡高于人均收入2300元的新贫困线标准。然而，就在2012年一年间，赤城全县贫困人口人均增收1470元，达到3450元，增长74.2%，成为近年来增幅最大的一年。(《人民日报》2013年10月5日)

(59) 建设CBD(中央商务区)如今已经成为各地兴市兴县时髦的事情。然而CBD建设也有个因地制宜、是否符合客观规律的问题。(《人民日报》2003年6月7日)

上面的例(58)通过与2011年进行对比，强调2012年"成为近年来增幅最大的一年"；例(59)通过对比各地大力兴建CBD与"CBD建设也有个因地制宜、是否符合客观规律的问题"来强调后者并引出下文。

竟然

语义:在表达出乎意料的同时,通过与常规情况的对比,强调该情况的不合常规。

(60) 但人们不会忘记,当年"虎照"事件,一些地方和部门,为了自己那点"脸面",<u>竟然</u>迟至8个月之后,才公开回应,承认有假。(《人民日报》2009年10月27日)

(61) 在公共场所,就一个涉及公共利益的严肃问题,<u>竟然</u>报以"我是不是拉屎也要告诉你"这般粗鄙的话语,且休论对错,其修养之不堪已令人讶异。(《人民日报》2009年11月3日)

当然

语义:同其他情况相比后,从相反的方向指出自己的观点更合于事理或情理,没有疑问。

(62) <u>当然</u>,也有一些人闻功则喜,闻过则怒,指责批评报道"影响稳定",断定是舆论监督"伤了事业",抱怨"天下本无事,媒体来扰之",把自己工作的过失推到传媒身上。(《人民日报》2011年8月31日)

(63) 我们总是抱着良好的意愿,想着去代替百姓,去包办民生,总是一味以政府的取向去代表百姓的需求,甚至以部门利益、集团利益去代表百姓的利益,能保证得到民众的充分认可吗?<u>当然</u>,更具意义的是民众权利意识的觉醒,公民素质的提升,是主体力量的成长,民主路径的拓展。只有在民众与政府的良性互动中,在权利与权力的法治契合中,政府的民生关怀才有更为深广的内容,社会的民生进步才有更加坚实的基础。(《人民日报》2009年9月19日)

4.1.2.2 话语标记

① 同言

X 的是

语义:"X 的是"中"的"和"是"前后临接,焦点标记"的"和"是"分别带来的两个焦点,使整个元话语标记呈现出双聚焦的语义特点,其中"X 的"由于处于"参照体"的位置,所以是次要焦点,焦点标记"是"后的内容由于处于"目标"的位置而成为全句的核心焦点。双聚焦的原型语义使整个元话语标记呈现出评价和引导两个主要的人际功能,从而在可及性和主体控制性方面都具有突出作用,体现了言者与听者不断互动的过程。

(64) 粮农组织指出,<u>幸运的是</u>,世界稻米价格至今"保持着令人惊讶的稳定"。粮农组织认为,中国、印尼、泰国的水稻都将丰收,非洲的水稻产量也将增长3%,而澳大利亚的产量更会比去年提高32%。(《人民日报》2012年8月18日)

(65) 目前,103项材料中已有69项实现国产材料代用,代用率达66.9%,预计今年还有10种新材料可以实现代用。<u>可喜的是</u>,1000多种备品备件,已有900多种实现了国产代用,而且机械部分的备件,绝大多数是本厂自己设计、自己制造的。(《人民日报》1983年6月30日)

② 异言
其实
语义:强调所说的是实际情况。

(66) 在某些人看来,领导永远是对的,仿佛成了一条铁律。<u>其实</u>,人无完人,领导同样如此。有的人,有错不认,还千方百计用更大的错误去掩盖前一个错误,这并不鲜见。(《人民日报》2009年10月14日)

(67) 应当说,这些年许多地方政府意识到政务公开的重要性,并以开放姿态和措施取信于民,以提高权力行使的正当性。与此同时,舆论不厌其烦的关注背后,<u>其实</u>也是公民权利诉求的集中表达。在肯定、赞誉和呼吁声中,公民借由每一次"权力清单"的公布,让权力自觉养成接受群众监督的习惯。(《人民日报》2009年11月11日)

实际上
语义:强调所说的是实际情况。

(68) 与4年前广州亚运会的199金相比少了48枚,但这是在亚运项目瘦身、金牌总数减少的情况下取得的成绩。<u>实际上</u>,151金仅次于中国在2006年多哈亚运会的夺金数,排在中国在境外参加亚运夺金数第2位。(《人民日报(海外版)》2014年10月8日)

(69) 中场大将徐新在比赛结束前被主裁判红牌罚下,将个人情绪凌驾于球队利益之上,这样的表现愧对主教练的器重和球队主力的身份。失利之后,很多人在历数这支球队的输球经历,甚至将5年前那支早早出局的"史上最差"国奥队与之相比。实际上,1993年龄段的孩子在学球时正处于中国足球青训的低潮,直接输在了起跑线上。(《人民日报》2016年1月14日)

实质上
语义:从本质上看,强调所述内容的可靠性。

(70)冠县简单地把网吧行业存在的问题都归咎于网吧本身,对所有网吧一概实行长时间关闭整顿的做法,实质上是推卸和转嫁管理责任,这种因噎废食的做法恰恰暴露了其平时在网吧管理上存在的严重缺陷,以及遇到问题后在管理思维和处置方法上的陈旧保守和简单机械。(《人民日报》2009年10月23日)

(71)有了随意在公共场所吸烟的自由,就损害了不吸烟者在公共场所呼吸洁净空气的自由。实质上,吸烟者是把自己不良嗜好强加于人,把自己的过瘾建立在损害他人健康的基础之上,是一种违背公共道德的不文明的行为。(《人民日报》2014年11月24日)

我们发现,从语义上看,"其实"和"实际上"基本相同,而且它们在《现代汉语词典(第7版)》中都是副词,都语法化为话语标记,在做话语标记时又都具有强调功能,但二者在话语功能等方面又有不同,我们将在下文详细考察。

事实上
语义:强调所说的是实际情况。

(72)长株潭F2国际赛车文化产业园是今年8月18日新签的项目,从签约到供地、工商注册,再到正式开工,这一项目仅仅用了2个多月的时间。事实上,11月8日湘潭经开区同天开工的11个重点项目,大多是今年8月底沪洽周及之后的新签项目。(《人民日报》2016年12月8日)

(73)投资者信心仍然不足,事实上,A股市场长期呈现低迷走势,对利好表现麻木的根本原因还是投资者对市场信心不足。(《人民日报(海外版)》2013年11月15日)

说到底
语义:通过总结情况来强调结果的重要性,后文通常都是提出某种建议,希望听话人能够照此执行。

(74) 然而,群众不满意,并不是不体谅干部,也不是不明事理。<u>说到底</u>,干部还得从自己身上找原因。(《人民日报》2011年8月29日)

(75) 校长身在其位,不得不这么做,然而教育被称为"百年大计",一朝一夕之间如何评估?<u>说到底</u>还是立竿见影的"政绩"来的省事。(《人民日报》2009年10月21日)

4.1.2.3 构式
汉语中有一个公认的强调结构"是……的"。

是……的

语义:这一结构与英语中的"分裂句""It is … that"句式,也就是"IT强调结构"是一致的,是汉语中的一种强调结构,其主要功能是"强调"。

(76) 我<u>是</u>1996年到苏州<u>的</u>,到内地后才发现这里的政策、环境根本不像在台湾时所想象的,这里十分宽松。(《人民日报(海外版)》2001年10月8日)

(77) 日本外相柿泽弘治在回答质询时也表示,这一历史事实<u>是</u>"不能否认"<u>的</u>。(《人民日报》1994年6月24日)

上面两个例子中的"是……的"构式都可以去掉,去掉后并不影响句子概念语义的传达,但整个句子不再具有"强调"义。这里的"是"为对比焦点,其后成分是作者想要凸显的对象,是通过与其他成分类比后得到的,也就是排除其他、凸显唯一,往往是"同言"的。

4.1.3 小结
以上,我们梳理了社论语体中常见的强调标记,虽然由于语料库容量的问题,可能无法囊括所有的社论中的强调标记,但我们还是可以从现有考察结果分析出社论语体使用强调标记的倾向性。由于社论的语用功能是阐述己方观点,并让接收者接受自己的观点,因此,发话方要尽力表现出自己对自己话语的信心,强化己方立场。我们进一步分析社论语体中所使用的强调标记的类型,发现该语体语篇主要是通过副词或固化结构、话语标记等词汇化的形式来"强化对命题的认定程度",这又包括"强调可靠性""强调恰切性""强调必然性""强调必要性"等方面;也会通过副词或格式来"通过与其他观点的对比以凸显作者立场",往往是通过前后对比的方式,来强调强调标记后面的观点,也就是作者的观点,这一对比可以是类似情形的比较,也可以是不同情形的类比。

我们认为,社论语体频繁使用强调标记,一是因为社论的信息量比较大,抽象概念使用得比较多,与其他语体相比更加不容易理解,因此需要更多的"路标",也就是元话语标记进行指引,强调标记的使用自然也就更多。二是社论的主要目的是让读者能够接受自己的观点,为了达到这一语用目的,作者必须使用强调标记来申明自己的态度,增强论证的可靠性、恰切性、必然性、必要性或重要性。

为了进一步说明社论语体中强调标记的不同功能,我们下面会选择三个在社论中常见的强调标记"其实""事实上"和"又"进行个案分析。

4.2 个 案 分 析

4.2.1 其实和事实上[①]

在现代汉语中,"其实"和"事实上"都是经常使用的词语,同时存在着话语标记和非话语标记的用法。本节主要讨论的是那些可以独立使用,位置比较灵活,本身主要不表达命题意义而是程序意义,具有话语标记性质的"其实"和"事实上",如:

(78) 刘训昌校长对此深有感触地说:"一所学校的发展离不开一支高素质的教师队伍,没有他们便没有八中的今天。"<u>其实</u>,"一个好校长就是一所好学校"。(《人民日报》2004年2月13日)

(79) 有报道甚至认为,如果12月31日第二循环首轮,"老霸王"八一队不能在主场赢下东方,则中国篮球的世纪交替就可以宣告完成了。但东方队不会,也不应该这么看问题。<u>事实上</u>,11连胜更多表现出的是东方队如日东升的势头,以及国内诸强对于这支拥有明星姚明的年轻队伍遏制乏术的现状。(《人民日报(海外版)》2005年3月1日)

话语标记"其实"和"事实上"在言语活动中有着较高的使用频率,但学界对二者的研究还不多见。已有研究主要是对副词"其实"的讨论,如朱冠明(2002)、孙丽萍和方清明(2011)、方清明(2013)、田婷(2017)等。目前尚无对"事实上"的专门研究。对于"其实""事实上"的语体分布情况,也有文

[①] 本节内容主要由陈颖的硕士学生王涛在导师指导下完成。

章提及,如崔蕊(2008)指出,"其实"在对话体、独白体、客观的叙述体中出现的频率呈递减之势,并对"其实"在不同语体中的这种分布状况做了简单分析。方清明(2013)认为,"事实上"常用于独白体,"其实"常用于对话体。但以上文章只是给出了一般认识,并未深入分析与探讨。本节通过对大量语料分析发现,二者虽然不独立属于某一单一语体,但依然对语体具有选择倾向性。同时,以往研究对于在不同语体中二者的差异探讨较少,本节结合它们在句法、功能等方面的差异,对其语体选择倾向做出合理解释。

4.2.1.1 语体分布差异

我们前文已经谈到,有关语体的分类问题学界至今没有定论,目前普遍认可的是张弓(1963)从话语方式方面将语体分为口语与书面语两大基础语体类型,并以此作为语体的第一层。王德春(1987)将语体分为谈话语体与书卷语体,袁晖和李熙宗(2005)将语体分为谈话语体、公文语体、科技语体、新闻语体、文艺语体和融合语体六类。本节我们结合以上几种标准,延续前文的分类,将语体分为非正式语体和正式语体,并进一步细分,选取多种语体中具有代表性的语料,尽可能做到非正式语体和正式语体语料数量的近似平衡,即分别选取了近 50 万字的语料。非正式语体语料包括:微信聊天(语音转换后的文字内容),时间跨度为半年,约为 3.5 万字;日常对话的记录约 0.3 万字;《1982 年北京话调查资料》约 14 万字;电视访谈节目《鲁豫有约》10 期约 28 万字;正式讲话,主要来自 15 位大学校长开学典礼讲话的文字稿约 4 万字。非正式语体语料合计 49.8 万字。正式语体语料包括:公文语体,主要是政府文件以及外交部官网刊发的外交声明,约 3.5 万字;科技语体,主要是学术论文以及学术报告的文字版 10.2 万字;新闻语体,选自中央电视台的《新闻联播》文字稿 24 万字以及《焦点访谈》的文字稿 7.4 万字,时间从 2017 年 4 月 1 日至 2017 年 4 月 30 日,合计 31.4 万字;文艺语体,包括《山居笔记》共 10.9 万字、《莎菲女士的日记》共 2.2 万字,合计 13.1 万字。正式语体语料共计 58.2 万字。

① 不同语体中"其实"和"事实上"的分布情况

话语中词语的分布并不总是均衡的,不同的语体要求具有与之特点相适应的词语为之服务,当一些词语固定地或者经常出现在一些语体中的时候,它们就会被赋予这一语体色彩,甚至会成为某一语体的专用词汇,进而不被其他语体吸收。可见,词语选择和语体特征是互相影响作用的。话语标记"其实"和"事实上"也是如此,它们在某一语体中使用的多寡也能够在一定程度上反映它们的语体特征,以及语体本身的特征。

为了更好地分析二者在不同语体中使用的潜在规律,我们依据语体的不同,分别对"其实"和"事实上"所出现的频次以及频率(每万字出现的次数)进行了统计,这些数据可以为我们对二者的语体倾向判别提供依据。这一部分使用的语料规模约 100 万字,初步统计结果如下:

表 4-2 "其实"和"事实上"在不同语体与语料中出现的频率表

类别	语体	语 料	语料规模(万字)	出现次数 其实	出现次数 事实上	出现频率(次/万字) 其实	出现频率(次/万字) 事实上
非正式语体	随意谈话	微信聊天、日常谈话	3.8	276	3	72.63	0.79
		1982 年北京话调查资料	14	12	0	0.86	0
		《鲁豫有约》	28	447	46	15.96	1.64
		合　计	45.8	735	49	16.05	1.07
	认真谈话	校长讲话稿	4	3	0	0.75	0
		总　计	49.8	738	49	14.82	0.98
正式语体	公文语体	政府白皮书、外交声明	3	0	0	0	0
		法律文书	0.5	2	2	4	4
		合　计	3.5	2	2	0.57	0.57
	科技语体	科学论文、学术报告	10.2	0	0	0	0
	新闻语体	《新闻联播》文字稿	24	0	0	0	0
		《焦点访谈》文字稿	7.4	23	8	3.11	1.08
		合　计	31.4	23	8	0.73	0.25
	文艺语体	余秋雨《山居笔记》	10.9	19	6	1.74	0.55
		丁玲《莎菲女士的日记》	2.2	6	0	2.73	0
		合　计	13.1	25	6	1.91	0.46
		总　计	58.2	51	19	0.88	0.33

通过上表我们可以看出,话语标记"其实"在非正式语体中的分布占了绝对优势,且更多地出现在受约束较小的自然对话中。微信聊天与日常对话都是没有经过事先准备的对话,"其实"用例 723 例,占比 98%,事先进行了一定选择的《1982 年北京话调查资料》中"其实"仅 14 例,占比 2%。微信聊天、日常谈话中的"事实上"也只有 3 例,"事实上"更多用例出现在《鲁豫有约》中。正式语体中"其实"的分布也比"事实上"多,但主要集中于法律文书、《焦点访谈》文字稿与散文《山居笔记》中。

② 不同语体对"其实"和"事实上"的选择差异

话语标记"其实"和"事实上"在诸多方面有着相似之处,但在语体分布上,通过表 4-2 可知,二者有着明显的选择倾向:"其实"多用于非正式语体,"事实上"多用于正式语体。具体比较结论如下:

其一,在口头语体和正式语体的典型语料中,"其实"的使用都多于"事实上":口头语体中,"其实"出现 738 次,"事实上"出现 49 次;正式语体中,"其实"出现 25 次,"事实上"出现 6 次。"其实"在每一类非正式语体语料中的出现频率都高于"事实上"。

其二,不论是"其实"还是"事实上",在非正式语体中的分布频率都高于正式语体:非正式语体语料中,"其实"出现频率为 16.05 次/万字,"事实上"为 1.07 次/万字;正式语体语料中,"其实"为 0.88 次/万字,"事实上"为 0.33 次/万字。

其三,即使属于同一语体,不同类型语料中"其实"和"事实上"的分布也不均衡。比较明显的是,日常谈话与校长讲话稿,语料规模接近,但日常谈话中的"其实"和"事实上"比校长讲话稿中出现的频率高得多。《新闻联播》文字稿与《焦点访谈》文字稿也出现了类似的情况,这说明语体类型并不是影响"其实"和"事实上"分布的唯一因素。下面我们将详细讨论这一点。

在非正式语体共计 49.8 万字的语料中,"其实"共出现 738 次,"事实上"共出现 49 次。在正式语体合计 58.2 万字的语料中,"其实"出现 51 次,"事实上"出现 19 次,"其实"的出现依然居多。不论是随意谈话还是认真谈话,"其实"的出现都占了绝对优势。可见,日常的交谈对话,说话人倾向于选用"其实",对"事实上"的使用会有更多考虑。但是,我们也发现,虽然一部分"其实""事实上"出现在某一语体的语料中,但它们并不具有这一语体的典型特征。例如:

(80)人性是自私的,人有很多的烦恼,很多的意见,最重要的是面对不同的思想、习惯、经历、年龄、族群等,如何在这么多的差异之中,将人统摄起来,事实上是非常困难的。(星云大师刘长乐《传媒大亨与佛教宗师的对话:包容的智慧》)

(81)"事实上,中国老龄产业开发的潜力是巨大的,关键要有适销对路的产品。"李本公指出,发展老龄产业要按照市场经济的运行规则,以市场为导向,搞活老人用品市场。(新华社,2004年5月21日)

以上两例中的"事实上"都出现在对话中,但我们注意到"族群""统摄""老龄产业"这样的词语都不是日常口语交流的词汇,只有在涉及一些专业性比较强的领域时才会出现,是典型的正式语体用例。

(82)其实,我也不想偷,可俺家着实是揭不开锅了啊!(《人民日报》1993年)

(83)王洋说:"其实,我可恋家了,但恋家又不能'猫'在家里,这不,我马上要参加赴法国进修的项目考试。"(《人民日报》1998年)

这两个例子中的"其实"都是出现在《人民日报》社论中,但这些语料依然是典型的非正式语体,因为例(82)中的方言词"俺",例(83)中的程度副词"可"都是典型的非正式词汇。

因此,并不是所有出现在非正式语体语料中的"事实上"都具有非正式语体的特征,所有出现在正式语体中的"其实"都具有正式体的特征。我们剔出这些语料后,再次统计,得出表4-3:

表4-3 修正后的"其实"和"事实上"在不同语体中的分布数量表

	其实	事实上
非正式语体	578	25
正式语体	39	37
合　计	617	62

可以看出,"其实"多出现于非正式语体,"事实上"多出现于正式语体。此外,我们还可以用话语标记的口语度来验证(阚明刚和杨江,2017):

$$CD_{DMi} = N_{CDMi} / (N_{CDMi} + N_{BDMi})$$

(其中，CD_{DMi}是指做话语标记的话语形式 i 的口语语体度，N_{CDMi}是指做话语标记的话语形式 i 在非正式语体语料库中的实例数量，N_{BDMi}是指做话语标记的话语形式 i 在正式语体语料库中的实例数量。)

依据公式，我们可以计算出"其实"和"事实上"的口语度为：

$$CD_{DM其实} = 578/(578+39) = 0.94$$

$$CD_{DM事实上} = 25/(25+37) = 0.40$$

如果某一话语标记仅用于非正式语体，那么它的话语标记口语度就为1，如果完全不用于非正式语体，它的口语度就为0。可见，口语度值越接近1，话语标记的口语度越高。通过计算，"其实"的口语度比"事实上"的口语度高得多，相反，"事实上"的正式度则更高。由于二者在非正式语体与正式语体中都有分布，所以"其实""事实上"虽然不独立属于某一语体，但具有分布倾向性："其实"多用于非正式语体中，"事实上"多用于正式语体中。我们可以说，"其实"非正式性更强，"事实上"正式性更强。

尽管如此，我们还注意到，它们也可以在不同语体中交叉出现，即都可以在非正式或正式语体中出现，但功能也有所不同。

A. 非正式语体中的"其实"和"事实上"

非正式语体包含随意谈话与认真谈话，主要是口语的形式。由于交际双方面对面，除了可以借助语言，还可以依托肢体动作、表情等副语言传递信息，因而其严密性远不及正式语体，互动性较强。

同作为叙实性话语标记，"其实"和"事实上"的后接内容应该都是一种"真实的情况"，但我们发现，在非正式语体中，"其实"和"事实上"的"表实情况"并不相同："其实"后多不是对"真实情况"的叙述，而是言者主观态度的附着，如例(84)；"事实上"除了与言者主观相联系，更多的是凸显客观情况的关注，如例(85)。

(84) 其实,说真的,打击这个东西的关键在于你有没有这个决心。(微博)

(85) 不用羡慕丰收的时候农民们笑得多么开心,他们也不容易。事实上,去年大旱的时候,他们比谁都愁,看着庄稼却没有办法,所以每一行都辛苦。(《人民日报》2012 年)

根据我们的统计,非正式语体中"其实"后接的内容更多是说话人的个人观点,是主观上的真实,即"表情真实";"事实上"虽然后接的内容也有说话人的意志,但更多的是某种客观情况,即"表事真实"。通过统计非正式语

体 200 条语料,"其实"和"事实上"的"表实情况"如下:

表 4-4 "其实"和"事实上"的"表实情况"统计表

	表情真实	表事真实
其 实	163	37
事实上	84	116

由于在非正式语体中"其实"更多的与说话人的情感相关,更能发挥人际功能。通过统计,在非正式语体 200 条语料中,"其实"主要发挥人际功能的 152 条,发挥语篇功能的 48 条;"事实上"主要发挥人际功能的 111 条,发挥语篇功能的 89 条。可见,在非正式语体中,虽然"其实"和"事实上"都以发挥人际功能为主,但"其实"更多地充当人际交流的"润滑剂",更能体现主观性和交互主观性。

B. 正式语体中的"其实"和"事实上"

正式语体能够适应公开场合使用的需要,因此,受到的语境制约更多,更严谨、正式。正式语体也可以以非正式形式呈现,但主要表现仍然为书面语。由于说听双方不能面对面即时交流,因而即时性与互动性大大减弱。通过表 4-2 的统计可知,在正式语体中,"其实"的分布比"事实上"少得多。此外,我们还可以看到,同在具有正式语体特征的新闻语体中,《新闻联播》文字稿与《焦点访谈》文字稿中"其实"出现频率的差异,主要是由二者功能差异和语体功能差异造成的。《新闻联播》主要是向受众传递新闻事实,用客观的语言进行报道,要求官方正式严谨,基本不掺杂个人情感,即使稍有评价也是官方的,因此,基本不出现"其实";《焦点访谈》以主持人评说的方式向公众报道社会热点话题,主要是发挥舆论监督的功能,其中不可避免地有官方或个人的看法,阐述一些立场与观点,因此,"其实"可以出现。由于同时受到科技语体与文艺语体的双重影响,新闻语体兼具准确严密和生动性的特点,这也使得"其实"难以出现在《新闻联播》文字稿中。

4.2.1.2 语体分布差异的功能解释

"其实"和"事实上"在语体分布上的差异主要与它们的功能差异有关,或者说,是二者本身的功能差异导致了它们在语体分布上的差异,因此,本小节主要通过定量分析来厘清它们的功能差异。由于话语标记的语用功能与其句法分布有着一定的关联,因此,在对"其实"和"事实上"语体分布差异进行功能解释之前,有必要首先对二者的句法分布差异进行考察。

① "其实"和"事实上"的句法分布差异

话语标记"其实"和"事实上"在句法分布上存在很多相同之处,比如,在句法位置上都具有较大的灵活性,都可以位于句首、句中、句末,或者作为独立句子存在。但经过语料分析,我们发现,二者在句法分布上也存在差异,主要体现在两点:第一,在句子中不同位置出现的频率有差异;第二,在句子中出现的形式或共现成分有所不同。

A. 句法分布差异

我们对收集到的语料进行了统计,结果见表4-5①:

表4-5 "其实"和"事实上"句法分布差异

		句首	句中	句末	独立成句
其 实	频次	774	133	61	32
	频率	77.4%	13.3%	6.1%	3.2%
事实上	频次	844	122	8	26
	频率	84.4%	12.2%	0.8%	2.6%

从上面的数据我们可以看出:

"其实"和"事实上"出现在句首、句中、句末的频率呈递减之势,这与话语标记多出现在句首的普遍认识相一致;

"其实"和"事实上"用在句首的频率分别是77.4%、84.4%,"事实上"用在句首的频率高于"其实";

"其实"和"事实上"出现在句中的频率分别是13.3%、12.2%,非常接近;

"其实"出现在句末的频率远高于"事实上";

"其实"和"事实上"独立成句的频率分别是3.2%、2.6%,"其实"高于"事实上"。

可见,"其实"的使用频率高于"事实上",这也是其虚化程度高于"事实上"的原因之一。虚化程度高往往意味着主观性更强,这也是导致其语体分布差异的一个原因。

---

① 需要说明的是:为了尽可能不出现重复统计的情况,我们所说的句首,既包括真正意义上的句首,即"其实""事实上"前不包含其他任何成分,也包括"其实""事实上"前面还有一些其他标记、关联词语或独立成分的情况。"其实""事实上"在句中是指其前后用逗号隔开独立使用的情况。

B. 共现情况差异

第一种情况是能否叠连出现。

"其实"可以叠连出现,如例(86),"事实上"没有叠连使用的情况。

(86)嫂子如今就要处理家事,其实,其实,也没有什么好处理的了,银库里早就没了银子,家里的东西也典当一空,我能做的事就是请债主来清账!(朱秀海《乔家大院》)

"其实"的叠连使用往往是由于说话者的情绪比较激动或者急于表达,使得想说的话处在支离破碎的状态,于是使用"其实"来抢夺话轮,而且,作为双音节的话语标记,"其实"更易于用来抢夺话轮的主导权。从理论上来说,应该存在"事实上"叠连使用的情况,但在我们搜集的语料中没有发现这样的用例,这一方面与"事实上"是三音节有关,三音节不适合言者急于表达的需要;另一方面与"其实""事实上"的语体选择差异有关,"其实"更适应非正式语体,"事实上"更适应正式语体。

第二种情况是能否与语气词共现。

可以与"其实"共现的语气词较多,其中共现频率较高的有"呢""吧""啊""哪"等,如例(87)—例(90);与"事实上"搭配的语气词仅有"呢"和"啊"两个,且用例较少。

(87)其实吧,听听也无妨的,听得有趣便听,听得无趣便不听,随你的便。(尤凤伟《石门夜话》)

(88)何胡氏又说:"其实呢,也用不着算什么姑姑侄侄。"(欧阳山《苦斗》)

(89)其实啊,我小时候并不喜欢篮球的,我喜欢做的是绘画、跳舞这些艺术类的事情,可那时太小,身不由己啊。父母一锤定音,就将我"赶"到篮球场上去了。(《人民日报》2003年)

(90)其实哪,我是不能忍受让自己祖先留下来的一大半财富去为毫无用处的自卫队造什么飞机和坦克。(森村诚一《鸽子的眼睛》)

"其实"和"事实上"与语气词共现的差异主要与它们的主观性差异有关,"其实"的使用频率更高,比"事实上"的虚化程度更深,主观性更强,因此,在与表达主观情感的语气词共现时,"其实"比"事实上"活跃得多。

第三种情况是能否与主观评注性副词共现。

话语标记"其实"和"事实上"多数情况下可以互换,但在与"真的""的确"这样的主观评注性副词共现时,只能用"其实",不能用"事实上",也就是说,"事实上"通常不与主观评注性副词共现。我们在北京语言大学BCC语料库共找到8例"其实"与"真的"共现的例子,如例(91),1例"其实"与"的确"共现的例子,但没有找到"事实上"与"真的"或"的确"共现的例子。

(91)绿皮车真的给我留下了很多回忆,其实,难以割舍的,是当初坐铁皮火车也愿意和你去旅行的伴儿吧?(微博)

(91′)绿皮车真的给我留下了很多回忆,事实上,难以割舍的,是当初坐铁皮火车也愿意和你去旅行的伴儿吧?

这一差异也与其语体分布差异有关,互相影响。

② "其实"和"事实上"的功能差异

言语交际活动是一个动态的过程,为了使交际活动更好地进行,说话人会尽量增强话语与语境的关联,以减少听话人理解话语所付出的努力;听话人也会将接收到的信息与自己已有的知识进行整合,努力实现交际双方在信息上的对等。话语标记同时兼具语篇功能和人际功能,它的使用可以最大程度地关联双方的认知语境。"其实"和"事实上"在话语中也同时具有语篇功能与人际功能,只不过在具体语境中某一功能会暂时占据主导地位。"其实"和"事实上"在话语中的语用功能丰富,但各个功能的使用频度有差异。我们将搜集到的语料进行了初步统计,它们语用功能的使用频率如表4-6:

表4-6 "其实""事实上"语用功能频率对比表

		其实		事实上	
		数量	频率(%)	数量	频率(%)
语篇功能	开启话轮	18	1.8	41	4.1
	话轮接续	47	4.7	103	10.3
	延续话题	32	3.2	54	5.4
	信息缺省	11	1.1	17	1.7
	信息追加	25	2.5	34	3.4
小 计		133	13.3	249	24.9

续 表

		其实		事实上	
		数量	频率(%)	数量	频率(%)
人际功能	缓和语气	159	15.9	29	2.9
	引导评价	385	38.5	86	8.6
	强 调	323	32.3	712	71.2
小 计		867	86.7	751	75.1

通过考察,我们发现,话语标记"其实"和"事实上"的语用功能有相同之处,都以发挥人际功能为主,同时,二者也存在功能上的差异,这些差异更值得关注。

A. 人际功能差异

在人际功能中,"其实"以引导主观评价与强调功能为主,凸显了较强的主观性,如例(92);"事实上"以强调功能为主,主要用来强调后接内容的客观真实性,如例(93)。

(92)"取中间"就会对其与"尾巴"庶几近之,<u>其实</u>,"取中间"是消极的,因为总是跟在别人的后面。(网易博客 2011)

(93) 以"大华梧桐城邦"为例,该盘计划今年 6 月开盘,周边大华其他楼盘均价目前基本达到每平方米 10 000 元,而该盘均价每平方米 8 500 元,销售人员解释那是由于地理位置较偏,经了解,<u>事实上</u>,"大华梧桐城邦"与那些万元楼盘仅相隔一条中环线。(《文汇报》2005 年 5 月 12 日)

上面例(92)中说话人描述"取中间"现象时,掺杂了自己的主观态度,"其实"强调了自己的这种主观态度,即"'取中间'是消极的",并引导听话人快速获取说话人的态度;例(93)中"事实上",主要是强调了后续内容是客观事实的。

B. 语篇功能差异

在发挥话轮接续功能时,"其实"有不少抢夺话轮的情况,如例(94),但在我们的考察中,尚未发现使用"事实上"抢夺话轮的情况。

(94) 语境：几个人在一起讨论十一去什么地方玩。

A：我觉得太阳岛是个不错的地方，里面很大，风景也很好，适合这个季节去。

B：不是，是不是可以考虑远一点的地方？好几天时间呢，咱们可以考虑一下帽儿山，或者……

C：<u>其实</u>，我想去逛街。（录音转写）

上面例子中，B 的发言并没有结束，C 使用"其实"打断了对方以抢夺话轮。"事实上"的韵律特征，以及语体适应性都使其不适合用来"抢夺话轮"。

4.2.1.3 影响语体分布差异的因素

通过上文分析，我们发现，"其实"和"事实上"在语体分布上有着各自的偏好，但是，语体类型并不是影响二者分布差异的唯一因素。例如，同在非正式语体中，日常对话与校长讲话稿中"其实"的分布差异就比较大，同样在新闻语体中，《新闻联播》文字稿与《焦点访谈》文字稿中二者的分布也不均衡，"其实"和"事实上"的自身特点也是影响二者语体选择差异的重要因素。

① **互动性差异**

为了取得良好的交际效果，说话人在表达自己观点的同时，总要与听话人之间进行一些互动与交流，以尽可能保证与说话人能够处在同一语境中。非正式语体显示了言语是怎样生成的，正式语体则是在此基础之上进行了修正与完善。非正式语体交际具有近距离、即时性的特点，需要多方的参与，句子灵活松散，时常还会借助表情、手势等副语言辅助表达，因而，口语对话相对于正式语体具有更高的互动性。

"其实"是"非配合性互动"标记，这决定了其在对话体中出现的适应性，因为对话体至少是两个人参与，此时的"其实"才能起到补充、纠正、转换话题的作用，可以扮演抢夺话语权的角色（方清明，2013），因而对非正式语体具有更好的适应性，这也促使了"其实"的高频分布。由于日常对话的互动性较高，所以，我们可以看到"其实"与"事实上"在非正式语体中的出现次数是正式语体中的十几倍。

② **主观性差异**

非正式表达往往思考较少，不够成熟，注重表达的流畅、即时，缺乏严谨性，因而语言的主观性较强。相比之下，正式语体则有更多的考虑时间，对语言的表述会更为严谨，更讲求事实，主观性相对要弱一些。从语料中我们发现,"其实"后接的内容多是主观评价或言者的情感态度,主观性更强;"事实上"后多连接的是与客观事实相联系的内容。再者,从可以与二者搭配的语气词与主观性较强的话语标记上来看,可以与"其实"搭配的语气词较多,频率较高的有"呢""吧""啊""哪"等,与"事实上"搭配的语气词仅有"呢"和"啊"两个,且用例较少,能够与"其实"搭配的语气副词数量远远超过了"事实上"。可与"事实上"搭配的主观性较强的话语标记也少得多,这也说明"其实"主观性更强,更易出现在允许表达主观性的语体中。这种分布倾向与我们统计的结果一致,非正式语体中的主观评价表达更多,而在一些主观性较强的表达中就不适合使用"事实上",同样,在强调客观真实性的语境也不宜使用"其实",例如《焦点访谈》中的"其实"就远多于《新闻联播》文字稿。随意谈话中由于仅仅是日常交流,对实证性的要求不高,因而"其实"的分布也多于"事实上"。

③ 虚化程度差异

"其实"和"事实上"都有表示"真实"的语义,但从表 4-4 我们也可以看出,"其实"的出现频率远高于"事实上",词语的高频使用往往会使其意义更加虚化,即"其实"虚化程度较高,意义比起"事实上"更加虚化。话语标记的概念意义大多消失,以语用上的程序功能为主,但话语标记的使用或多或少都会受到原本词义的影响,这也使得"其实"频繁出现在随意交谈的非正式语体中,"事实上"多出现在要求与客观事实相联系的正式语体中,如:

(95)"其实三个孩子都不坏,一时糊涂犯了错。"洛阳市涧西区检察官李博远说起经手案件中的未成年人,很惋惜。(《人民日报》2017 年 8 月 25 日)

(96)回顾创业历程,李彦宏说:"其实创业本身一点都不神秘,而是充满了判断,充满了抉择,需要机遇,需要勇气,需要果断。"(《李彦宏清华经管学院演讲》)

上面例(95)和例(96)的说话人都使用"其实"来引导主观评价,例(95)3 个孩子都犯了案,"其实"后是检察官自己的认识,例(96)是李彦宏自己以一个过来人的身份对创业的认识,这里"其实"的"真实义"不凸显。如果将这两例中的"其实"换成"事实上":

(95′)"事实上三个孩子都不坏,一时糊涂犯了错。"洛阳市涧西区检察官李博远说起经手案件中的未成年人,很惋惜。

(96′) 回顾创业历程,李彦宏说,"<u>事实上</u>创业本身一点都不神秘,而是充满了判断,充满了抉择,需要机遇,需要勇气,需要果断。"

由于"事实上"强调客观真实,因此,其后总有一些客观依据与其共现。例(95′)和例(96′)将"其实"换成"事实上"后,由于后接的都是主观认识,因此,会使人产生一种说假话的感觉,这就是受到"事实上"强调"真实"这一语义残留的影响。

(97) 英国的招聘自成体系,近年来愈发向正规化方向发展,大公司尤甚。第一步当然是填申请表附简历。<u>事实上</u> 2/3 的申请在公司审查申请表时就被淘汰。(《人民日报(海外版)》2003 年 11 月 13 日)

(98) 进入 80 年代以来,灌区已经逐渐失去往日那种蓬勃发展的势头,并暴露出越来越多的问题。<u>事实上</u>,1980 年至 1990 年十年间,全国虽新增灌溉面积 1.19 亿亩,但扣除减少的 1.26 亿亩,同期净减 700 万亩。(《人民日报》1996 年 4 月 30 日)

(97′) 英国的招聘自成体系,近年来愈发向正规化方向发展,大公司尤甚。第一步当然是填申请表附简历。<u>其实</u> 2/3 的申请在公司审查申请表时就被淘汰。

(98′) 进入 80 年代以来,灌区已经逐渐失去往日那种蓬勃发展的势头,并暴露出越来越多的问题。<u>其实</u> 1980 年至 1990 年十年间,全国虽新增灌溉面积 1.19 亿亩,但扣除减少的 1.26 亿亩,同期净减 700 万亩。

例(97)和例(98)为了强调客观真实性,"事实上"后面都给出了具体的数字以说明自己观点的真实可信。如果将例(97)和例(98)的"事实上"换成"其实",如例(97′)和例(98′),则整个表述的主观性就更突出,听话人更容易把"其实"后接的内容理解为说话人的主观评价,而不是客观事实。

可见,造成二者语体选择差异的并不是某一单一因素,而是多种因素在共同发力,因此,往往很难说清是受某一具体因素的影响。

话语标记"其实"和"事实上"都是叙实性话语标记,但我们通过对大规模语料库的统计发现,它们在句法分布、语用功能等方面都存在较大差异:在出现频率上,"其实"的出现频率明显高于"事实上";在语体选择上,"其实"的非正式性更强,"事实上"的正式性更强,"其实"的口语度明显高于"事实上"。这些差异的产生主要与它们自身的功能有关:"其实"多与主观情感相联系,其语用功能多表现为人际上的;"事实上"多与客观现实相联系,其语用功能多表现为语篇上的。仅从人际功能上看,"其实"多体现其引导和强调功能,引导和强调的多为反预期的说话人的主观评价,是"表情真实";"事实上"多体现其强调功能,强调后接内容为反预期或合预期的客观事实,是"表事真实"。

4.2.2 又①

先来看一个例子:

(99) a. 我<u>不是</u>一尊无所不在的神明。我只有一个妹妹,但已经被盲目的波涛卷去了。(莎士比亚《第十二夜》)

b. 我又不是一尊无所不在的神明。我只有一个妹妹,但已经被盲目的波涛卷去了。

例(99)中两句话的概念意义相同,它们的差别只在于第二句话比第一句话多了一个"又",可见,这里的"又"并不参与句子命题意义的构成,只具有程序性的意义。这一点已经成为学界的共识。但用在否定形式前的"又"具有什么样的程序性意义,一直以来,学界并没有达成一致意见。本节主要从语义语法的角度对否定形式前的"又"进行再分析,并对否定形式和反问句前的语气副词"又"的语法意义和话语功能进行统一解释。

4.2.2.1 前人对"又"的研究

汉语学界对副词的关注由来已久,这可能与副词的句法分布、语义特征、话语功能等比较复杂有关。尤其是对语气副词的研究,可以说一直是汉语学界的研究热点。以"又"为例,它是汉语中使用频率非常高的一个副词,用法非常复杂,《现代汉语虚词例释》描写了"又"的六种用法,《现代汉语词典(第7版)》列举了"又"的八种用法,《现代汉语八百词(修订版)》认为"又"有五种用法。用在否定形式和反问形式前表达某种语气,只是"又"用法中的一个。对语气副词"又"进行分析的文章也数量丰富,学者们的研究主要从以下几个方面进行:

一些学者主要从加强语气的角度来分析"又",其中一部分学者认为"又"主要用来加强否定语气,如史锡尧(1990)、马真(2001)、张林华(2013)等;还有一部分学者认为"又"主要是用来加强辩驳语气,如邵敬敏和饶春红

---

① 依据本节内容修改的文章《再论语气副词"又"的话语功能》发表于《汉语学习》2022年第4期。

(1985)、史金生(2005)、杨彬(2008)等。

对于"又"加强语气这一功能的获得,很多学者认为与"又"的隐含前提有关,对这一点,学者们多有论及,但并未达成一致。一部分学者认为隐含的前提是必要条件,如陈月明(1987)、吴振国(1990)、侯学超主编(1998)、吴中伟(1999)。还有一部分学者认为隐含的前提是充分条件,如邵敬敏和饶春红(1985)、史金生(2005)、刘丞(2010)、程亚恒(2016)等。

同时,还有一些学者认为,把"又"描写为"加强否定语气"有欠准确,指出含"又"的否定句存在两个层级的语境预设,"又"的语法意义是"从否定的角度来强调理由,进而加强对某种行为、做法或心态的否定"(彭小川,1999)。李君和殷树林(2008)没有从语气的角度分析"又",而是认为"又"是突出对立关系,从而使结果得到加强。张林华(2013)认为,如果"又"前后同时出现两种否定情况,那么"又"表示重复,不表示强调。李劲荣(2014)认为"又"既具有副词功能,又具有连词功能,"又"从连接成分发展成语气成分的过程中,从客观实际的重复意义产生出了交互主观性用法,是一种典型的元语用法,表达"出乎意料"的语气。

以上这些研究大多只是针对副词"又"进行的,近几年,随着构式语法的兴起,开始有学者从构式的角度进行研究,如程亚恒(2016)将"又+Neg+Xp"结构视为一种否定表达式,依据语境将其划分为不同的语义类型。其中,原因型构式"又+Neg+Xp"依据语义背景而存在,具有阐述原因的作用,构件"又"是一个引起语义推导的语篇衔接算子。文桂芳和李小军(2019)认为表原因的"又不/没 Xp"已经凝固为构式,其构式义为:从否定的角度表达一种辩驳理由,进而强化对对方行为或心态的否定。

这些研究开拓了我们对副词"又"研究的视野,丰富了副词"又"研究的内容,都是本节研究的基础。但这些研究多是从单独的某一方面对语气副词"又"进行研究,还未将语义、情态、逻辑等几方面综合起来进行考察,也未涉及"又"用在否定词前用法的来源,这就使得现有研究还未对副词"又"的语义、功能等做出统一的解释。本节通过揭示副词"在句中出现的语义背景"(马真,1983)、"句子之间的内在逻辑联系"(方梅,1994)等话语关系来对副词"又"进行深入分析,对其语义情态、话语功能进行统一解释。

4.2.2.2 "又"的语义关联
① "又"不揭示隐含前提

"又"在与否定词共现时,通常位于后一小句的开头,句法位置固定。从整个语句上看,很多学者认为副词"又"具有隐含前提。关于这一论述,我们需要从话语整体上进行把握。先来看两个例子:

(100) a. 我又不是 RMB,不用你们个个都喜欢我。(微博)
　　　b. 我不是 RMB,不用你们个个都喜欢我。

根据前人研究,例(100)a 句的隐含前提应该是"如果我是 RMB"。按照这一说法,b 句实际上也具有这样的隐含前提,也就是说,"隐含前提"并不是由"又"造成的。我们认为,这里的所谓"隐含前提"主要是由"不……,不……"结构造成,与"又"无关。经考察发现,认为"又"指示隐含前提的文章中所使用的语例,多带有"不……,不……"结构或"不……,反问"结构,在语义上也表现为"不……,不……",如例(101),其实就是"我又不是老虎,不能吃了你",例(102)就是"我又不是你肚子里的蛔虫,不知道你今天会来"。这是由于"不……,不……"结构本身的语法意义就是代表一种条件关系,既可能是充分条件,也可能是必要条件,这也能够解释为什么学者们对"又"揭示的隐含前提具体代表哪种逻辑关系看法不一。

(101) 看你怕的,我又不是老虎,能吃了你!(杨朔《三千里江山》)
(102) 我又不是你肚子里的蛔虫,哪知道你今天会飞来?(王朔《空中小姐》)

再看下面的例子,我们也很难找到"隐含前提"。

(103) 从事物发展的具体道路来看,事物的发展过程是迂迴曲折的,新的进步力量战胜旧的反动力量的过程又不是一帆风顺的。(《人民日报》1964 年 1 月 25 日)

这个例子很难找到"隐含前提",这主要是由于这句话并不包含"不……,不……"这一结构。

我们还可以从另一个方向对此加以验证。如果"又"能够揭示隐含前提,否定隐含前提就是对整个命题的否定,那么,之后就不能再肯定这一前提,不然就会造成逻辑关系混乱。但事实是,"又不是"小句的后续句还可以对它进行二次否定,即在否定隐含前提之后再对它进行让步性肯定,如:

(100′) 我又不是 RMB,不用你们个个都喜欢我。
　　——我又不是 RMB,不用你们个个都喜欢我,即使我是 RMB,也不用你们个个都喜欢我。

所以,我们认为,"又"并没有揭示隐含前提的功能,它的功能在其他方面。

② "又"的前项与后项

我们已经证明"又"的"前项"并不都是"隐含"的,也有"明示"的,但这里还存在一个疑问,"又"是如何揭示前项存在的? 对这一问题进行解答也需要从其出现的语境上进行整体把握。先来看个例子:

(104) a. 你"中国人民"保险公司,<u>又不是</u>"北京人民"保险公司,凭什么这样?(微博)

b. 你"中国人民"保险公司,<u>不是</u>"北京人民"保险公司,凭什么这样?

例(104)中的 a、b 两句的差别就在于"又"的有无,无论有没有"又",句子都成立。但很明显,删去"又"后的 b 句断言性增强,但语力减弱。例(104a)句的前提不是隐含,而是明示的,即"你是'中国人民'保险公司",这一前提能够说明"'北京人民'保险公司"是一种"反事实"的情况。对这一"反事实"情况的否定就是"事实性"的,与作为前提的事实"你是'中国人民'保险公司"在类别上是一致的,"又"的存在是将这种类同关系凸显出来。比起直接断言,这种表达法虽然看似委婉,但实际上是把同一情形进行了二次说明,因此语力更强。为什么要对听话人凸显这一关系呢? 就是要通过对"反事实"情形的否定来凸显"事实性"并叠加前提中"事实性"的情形来达到强化个人观点的目的。

从语言哲学的角度讲,话语与交际分别是"主体性"和"主体间性"的体现方式,前者使生成者能够"自我"地构建现实世界,后者通过主体之间的互动揭示在生成者之外如何对同一现实进行识解。否定表达中"又"的使用就是言者通过对语篇的控制来增强主体间性,从而达到增强语篇解读,传递个人观点的目的。

通过以上分析可以看出,副词"又"用在否定形式前与它用在肯定形式前一样,都代表了联系的前后成分是一致的,只不过用在肯定形式前是凸显"加合"关系,用在否定形式前是凸显"类同"关系,由"又"引导的释因小句主要是为说话人的观点提供解释或说明,是通过类比"反事实"情况的不存在,来双重证明说话人的观点。

③ "又"所在小句主要用于"释因"

首先,从话语的整体语义关系上看,"又"所在小句往往是说话人对自己

观点的解释或说明,如:

(105)这刀是高洋本人给我的,第一次从云南回来给我的,你说是不是?一个人怎么能把砍了自己脑袋的刀赠人,这又不是《西游记》。(王朔《玩的就是心跳》)

(106)陈仲男的难能可贵之处在于,经历过大的跌宕,大的磨难,人生的信念、生活的理想任凭摔打而不被击碎,相反地锤炼得更加坚实,更加成熟了。同时,这又不是一个概念化的人物,他有自己鲜明的个性色彩,集机智和诙谐于一身,而这些,由于演员(冯恩鹤饰)的形象气质和表演处理的准确性,都得到较好的体现。(《人民日报》1984年4月9日)

例(105)说话人的观点是"一个人不能把砍了自己脑袋的刀赠人",《西游记》是神话小说的代表,"不是《西游记》"代表了"不可能把砍了自己脑袋的刀赠人",这是从否定的角度对自己的话语进行解释,以进一步阐明自己的观点。例(106)中说话人说明陈仲男"不是一个概念化的人物"的原因是"他有自己鲜明的个性色彩,集机智和诙谐于一身"。可以说,从语义上看,"又"引导的否定小句都是用来从否定方面对自己的观点进行解释或说明的,可以叫作"释说句"。

释说的方式可以是"先立后破",也可以是"先破后立"。"先立后破"就是先肯定后否定,如例(107)和例(108);"先破后立"就是先否定再肯定,如例(107)和例(108)。

(107)我卖中文书多,如果我要是卖英语书肯定就赔钱了。我卖中文书是有把握超得过他的,因为我又不是在印度、中国香港、新加坡开展业务。(《对话——创业者对话创业者》)

(108)要这样,我看就放到下午吧,都快11点了,这又不是一时半会儿就能谈完的事情,正好中纺那几个职工代表也到我这儿来了,我不妨也先听听他们的。(张平《抉择》)

例(107)是先提出观点"我卖中文书是有把握超得过他的",然后提出解释"我不是在印度、中国香港、新加坡开展业务";例(108)先提出观点"放到下午",然后提出依据"快11点了""这不是一时半会儿就能谈完的事情"。

(109)他的基本素质不是最差的,但是由于他没那么有名,注意力就会

相对集中一些。自己又不是北大的,就得踏踏实实的。(《对话——名家对话职场 7 方面》)

(110) 群众和他们的非法行为无牵连,又不是一个单位、一个系统,一条线上的,不怕伤"和气",不怕以后不给"方便",不怕穿小鞋,头上也没有乌纱,因此,有些检查组人选,似乎应有群众代表。(《人民日报》1983 年 8 月 31 日)

例(109)中说话人要阐述的观点是"自己得踏踏实实的",其理由就是"自己不是北大的",这里的"北大"代指了名牌大学。例(110)作者的观点是"群众和他们的非法行为无牵连",原因就是"不是一个单位、一个系统、一条线上的"。

无论是哪种"释说"方式,"又"引导的否定小句都不能独立存在,必须有上下文语境,也就是说,这种表达方式具有"语境依赖性"。

4.2.2.3 "又"的语法意义

我们在前面已经谈到,"又"凸显的是所连接成分之间的类同关系,本小节就主要以"又不是"为例进行详细考察。我们将这一格式码化为"(A)又不是 B",我们将证明 B 与 A 具有"类同"关系。

① "又"连接成分间的关系

从整体上看,B 在语义上通常都代表了一种属性。这又可以进一步细分为以下几种情况:

第一种情况是 B 直接就是表示属性的名词,如:

(111) 他平日不苟言笑,朴实得像个农民,内心世界却十分丰富,但又不是一个浪漫主义者,他内慧,激动与倔强都属于他。(《人民日报》1990 年 4 月 23 日)

(112) 我又不是一位千金小姐,哪儿像你这样脸皮嫩,真正是吹弹可破的!(巴金《秋》)

(113) 读书是应该的,不过没有人指教我,而且我们家里又不是一个读书的地方,所以我总提不起兴致来。(巴金《秋》)

(114) 无论如何不能在丹吉尔杀死他。有人看见过你我和他在一起,而丹吉尔又不是一个不大的地方。相反,一个人在西西里被杀死就不稀奇了。(保尔·鲁·苏里策尔《绿色国王》)

(115) 她有生以来的第一回,站在摩托车旁的她,觉得自己失态了。但她又不是一个轻易认输的女人,她没有一甩袖子就走。(李国文《情敌》)

(116) 穆棱林业局的所在地,是隶属黑龙江省森工总局的大型森林企业。但它<u>又不是</u>一个纯粹的企业,管辖着15家林场和农场,外加一个街道办事处。(《人民日报(海外版)》2014年8月12日)

以上六个例子中的B都是名词或名词性短语,分别是"浪漫主义者""千金小姐""读书的地方""不大的地方""轻易认输的女人""纯粹的企业",分别代表了某种属性,由"又"来提示A与B具有类同关系,由"不是"指出A不具有这样的属性。我们注意到,作为宾语的"浪漫主义者""千金小姐""读书的地方""不大的地方""轻易认输的女人""纯粹的企业"前面都有"一个""个"这一使宾语不定指化的词语,进一步说明这些名词或名词性短语代表的不是具体的事物,而是一种属性。

第二种情况是B代表一定的类别,由类别来转指属性,如:

(117) 我们上海<u>又不是</u>"老、少、边"(指老区、少数民族地区、边疆地区),用不着照顾!(《文汇报》2000年8月24日)

(118) 爱社又说,咱借给谁钱又没叫谁去干坏事,<u>又不是</u>放高利贷,连低利咱也不要,咱怕个啥?(乔典运《香与香》)

例(117)中的"老、少、边"代表了一种类别,这种类别也代表了"穷"的属性;例(118)的"放高利贷"虽然是动词性短语,但在这里也是指称一个类别,代表了"坏"的属性。

有时候,说话人会使用一个具体的事物来转指一类事物或事物的类别,如前面的例(105)就是用《西游记》来转指神话。再比如下面的例(119)是用TVB(香港无线电视台)来转指具有"狗血"剧情的电视剧这一类别;例(120)是用"造导弹"来转指精密的工作。

(119) 这本不是我们的初衷,但也没必要再重合,<u>又不是</u>TVB,哪来这么多剧情。(微博)

(120) 他当即下令:"立即停止施工!"一名连长轻声嘀咕道:"<u>又不是</u>造导弹,值得这么认真?"(《人民日报》2002年8月4日)

第三种情况是B代表某种事量,通过"量"的特点来转指属性,如:

(121) 我<u>又不是</u>五岁的小孩,我知道鸟长什么样,我也知道那是花。

(特雷西·基德尔《生命如歌》)

(122) 我还得去找人问,<u>又不是</u>一台两台,总要几天工夫才行。(王朔《橡皮人》)

(123) 皇马没巴萨踢得好已经没什么好讨论的,<u>又不是</u>一场两场的事。(微博)

(124) 要抓我,我自然得跑啦,我<u>又不是</u>七老八十的,跑不动。(凌非《天囚》)

(125) 即使人家真心实意请你去当顾问、理事什么的,也不宜允诺太多,<u>又不是</u>三头六臂,到处挂名有多大意思!(《人民日报》1989年2月21日)

这里的B都带有一定的"量",或者是小量,如例(121)—例(123),或者是大量,如例(124)和例(125)。这里的"量"都是某种属性的变相表达,如例(121)的"五岁"代表的是"孩子"的属性,例(122)的"一台两台",例(121)的"一场两场"都是言"少",例(124)的"七老八十"代表了老人的属性,例(125)的"三头六臂"则代表了能力强。我们也发现,有时A并不出现,它是说听双方背景知识的一部分,说话人只是用"量"来强化自己的观点,如例(122)和例(123),这时类比的对象就是说听双方共知的背景信息,例(122)的前文中已经表明要很多台彩电,例(123)的说听双方也都知道一个赛季的足球比赛有很多场。

第四种情况,B由动词性短语充当,看似是说明某种情况,实际是由这种情况来转指某种属性,如:

(126) 学习、借鉴外国的立法经验,必须解放思想,扩大眼界,但<u>又不是</u>照搬照抄,不能简单地将外国的法律规定移植过来,而必须从我国的实际和可能出发,同我国的客观实际相结合。(《人民日报》1999年9月15日)

(127) 不过这不要紧,<u>又不是</u>要当播音员,发音准不准不必特别追求。(赵琪《告别花都》)

(128) 周瞳边向四处观望边说道。"这么多工人,四周还有持枪的保安,怎么可能拿得到?"严咏洁纵然有一身好武艺,也不敢如此大胆冒险。"<u>又不是</u>要你就这么冲出去抢,你看那边!"周瞳指着在角落里休息的一个工人说:"那边没有保安,又是死角,凭你的身手把他身上的那套工作制服剥下来应该不难吧?"(于雷《死亡塔罗牌》)

例(126)的"照搬照抄"代表了"非独立"的属性,例(127)的"当播音员"代表了"发音准确"的属性,例(128)的"冲出去抢"代表了"冒险"的属性,也就是说,以动词性短语充当的 B 并不是用来描述一个事件,而是代表了某种属性。在句法上的一个印证就是,充当 B 的动词性短语都不能带"着、了、过"这样的时体成分,如:

(126′) *又不是照搬照抄着/了/过。

(127′) *不过这不要紧,又不是要当着/了/过播音员,发音准不准不必特别追求。

(128′) *又不是要你就这么冲着/了/过出去抢!

可见,A 和 B 在本质上是归属为一类的,说话人就是利用判断句来将 B 与 A 或背景化的 A 进行类比,通过否定某种属性来进一步强化肯定自己的观点。这也能够说明,为什么语气副词"又"多是加在否定判断的"不是"或后接属性的"没有"前面,而不是其他否定性成分的前面,正如沈家煊(2016:209)所说:"'是'字统一的语法性质就是判断动词,起强调作用,而不是其他什么东西。……'是'后面是名词性成分还是动词性成分这在汉语里不重要,'是'表示的判断可以是'客观的等同或性属'也可以是主观的认同或归认'。""又"在这里的作用就是凸显这种"类同"关系,或者说,是引导读者意识到这种类同关系的存在。凸显的方式就是由判断句和"又"双重"类同"的累加。

② "又"凸显的是类同关系

史金生(2005)谈到,肯定形式前的副词"又"主要表示同类事物的加合关系,所有已有研究都承认在肯定句中"又"具有这样的语法意义。那么,当"又"出现在否定形式前时为什么就不是这一语法意义了呢?邵敬敏和饶春红(1985)认为,只有同类的事物才能相加,也就是说,由"又"连接的成分必须是同类的,也就是说,在肯定句中,由"又"连接的成分必须是同类的。即"又"的预设是:存在一种与其引导内容类似的情况。在实际语境中,用在否定形式前的"又"的语境条件,也就是语用预设为:

i. 有一种情况 A 能够导致 X;

ii. 不存在不 B 的情况,必然导致情况 X。

可见,A 与不/没 B 具有类同关系,"又"的作用就是凸显这种类同关系。通过以上分析可以看出,副词"又"用在否定形式前与它用在肯定形式前一样,都代表了联系的前后成分具有"类同"关系,只不过用在肯定形式前是"加合"关系,用在否定形式前是通过类同关系的累加来引导听话人意识到这种"类同"关系的存在。由"又"引导的释说小句主要是为说话人的观点提供解释或说明,是从客观的角度类比与说话人观点"相对"的事物或情况的不存在,从而反证说话人的观点。

4.2.2.4 "又"的话语功能
① 表达"重申"语气

"又"用于否定形式的语法意义,辞书也多写作"加强否定语气"。有的则稍具体一些,指出:"又""跟'不、不是'连用,申述理由,并加强语气"①,加强何种语气则没有明确说明。一些学者认为"又"的语法意义是表达"辩驳语气",如史金生(2005)等。总之,用于否定句中的"又"表达"强调语气"和"辩驳语气"是目前学界的主要看法。通过上文的分析,我们认为,用于"释因"小句否定形式前"又"的语法意义是表达"重申语气",也可以算作一种广义的强调。

从语义层次上看,"又不是 Y"可以分析为"又[不是[Y]]",我们前文已经谈到,这里的 Y 是一种与事实相反的情形,如例(31)中的"三岁小孩"是与"身兼数职"是相悖的,可以看作是一种"反事实"的情况。而对"反事实"情形的否定"不是 Y"就具有了"事实性",也就是说,"又"的作用是引导读者意识到后接的否定性表达与前述情形具有类同关系,在逻辑上是一致的,是正[-反]各说一遍,并由此形成"重申"的语气。这一观点与王力(1943)认为"又"表达的是"重说"语气是基本一致的。

(129) 储安平身兼数要职,又[不是[三岁小孩]],说话还需要谁来支
　　　　　　　　　　　　　　反事实
　　　　　　　　　　　事实
持他,那就太可笑太幼稚了。(《人民日报》1957 年 6 月 13 日)

由此,我们也可以进一步认识到,在用于否定形式前时,"又"和"并"的语法意义是不同的,如例(32),由于是在语义上指向语境预设(彭小川,1999),因此,"并"出现在否定形式前时的语法意义并不是表达"重申"语气。

(130) a. 我又不是人民币,不用你们个个都喜欢我。

---

① 北京大学中文系 1955/1957 级语言班编《现代汉语虚词例释》,商务印书馆 1982 年版。

b. 我并不是人民币，不用你们个个都喜欢我。

同时，从同现成分看，由于"又"表达的是一种基于"事实性"的"重申"语气，因此，它不能同"可能"一类表示"不确定"的词语同现，如例（32'），却可以跟"毕竟"这样表达"追根究底"的语气副词同现，如例（33）。这是由于"毕竟"在因果复句中表达认可结果而追根究底找到原因（储泽祥，2019），这与"又"主要用于双重认证，为同一观点"释因"是一致的，即从"事实性"的两个不同方面进行阐述，属于"追根究底"的类型之一。匡鹏飞（2019）指出强化型语气融合是指两种相同或相近的语气表达手段同现后，从不同层面突显、强化句子语气，他认为这种可以看作是语言运用过程中的"叠加强化"。

（130'）＊我可又不是人民币，不用你们个个都喜欢我。
（131）这点我转移得挺快的，爱的时候要专心，有多少人是错过我的，自己清楚，毕竟又不是我后悔今晚九点半准时在家看的新剧！（微博）

② 引导功能

"又"的程序性意义主要是通过凸显类同关系来传达"重申"语气，而这一程序性意义的主要语用功能是引导听话人意识到这一"类同"关系的存在。因为通常情况下，当表述"A 是 B"时，人们比较容易就能够意识到 A 与 B 之间的类同关系，但当表述"A 不是 B"时，A 与 B 之间未必是类同关系。如果 A 与-B 确实是类同关系，但由于否定的存在，话语的可及性降低，人们不会很容易就意识到这一类同关系的存在，这就需要说话人给予听话人一个"引导"。尤其是在 A 隐含的情况下，"又"的这一引导作用更为重要。语气副词"又"就是这样的一个"引导标记"。

根据布莱克莫尔（Blakemore，1987，2002）的认知语用理论，高层编码的来源可以分为编码（conceptual）和引导（procedural）两类，前者是语言结构本身带有高层说明义，后者是必须通过推论才能得出说话人在话语中所要表达的情绪或态度。昂格雷尔（Ungerer，1997）也观察到，有些副词并不直接对话语提供评价，而是暗示、提醒听话人有某些评价的存在，他称之为"触发键"（trigger）。这也就是布莱克莫尔（Blakemore，1987，2002）所谓的"引导标记"（procedural encoding）。

简单说，根据布莱克莫尔（Blakemore，1987）的观点，"引导标记"就是语言中的一些语言形式，它们所编码的语义不是在描述客观真实世界的事态(state of affairs),而是在沟通过程中说话人用来引导听话人做出语用推理的语言形式。它们所具备的引导意义/功能(procedural meaning)是引导听话人推理出说话人意图中对话语的一些主观性设定,如说话人对话语内容的主观评价(evaluation),可能性/必然性判断(possibility/necessity judgment),说话人通过话语实施的言外行为(illocotionary act),说听双方的等同/亲近性(solidarity),以及说话人设定的命题间的连接关系等。也就是说,"引导标记"是"操纵"或"处理"概念信息的程序性信息。这里所说的"操纵"或"处理"就是指建立该命题与语境之间的关联(recover the relevance),这种关联与语用推理(pragmatic inference)密切相关,可以说是语用推理的结果。引导标记与语境联系紧密,可以说,对语境的高度依赖是"引导标记"与"话语标记"的重要区别。我们前文已经谈到,由"又"引导的否定小句不能脱离语境独立存在,这就显示了它对语境的高度依赖性,换句话说,是语境赋予了其"引导"功能。对语境的依赖,使其语义的显现往往需要语用推理。

下面我们就来分析一下"又"的"引导"功能是如何通过语用推理实现的。

(132) 老徐说:"我是要找媳妇,又不是组织政党,什么家庭出身碍着我啥事了? 只要姑娘好,啥人家我不在乎。"(引自史金生,2005)

① 提出某一事实　　　　　　找媳妇——A
② 激活类同的事实　　　　　又
③ 否定相反的事实　　　　　不是组织政党——不是 B
④ 肯定个人观点　　　　　　不需要家庭出身——作者观点

(133) 别怕,我不过是个普通姑娘,又不是一条恐龙!(亨利克·显克微支《十字军骑士》)

① 提出某种事实　　　　　　我是个普通姑娘——A
② 激活类同的事实　　　　　又
③ 否定相反的事实　　　　　不是恐龙——不是 B
④ 肯定个人观点　　　　　　我不可怕——作者观点

以上从①到④的过程就是语用推理的过程,"又"在其中的主要功能就是引导听话人注意到"A"和"不 B"之间类同关系的存在。在否定句中,为了增加话语的可及性,说话人使用"又"来"引导"听话人意识到"类同关系"

的存在,前后两部分其实是"正[-反]"陈述。

我们前文已经谈到,否定形式前的"又"能够凸显前后项在"事实性"方面的类同关系,这也符合袁毓林(2020)谈到的"事实性"在语言推理中的导航作用,也就是我们这里谈到的"引导功能"。

4.2.2.5 "又"的情态归属

用在否定形式前的"又"是一个语气副词,所有的语气副词都属于情态范畴,那么,语气副词"又"属于哪一类情态呢?

对情态进行分类的研究已经非常深入,成果也非常丰硕,本小节并不想对此过多叙述。我们只是发现,在对汉语的情态进行分类时,很多研究夹杂了句法和语义的双重标准。我们认为,如果要从汉语的特征来对汉语的语态(mood)进行分析,以语义作为分类标准应该是比较好的方法,这就要采用帕尔默(Palmer,1986/2004)对情态的分类,从语义的角度讨论语气表现。帕尔默(Palmer,1986/2004)根据杰斯珀森(Jespersen,1924)和莱昂斯(Lyons,1977)对命题和情态的区别,提出情态只牵涉描述该事件的命题的写实/非写实性状况,包括两种:一是说话者的态度意向使事件具有发生的可能性/必然性,就是我们通常所说的义务情态(deontic modality),二是说话者对事件发生的可能性与必然性的判断和推测,就是我们通常所说的认识情态(epistemic modality)。他将情态系统进行了细致分类,如表4-7。

表4-7 帕尔默的情态系统分类表

义务情态	责任型情态	指令
		允诺
		评价
	动态型情态	能力
		意愿
认识情态	认知型情态	预测
		推导
		假设
	证据型情态	报道
		感知

"又"主要是通过凸显类同关系来使听话人意识到这一关系的存在,通过"肯定一个事实+否定一个反事实"来重申二者之间的联系,这是一个"认知""推导"的过程。可见,"又"体现的是一种"认知"关系,用于引导推导事物或情况之间的"类同"关系。因此,从大的方面看,用在否定形式前的语气副词"又"属于认识情态中的"认知型情态",用以帮助听话人完成对说话人观点的理解。

此外,从句法的角度也可以做进一步印证:"又"所标示的释因小句代表了与前项基于"事实性"的类同,用以帮助听话人"认知"事实与说话人观点之间的关系,属于"认识情态",不能同表达"评价"的"真的、确实、真、实在"等属于"责任型""义务情态"的词语共现,也不能同"必须""应该"这样属于"指令型""义务情态"的词语共现,如:

(134) a. "你就把我悄悄带过去吧。""这怎么行?"邓军吃惊地说,"你<u>又不是</u>一小物件,我装到腰里把你带过去,你是一个大活人呀!"(魏巍《东方》)

　　　b. *你的确/真的/实在<u>又不是</u>一个小物件,我装到腰里把你带过去,你是一个大活人呀!

　　　c. 你必须/应该/要<u>又不是</u>一个小物件,我装到腰里把你带过去,你是一个大活人呀!

4.2.2.6 结论和思考

由于否定形式的可及性低于肯定形式,因此,用在否定形式和反问形式前的语气副词"又"成为一个引导标记,引导听话人认识到由"又"连接的两种情形之间具有类同关系。这一功能来源于其体现"加合关系"的用法,可以在"又"表示"加合关系"的解释下进行统一理解。"又"的这种引导性使其程序性意义表现为重申语气,在情态上表现为说话人通过引导听话人进行认知来强化个人观点。这一情态归类可能不符合其他语言的情态分类,但对汉语这种"语义优先"的语言还是比较适用的。情态词可以反映说听双方之间的关系,可以从情态转移到人际互动的方面,说话人使用这一引导标记的语用意图就是增加交互主观性,加强自身对话语的控制力。综上,我们认为,用在否定形式和反问形式前的"又"具有三个特征:话语的指引性、语义的强调性、情态的认知性。

我们在分类的时候已经谈到,"又"的强调功能是"通过与其他观点对比以凸显作者立场",这种对比是"同言"的,也就是相类事物之间的类比达到的,但与其他"类比"不同的是,"又"的强调是建立在类同事物"加合"的基础上的,是叠加的强调,在语气上表现为重申语气。

本小节探讨"又"在否定形式前的语法意义和语用功能时,主要是以"又不是 Y"为例进行的,实际上,本小节的结论也适用于"又"出现在其他否定形式前的情况,如:

(135) 阿莱桑德也是这样,没有别的法子好想,又不知道一路扛他来的是谁,只得悲伤地走回家去。(薄伽丘《十日谈》)

(136) 理想的代理人应当是个"好人、能人",方方面面都能"弄好",又不能"胡来",要"对作家的创作起到促进作用,不能干扰作家"。(《文汇报》2002 年 5 月 13 日)

例(135)中"又"凸显的类同事实是"阿莱桑德没有别的法子好想""知道一路扛他来的是谁";例(136)中"又"凸显的类同事实是"方方面面都能'弄好'""不能'胡来'"。

有时候,在口语中,由于语境省略的原因,一些句子中的"又"看似功能与我们的分析不符,如例(137):

(137) 叫你去,你又不肯去。

这是一个带有"埋怨"语气的句子,其浮现语义是"怎么能怪我呢",这一语义也是通过"又"重申两个具有类同关系的事实传递的,这两个事实是"叫你去了""你不肯去"。由此可见,我们的分析也适用于这种省略型的口语句子。

第 5 章　学术论文中的常见强调标记

学术论文属于研究性语篇,主要用来传达作者具有独创性的、建立在客观论证上的主观认识。它是科学知识传播和交流的重要途径。随着功能语言学的兴起,人们逐渐认识到它不仅传递概念信息,产出可信文本,而且表达丰富的人际意义,实现作者与读者的社会互动(Halliday & Martin, 1993; Hyland, 2004;李战子,2001)。也就是说,作者要尽量考虑读者,想象他们已经知道什么和需要知道什么,并有效地使用各种方法与他们"接触"。这使得学术论文的作者不仅要关注认知因素,还要关注社会和情感因素,也使得对这种语体文章的分析超越了仅仅关注文本的概念维度,转向了文本在人际间的作用方式。从本质上讲,首先,如果作者论证得不够充分,读者(包括审稿专家)可能会拒绝一个论断,因此,作者必须确保他们的主张显示出与现有观点的关系,使用不同学科的认知惯例和论证形式。在这种情况下,使用元话语标记有助于拉近作者与潜在读者之间的关系,使潜在读者信服自己的观点。这是同为正式语体的学术论文与社论显著的不同之处。

本章以 6 种学术期刊(3 种人文社会科学,3 种自然科学)的 60 篇文章为语料,共计约 100 万字,探讨研究性文章中强调标记的使用差别,并进一步分析文理科学术论文使用强调标记的异同。这三种社会科学刊物为《中国社会科学》《中国语文》《中国软科学》,三种自然科学刊物为《科学通报》《计算机学报》《测绘学报》。

5.1　社会科学学术论文强调标记的梳理

我们选择的作为考察对象的社会科学期刊包括《中国社会科学》《中国语文》《中国软科学》,共 30 篇文章,每本刊物随机选择 10 篇文章,共计约 50 万字。由于学术论文的篇幅往往都比较长,这就使得作者使用元话语标记的频次更高。此外,与社论语体的另一个不同之处在于,科技论文的作者在阐述个人观点的同时,更加注重与读者之间的"协商",也就是作者选用元话语标记更加注重它的交互主观性,所采用的元话语标记也更加丰富多样。

表 5-1 文科学术论文中的强调标记

判断标准 分类	强化对命题的认定程度	通过与其他观点对比以凸显作者立场
副词/情态动词/固化结构	必须、必然、自然、确实、的确、显然、恰恰、正、就、应、应当、应该	甚至、尤其、特别、关键在于、当然、然而
话语标记	毫无疑问、研究/调查发现、事实证明/事实告诉我们、XX 证明/表明、能愿动词+说/看出、注意、有(一)个问题、本文的主要 X 是	X 的是、进一步说、其实、实质上、实际上、本质上、事实上

通过我们对社会科学学术论文语料的梳理,我们发现,有一些强调标记的使用与社论中的使用情况是一致的,这样的强调标记在本章中将不再重新阐述,只通过举例加以说明。这一部分我们重点讨论社会科学学术论文中特有的强调标记。

5.1.1 强化对命题的认定程度

我们在前一章已经谈到,"强化对命题的认定程度"类强调标记主要通过对命题确信程度的强化来表达作者对其主张的信心,这种强调以自我为中心,不考虑其他情况,是一种"单声"的形式,"绝对"的强调。

5.1.1.1 副词/话语标记

① **对本质的强调**

A. 强调可靠性

此类强调标记仍然主要是由传信度高的推测类语气副词充当。

确实

(1)虽然《现代汉语词典(第 7 版)》未标明"见天"的方言色彩,但"见"的全称量化用法**确实**是主要出现在现代汉语方言中。

(2)**确实**,对于整个哲学社会科学来说,并且对于一般的意识或观念来说,这样的阐释原则意味着一个真正具有划时代意义的思想理论变革。

的确

(3) 更准确地讲,造成自反预期(在肯定句中导致反事实)的,不是过去时,而是回溯视角;但回溯视角<u>的确</u>绝大多数是过去事件,推断视角绝大多数是未来事件,因此过去时可以使语句具有回溯视角的概率大大增加,从而使自反预期的概率也大大增加,最终在肯定句中使反事实句的概率大大增加(在否定句中则是事实句的概率大大增加)。

(4) 从黑格尔哲学中发掘自觉的社会与社会存在概念显然非常艰难。<u>的确</u>,黑格尔提出了伦理生活意义上的"第二自然",其由"第一自然"转变而来,并"把人看作是自然的并为他显示自我再生的道路",其实质是解释人的习惯的"精神的自然",具有社会性,却未必就是社会本身。

无疑

(5) 由于"见X"处于常常发生句法降级的前一小句,句法位置上的先天优势<u>无疑</u>使它成为优先选择,逐渐将源构式中存在的全称量化义转移并最终落实到自己身上,"见"由此成为体现"见X"全称量化义的外显形式。

(6) 这些概念之间自洽性的有机关联构成意义系统,而身处其中的个体所实施的各种行动都受到规制(如《礼记》记载的关于个人行为方式的诸多规矩)。<u>无疑</u>,此种伦理体系的范围最为广泛,抽象程度最高。

显然

(7) <u>显然</u>,这个反事实小句同时也表达了说话人的愿望。因此,这种"忘记"是一种反事实的愿望标记。

(8) 由于大股东股权质押违约引起的控制权发生转移将产生一系列连锁反应,如控制权发生变更后导致的公司管理层团队变更、公司经营业务变化、生产线转移等,这<u>显然</u>会加大上市公司的经营风险,并会影响地方经济发展的稳定性。

自然

(9) A 和 B 的题元关系解体,"包括"仅是将 B 与 A 连接成整体,<u>自然</u>也就不能单说"A 包括 B"了,如例(3)所示。

(10) 相互碰撞的适用实践中和出合理怀疑的一种主流规范,以至于什么是怀疑、什么是合理怀疑、什么情况予以排除等诸多问题已不再是经学界论证检验的学术命题,而成为从海量实践中<u>自然</u>升腾出来的一种共识性标准,它依然"只可意会不可言传",却已然实现了作为定罪量刑基本尺度的全部操作功能。

B. 强调恰切性

恰恰

(11) 这<u>恰恰</u>表明,理论对实践的开放性与互动性。而这八种类型正是将实践形态类型化、理论化的一次基础性尝试。

(12) 因此,如果说,唯物史观的阐释原则是通过批判地重建黑格尔的历史性原理而被构成的,那么,对于费尔巴哈来说,<u>恰恰</u>是由于历史性原理的缺席,使他在社会历史领域中变得完全无能为力了。

正

(13) <u>正</u>是这种语义两解的过渡桥接阶段,体现了述谓性理解和全量性理解二者之间的关联与纠葛,揭示出"见 X"的全称量化用法应该来源于"见 X 都 Y"。

(14) <u>正</u>是这样的思想理论任务要求通过唯物史观的意义阐明来获得坚实的出发点,以便能够在社会——历史之现实的基础上,来理解当今时代的急剧变化,来把握中国道路、中国经验的深广内容与重大意义,并且从整体上来推动中国特色哲学社会科学——其学术体系、学科体系和话语体系——的积极建构。

就

(15) 如前面例(7)中这些不自信的语句都是否定句,汉语"不是、别是、别不是、怕不是、莫不是"等发展为了揣测标记,<u>就</u>是因为它们表明否定,而否定相对肯定是更强的情感,所以触发反预期语境,表明情形可能与说话者预期相反,结果得到的倒是弱的肯定猜测意义。

(16) 唯物史观的阐释原则一刻也离不开它的具体化运用,而这样的具体化运用<u>就</u>是去研究和把握自我活动着的既定社会。

② 对结果的强调

与社论语体类似,此类强调标记主要也是用来强调某种结果是必然出现的,同样多由"必然类"情态动词充当。

A. 强调必然性

必然

(17) 这八种类型模式完全出自中国司法鲜活实践的案例总结,本身就带有强大的地域基因与本土优势,所以,当它们反馈到实务中去指导案例评判时,<u>必然</u>会显现出蓬勃的生命力。

(18) 通常,某一种艺术风格和创作手法可以超越历史,但某种"精神气质"<u>必然</u>是特定历史阶段的产物。

B. 强调必要性

应/应当/应该

(19) 因此,"……客观思想一词最能够表明真理——真理不仅<u>应</u>是哲学所追求的目标,而且<u>应</u>是哲学研究的绝对对象。"

(20) 合理怀疑存在一个相当高的客观整体性标准:<u>应当</u>达到各疑点组合融贯后的独立版本的程度,即满足一致性、完整性、真实性与独立性的四项标准。

(21) 作为"人学"的文学,作家的创作始终<u>应该</u>"把人当做世界的主人来看待,当做'社会关系的总和'来理解","用一种尊重的、同情的、充满人道主义精神的态度来描写人、对待人"。

必须

(22) 我们认为,双重反预期要发挥作用,<u>必须</u>突显与对方意见不一致的立场,也就是在评价立场上的矛盾冲突。

(23) 对这些问题的回答,<u>必须</u>重返事实与实践本身,在充分的实践样本中检验它在中国的形态与表征,厘清它的本土类型,挖掘出它的应用模式,进而建构中国学术自主的话语体系与理论范式。

5.1.1.2 话语标记/类话语标记

在文科学术话语中以话语标记/类话语标记形式展现的强调标记,我们只找到了"对本质的强调"的类型,分别是对后续内容在可靠性、恰切性方面进行强调。

A. 强调可靠性

毫无疑问

(24) <u>毫无疑问</u>,通过创新驱动进而提升全要素生产率作为保障经济高质量运行的重要前提,已然成为当下学界关注的焦点之一。

(25) 历史发展到今天,<u>毫无疑问</u>,我们不应否认现代派文学对人类文学的创新与贡献,但是,当我们已经与之拉开了相当的时间距离时——同样与19世纪现实主义文学也拉开了更远的距离——再回望这一道道渐行渐远的文学风景线,在看到现代派"实验性"创新之绮丽多姿的同时,也清晰地看到了其所主张的"反传统"在相当程度上的过激性、局限性以及创新的有限性。

事实证明/事实告诉我们

语义:用事实来强调后续内容的可靠性。

(26) 虽然大量跨语言研究<u>事实证明</u>,语义演变确实有一定的方向性,但这种方向性即便在涉及语法化的演变中也不是绝对的,实词之间的演变更是如此。

(27) 语言<u>事实告诉我们</u>,这种无标记"施—受—动"主谓谓语句式所受到的每一种"限制",都会成为影响信息传递清晰性、连贯性、顺畅性的不良因素。

这一与"事实"相关的结构在政论语体中我们也谈到过,在这里再次谈及,主要是由于我们发现,政论语体中的"事实证明/事实告诉我们"常常可以作为一个独立小句存在,从结构向话语标记的方向演化的趋势明显。在文科论文中,"事实证明/事实告诉我们"往往不能独立成句,要将"事实"明示出来,如例(26)的"事实"就是"跨语言事实",例(27)的"事实"是"语言事实"。这也体现出两种语体的功能不同：一方面，比起社论，科技论文更具严谨性。另一方面，两种文体的读者也不同，社论的读者没有特定的对象，而科技论文的读者基本都是同行，因此，为了更加严谨，同时能够说服同行，必须将"事实"明示出来。

XX 证明/表明
语义：通过 XX 可以证明某一结论，主要用来强调后续内容的真实性。

(28) 已有研究证明，除了在语义上，心理动词和言语行为动词在结构、词源等方面也存在密切的关系。

(29) 以上结果表明，市场化程度在大股东股权质押与选择"四大"之间发挥着调节作用，即在市场化程度高的地区，大股东股权质押后面临的控制权转移风险较高，因此其有更大动机去选择低质量的审计师，从而规避严苛监督，结果验证了假设 H3 的推论。

研究/调查发现
语义：通过提示读者后续内容来自"调查"或"研究"来强调后续内容的真实性。这一结构在文科学术论文中非常常见。

(30) 研究发现：首先，大股东股权质押的上市公司更倾向于聘请非"四大"进行审计，且大股东股权质押比例越高，聘请非"四大"的动机越强。

(31) 调查发现，"反预期语境"仅仅存在于说话者有强烈的情感反应之时，一般在特殊的语句中发挥作用。

这一结构还有一些扩展形式，其目的也是进一步强调结论的真实可靠性。

(32) 通过对上文例子的简单观察，我们可以发现："忘记"类动词的叙实性跟其宾语小句的现实性(reality)密切相关。

(33) 通过对上述文献的梳理可以发现，关于产业结构调整和技术进步对污染物的减排效应研究，现有文献已经取得了较为丰硕的成果，但还是存在需要进一步深入研究的地方。

虽然"事实证明/事实告诉我们""研究/调查发现""XX 证明/表明"都仍然是短语的形式，但我们认为，由于它们在学术论文中经常以整体的形式出现,表达的语义也已经固定化,就是强调后续观点是有来源的,是真实的,因此,在学术论文语体中,它们可以被视为一类强调真实性的元话语标记。

B. 强调准确性

能愿动词+说/看出

具有强调功能的"能愿动词+说/看出"中的能愿动词主要是"应该/应当""可以"。

(34) 可以说,这是一种分析性的反事实愿望表达。进一步的发展是不用假设连词,单纯由后移时制的状语"早"和"知道"等叙实动词来引导(或标记)反事实条件。

(35) 可以看出,在"四大"审计的公司中,大股东股权质押与操纵性应计盈余管理之间的关系不显著,而在非"四大"审计的公司中,大股东股权质押与操纵性应计盈余管理之间的关系在1%的水平上显著为正,即大股东股权质押的公司进行了更多的正向应计盈余管理,达到了虚增业绩的目的。

(36) 应该说,连词化和话语标记化两条路径只是出于分析的方便而区分开,实际上两者很难截然分开。

(37) 马克思对工业及其必然导致的异化劳动与私有财产的矛盾展开了实践批判,但这决不意味着否定工业本身。应当说,把握马克思有关工业的私有制度的批判,是为了更加合理地理解工业的肯定意义。

我们发现,上述表达形式,如"研究/调查发现""事实证明/事实告诉我们""XX证明/表明""能愿动词+说/看出""注意""有(一)个问题""本文的主要X是"等在一些文本中并不能被视为话语标记或类话语标记,但在学术论文语体中,我们认为,它们可以被视为一种表达"强调"的规约化的形式。所谓"规约化"(conventionalization),文献中提到这个术语时有两种意义,一是指语法化过程的第一步,特定的句法结构逐步专门用于某种特定的功能;另外一种意思是指,在语法化的初级阶段,特定的组合形式或者结构式常常用于表达某种意义或者体现某种特定的功能(转引自方梅,2017)。我们认为,上述语言形式在学术论文中的功能已经固化为"强调",且由于学术论文的说听双方都是特定的群体,他们已经具有这样的语用意识,因此,这些语言形式已经成为学术论文语体中强调表达的规约化形式。

这一部分的强调标记主要是用来强调后续话语的重要性,并提示听话人注意。这里的一些表达方式在其他语体中可能并不会被认为是话语标记,但在学术论文语体中,它们的功能接近于话语标记,可以看作是学术论文语体特有的元话语标记。

C. 强调重要性

注意/值得注意的是

语义:"注意"〈动〉把心思、思想放到某一方面。在学术语篇中,它的词义已经弱化,标记性增强,主要用来提示读者关注后续内容,也就是强调了后续内容的重要性。

(38) 注意,不说的原因,并不是因为"衣服"前面有一个"名+的"的"的"字结构作定语。

我们在前文谈到,动词通常不能作为元话语标记存在,因为其含有强烈的概念意义。但在学术论文语体中,"注意"的使用已经符号化,主要功能就是强调后续内容,因此,我们将这一动词也视为科技论文中特有的强调标记。

此外,这种提请注意的还经常以"值得/需要注意的是"的这种"X 的是"式的类元话语标记的形式出现:

(39) 值得注意的是,山西、江西两省第二产业的发展处于较低水平,江西省的工业企业新产品产值于2013年达到顶点之后呈现下降的趋势。

(40) 需要注意的是,表示反叙实意义的"忘记"类动词在带非现实事态的宾语小句时,多数用语气词"了"煞尾,形成"忘记……了"句式;少数则不用"了"煞尾。

有(一)个问题

语义:在文科学术论文中,作者常通过"提问题"的方式引导读者注意后续内容,这也是强调后文重要性的一种方式。

(41) 现在有个问题:如果受事小主语"名$_2$"就是指人的名词语,或者是一个领属性偏正词组,或者是一个由"名【施事】+动"主谓词组带"的"作定语的偏正词组,或者那"名$_2$"就需要用比较长的语言形式来表达,怎么办?

(42) 现在确实始终有一个问题,哪些是合理的或者说优秀的? 在今天怎么发挥作用？需要很好地去厘清。

本文的主要 X 是

语义：在文科学术论文中，作者常使用这一格式来提请读者注意后续内容，也就是强调文章的 X，这里的 X 主要由名词充当，如目的、内容、结论、发现等。

(43) <u>本文的主要目的是</u>分析产业结构调整和技术进步影响雾霾污染的深层次原因，为此本文将产业结构调整划分为产业结构高级化和合理化两部分，同时引入 Malmquist-Luenberger(ML) 生产率指数刻画技术进步，并将其分解为科技进步指数和效率改善指数，然后分析这些因素对雾霾污染的影响效应。

(44) <u>本文的主要结论是</u>，中国资本市场中的投资者情绪是影响 IPO 首日收益的主要因素，且在不同阶段对收益的影响存在显著差异，分阶段地正确引导投资者情绪可以更加有效地提高 IPO 定价效率。

5.1.2 通过与其他观点对比以凸显作者立场

这一部分文科学术论文中的强调标记与社论中的全部重叠，并没有特殊的表达方式，因此我们不再一一阐释，仅通过举例的方式列出。

5.1.2.1 副词/话语标记

① 同言

甚至

(45) 用了"把"字，明显表示那喝咖啡的杯子是王先生自己打的，<u>甚至</u>可理解为王先生有意打的。

(46) 在该类型案件中，案件推理过程明显有悖逻辑常识，难以自圆其说，<u>甚至</u>出现与客观规律不符的认定。

尤其

(47) 在该类型案件中，几乎所有证据均停留在主观性较强、易于发生变动的言词证据上，<u>尤其</u>依赖口供，明显缺乏客观性证据，导致事实认定的稳定性较低，极易受合理怀疑的影响。

(48) 为了缓解大股东和中小股东之间的代理问题,上市公司应该完善内部控制和公司治理机制,<u>尤其</u>是加强审计委员会的建设,聘请更多专业胜任能力强的独立董事,并提高审计委员会成员的独立性,确保审计委员会选聘高质量的外部审计师。

特别

(49) 但早期制造业与第三产业,<u>特别</u>是生产性服务业之间的融合度不高,导致产业多元化集聚经济效应有限。

(50) 互联网时代,有越来越多的企业力图成为平台型组织,或通过获得某个平台的领导地位从而获得相应权力和收益。<u>特别</u>是随着互联网经济的发展,许多传统行业借助互联网转型,在零售、金融、社交、电子商务、医疗等行业都出现了类似的平台。

关键在于

(51) 高质量发展是创新、协调、绿色、开放、共享的发展。从"中国速度"转向"中国质量"<u>关键在于</u>推动产业结构转型,构建起多元发展、多极支撑的现代产业体系,形成优势突出、结构合理、创新驱动、区域协调、城乡一体的发展新格局。

(52) 制度创新激发市场活力,<u>关键在于</u>如何正确处理"看得见的手"与"看不见的手"的关系,其实质就在于处理好政府与市场的关系,而市场中最重要的交易主体是企业,较高的政府研发投入容易滋生寻租现象不利于制度红利的释放和政府职能的转变。

② 异言
当然

(53) <u>当然</u>,例(26)这样的句子只是在书面上呈现歧义性。在口语中,由于停顿位置不同不会呈现歧义性。

(54) 据此可以说,是"忘记"类动词的宾语(客体论元)的现实性决定了这种动词的叙实性;<u>当然</u>也可以说,是整个句子构式(特别是动词及其宾语)决定了"忘记"的叙实性。

然而

（55）陆玉麒和董平（2017）提出，新时期推进长江经济带发展还需基于双核视角的长江经济带空间布局研究。<u>然而</u>，针对长江经济带城市群产业集聚创新发展的研究还不充分。

（56）由上面所举诸例可见，判断一个心理动词是否演变为言语行为动词，主要依靠句法结构上的标记，下文3.2将进行总结。<u>然而</u>，正如利奇（Leech，1983）所言，言语行为动词与非言语行为动词之间存在模糊与重叠地带，这给从心理动词到言语行为动词的判定带来了很大困难。

5.1.2.2 话语标记/类话语标记
① 同言
X 的是

语义：与我们在政论语体部分已经谈到一个类似的话语标记"X 的是"，我们发现，在文科学术论文语体中经常与"的是"共现的 X 主要是动词性短语，因此，我们将这一格式叫作"V 的是"。它是由"V+的"构成"的"字短语，再与"是"组合构成一个格式。"是"在这一结构中也可以看作是焦点成分，用以强调突出后续内容，使整个构式成为一个强调标记。文科论文中常见的"V 的是"结构有"有意思的是""需要说明的是""需要指出的是"等。

（57）<u>有意思的是</u>，当"忘记"类动词的宾语小句以疑问形式出现时，往往表示现实的事态。因此，这种"忘记"类动词具有叙实的语义功能。

（58）<u>需要指出的是</u>，语义演变的规律性不同于语音的"无例外演变"，虽然大量跨语言研究事实证明，语义演变确实有一定的方向性，但这种方向性即便在涉及语法化的演变中也不是绝对的，实词之间的演变更是如此。

（59）<u>需要说明的是</u>，句法语用框架只是一种抽象框架，并非完全囿于线性顺序及标点隔断。

有时候，X 也由形容词充当，这时候前面还往往会出现一个程度副词来强化"更进一步"的意味。

（60）<u>更为重要的是</u>，相互碰撞的适用实践中和出合理怀疑的一种主流规范，以至于什么是怀疑、什么是合理怀疑、什么情况予以排除等诸多问题已不再是经学界论证检验的学术命题，而成为从海量实践中自然升腾出来的一种共识性标准,它依然"只可意会不可言传",却已然实现了作为定罪量刑基本尺度的全部操作功能。

（61）在研究方法上,利用"十一五"时期"减排"政策作为环境规制政策的一项外生冲击,运用倍差法更为客观地考察了环境规制的影响,不仅有效地规避了数据无法客观度量环境规制的局限,<u>更为重要的是</u>尽可能地克服了以往研究中该指标选择的主观性和内生性问题,增强了实证研究的说服力,将"十一五"减排政策准自然实验拓展到了产业转型升级的研究中。

进一步
语义:在同类事物或情况相比之下,强调后面的论述。

（62）孔曙光等（2008）<u>进一步</u>指出,区域产业结构的升级实质上就是区域技术结构的向前演进。

（63）根据融贯论的立场,融贯仅要求体系内命题的一致性,以至于完整性代替合理性——只要求内部逻辑统一、前后相符,并不考虑与外界的对接;<u>进一步</u>说,一个完全自我封闭的怀疑体系可以与外在现实世界毫无关联且足够合理,这显然是荒谬的。

② 异言
其实

（64）共时层面看似是由程度派生出数量,<u>其实</u>"诘"早期的基本功能是问数量,问程度也是由问数量发展而来。

（65）除了极少数确实不了解低价团产品的游客外,绝大多数主动参加低价团的游客,自以为可以从经营者的低价中获取利益,但在与经营者博弈中惨遭失败。<u>其实</u>,不仅低价团问题后果严重,治理困难,而且低价问题在我国很普遍,民众参与低价经济活动非常活跃。

事实上

（66）<u>事实上</u>,言语行为动词是一个家族相似性范畴,从 SAV 到非 SAV,张雁（2007）划分为四个层次,分别是:唯 SAV（SAV 的核心成员,义域限定在言语行为范畴,吐词、表意是其义域的全部内容,如本文表"责备"的"嗔"）。

（67）<u>事实上</u>,从 20 世纪中期开始,一些心理学家从认知机制的构造而非从情感出发研究常人思考时出现的系统性失误,这种认知的系统性失误后被称为认知偏差。

实际上

语义:"实际上"语义相当于"其实",强调后续内容的真实性,但常含转折意味。

(68)"见天"的副词用法上文已简述。实际上,除了用在谓词性成分前,"见天"还可以出现在名词性成分前,早期北京话已见用例。

(69)实际上,支持不在场怀疑的应当是既无在场证据也无不在场证据所导致的不知犯罪嫌疑人在场与否的状态,而不是一个确定的不在场证据。

实质/本质上

语义:与"实际上"不同,"实质上"和"本质上"都不是词,而是属于"N上"构式,"实质"和"本质"都是名词,《现代汉语词典(第7版)》将"实质"解释为"本质",而将"本质"解释为"事物本身所固有的,决定事物性质、面貌和发展的根本属性"。构式"实质上""本质上"就是指"从本质上看",强调后续内容本质方面的真实性。

(70)由于汉语属于"非形态语言",因此在汉语里虽也用"主谓结构"这一术语,实质上"这只是一种比附的说法"(沈家煊,2018),与印欧语里的主谓结构迥然不同——汉语里的主谓构,"不单可以做主语、宾语、修饰语,也可以作谓语"(丁声树等,1961),因此与一般述宾、述补、偏正等结构地位平等"(朱德熙,1983)。

(71)本质上,这是旅行社、导游和购物点共同作恶的一种合同安排,在损害消费者利益的同时,恶化社会风气,损害行业利益,产生了极大的社会成本。

5.2 自然科学学术论文强调标记的梳理

本节我们选择的作为考察对象的自然科学刊物包括《科学通报》《计算机学报》《测绘学报》,共30篇文章,每本杂志随机选择10篇文章,共计约

50万字。

表 5-2　自然科学学术论文中的强调标记

分类 \ 判断标准	强化对命题的认定程度	通过与其他观点对比以凸显作者立场
副词/情态动词/固化结构	必须、应当	显然、甚至、特别、尤其、X 的是、XX 在于、然而
话语标记	结果/研究表明/发现	其实、事实上、实际上

由于自然科学学术论文与社会科学学术论文的强调标记基本一致,因此除极特殊的、在自然科学论文中具有较为独特用法的形式外,我们不再一一阐释,而是采用举例的方式加以说明。此外,由于自然科学学术论文中使用的强调标记较少,因此本节的阐述我们不再区分强调标记的形式。

5.2.1　强化对命题的认定程度

5.2.1.1　对本质的强调

自然科学论文中这一类的强调标记主要是用来强调可靠性,由学术论文中特有的具有强调功能的话语标记充当。

结果/研究表明/发现

(72) 王协群等用压力板仪研究了重庆黏土在不同压实度下的持水特性,<u>结果表明</u>压实度对该土的持水特性有一定影响。

(73) <u>研究表明</u>,土在卸荷时也发生体缩,而且在三轴试验中普遍存在。压硬性和剪胀性也被称为"应力和应变的交叉效应",即球应力影响偏应变,偏应力影响体应变。

(74) Henkel 对威尔德(Weald)黏土和伦敦黏土做了三轴排水试验和不排水试验,<u>结果发现</u>,黏土的抗剪强度和含水率、有效应力之间具有一一对应的关系。

(75) 当剂量达到 5.0×10^{10} ions/cm^2 时,样品的转变温度减小了约 0.6 K。同时,<u>研究发现</u>,当辐照剂量大于 1.0×10^{8} ions/cm^2 时,辐照样品的超导抗磁相明显多于无辐照样品,且温度越低,超导抗磁相越多。

5.2.1.2 对结果的强调

理工科学术论文中的此类强调标记主要是用来强调某种情况或观点的必要性,并进一步提出建议,希望听话人照此执行。

必须

(76) 表层的大量化合物在后续钎焊试验中直接与钎料接触连接,形成新的脆化区,因此<u>必须</u>将其打磨去除保证接头质量。

(77) 岩土介质是流体-多孔介质,在一般情况下可视为不溶混的混合物,其组分和整体都<u>必须</u>遵循连续介质的 5 个基本守恒定律。

应当

(78) 就理论而言,建模<u>应当</u>有一个适当的理论基础。岩土力学与工程研究的对象是很复杂的多孔多相介质,所涉及的问题不仅包含的因素多,而且是多场耦合、多重非线性的。

(79) Fredlund 指出:理论上的应力状态变量,<u>应当</u>通过试验验证其有效性。

在我们自建的理工科学术论文语料库中,我们没有找到强调标记"应该"的使用,可见虽然"应当"和"应该"的语义类似,功能也类似,但它们实际上具有语体分布差异,这需要我们做进一步的深入考察。

5.2.2 通过与其他观点对比以凸显作者立场

① 同言
显然

(80) <u>显然</u>,经验速度与目标的真实速度不一定匹配,方位向压缩后会存在相位误差产生散焦效应。

(81) 如果有多套设备,可同时制备一系列干密度相等但含水率不同的试样,同时测试吸力,则可把测试一条完整 SWCC 的历时从几个月缩短到 10 天之内。<u>显然</u>,该法对任何土类的原状试样和重塑试样均适用,具有广泛的应用前景。

甚至

（82）监测数据显示，2010—2014年间普通商船已经在东北航道更靠北的区域活动，甚至无需航经几个关键海峡，西北航道也已经有货轮和邮轮穿梭航行。

（83）海岸带底栖动物通过摄食、掘穴等生理活动直接或间接地影响着沉积物的结构和性质，严重的甚至使层理变形或断裂以致位移。

特别

（84）该方案的制订方法相对粗糙，且静态的区域划分管理方法无法适应动态的海冰变化情况，特别是在近40年海冰急剧减少的背景下，该方法的适用性更加存疑。

（85）其重要原因在于场景结构缺失导致图形符号与场景图像在视觉效果上的"割裂"，特别是在复杂的建筑物场景中，即使地理配准精度高，也存在信息指示不明确、用户理解困难等问题。特别是在缺乏其他信号覆盖的公开海域或者沿海岸地区，GNSS无源雷达可用于海上监视。

尤其

（86）由于陶瓷基复合材料与金属的属性差异巨大，尤其是热膨胀系数（CTE）的差异，当接头开始冷却时，金属收缩量大于复合材料收缩，由于此时二者已经连接，金属变形将受到限制，进而产生高残余应力，在复合材料与钎料的界面区域最为明显。

（87）大多数参与者是理性且利己主义的，他们很难无偿地参与众包任务，尤其在数据采集过程中，参与者不可避免地会产生一定的资源消耗，包括设备的电量和流量、个人时间和精力等。因此，众包参与者的招募并不容易。

X 的是

这里的 X 可以是形容词，如：

（88）该算法的全局优化性能强，相关调节参数少并且易于实现，重要的是 COA 在保持较高多样性的同时收敛效果达到了所有元启发式算法中最优,使其在众多元启发式算法中表现出了较为优异的性能。

(89) 遗憾的是,在生物网络的全局信息信度分配方面,还没有发现类似人工网络中 BP 一样高效的全局优化方法。

也可以是动词或动词性短语,如:

(90) 介观尺度的网络复杂性多表现在微环路级别,描述的是多个突触、多个神经元之间的相互关系,如侧抑制、自组织反向传播(SBP)、多神经元之间的稳态控制等。

(91) 需要指出的是:①$D(t-\tau d)D(t-\tau r)$乘积为 1,因为在 6 000 km 范围内参考信号与目标回波的导航电文相同;②$\Delta f \to 0$,因为相比于卫星的运动速度,目标速度在快时间域引起的载波多普勒变化几乎忽略不计。

(92) 需要注意的是,因为自聚焦算法能消除相位误差导致无法对比两种方位向匹配滤波器的成像结果,所以图 12(a)和(b)是自聚焦处理前的图像。

(93) 值得注意的是,Smith 和 Stephen-son 基于模式的研究中显示,2006—2015 年间普通商船在东北航道航行区域仅限于航经几个关键海峡的大陆沿岸区域,西北航道仍无法航行。

(94) 值得一提的是,大型底栖动物的种群密度和群落结构在时间尺度上也存在差异,随季节变化较明显,冬季最低,经过夏季的繁殖和生长,常在夏末秋初密度达到最高,而多样性在不同季节间没有明显差异。

有时候,也会在"X 的是"前面加上表示更进一步的副词来增加强调性,如:

(95) 这一过程涉及制作工艺的复杂性、设计原理的可行性、成本等诸多问题。更重要的是,光驱动器的能量转化效率不高,为了提升器件敏感特性需要在材料光吸收、光选择性、光热效应、热传导和机械能转化等多个方面综合优化材料性能。

X 在于

这里的 X 可以主要是由名词或名词性短词充当,如:

(96) 支持上述 AR 信息表达的关键在于快速准确地获取精细的场景结构信息, 即场景图像中地理实体的轮廓、朝向、深度、分布和语义信息等。

(97) 由于目标反射的 GPS 信号能量微弱, 常淹没在背景噪声和干扰信号之下, 目标探测的核心在于累积目标回波能量和抑制干扰信号。

(98) 其重要原因在于场景结构缺失导致图形符号与场景图像在视觉效果上的"割裂", 特别是在复杂的建筑物场景中, 即使地理配准精度高, 也存在信息指示不明确、用户理解困难等问题。

(99) 本文还提出一种基于 TF-IDF 的场景判别性特征的提取方法, 用人工评测的方式对判别性特征提取的准确度进行量化测试, 测试目的在于探索不同模型对识别目标的理解与人类理解方式的差异。

② 异言
然而

(100) 光驱动就是一种仿生机器人理想的操控方式, 它可以通过非接触式的能量供给实现对仿生器件人遥控操作。然而, 开发光控的仿生机器人也同时面临诸多难题。

(101) 目前研究多集中于对钎料进行调节, 诸如添加低热膨胀系数颗粒增强相[4—7]或中间层等[8—10], 以减少复合材料与钎料的属性差异, 从而达到缓解残余应力的目的。然而, 二者面临着添加量不足与分散性差的问题, 限制了其应力调控效果。

事实上

(102) 受该方法的启发, 本文借助目前广泛易得的 2D 地图, 实现对建筑物场景结构的自动化提取。事实上, 场景图像是客观世界在 2D 平面上的投影, 也遵循客观世界在构成上的一般规律。

(103) 事实上, 虽然随着北极夏季海冰覆盖的持续减少, 北极航道通航季也将会持续延长, 但海冰的年内波动仍旧十分剧烈且不容忽视, 航道的运输活动可能由于局部狭窄通道被海冰阻塞而受到影响, 更小的时间和空间尺度上的海冰与北极天气预报将变得更加重要。

实际上

(104) 实际上, 基线距离要远远大于 5 倍的双基地距离, 而且本文采用的是后向散射的几何配置满足 θ<90°。

(105) 全景地图的构建需要大量高质量的图像信息。实际上,全景地图可被类比为一幅巨大的图像。

通过上述分析,我们发现,自然科学学术论文与社会科学学术论文最大的区别就在于,其元话语标记使用的数量明显少于社会科学学术论文,不仅数量少,而且类型也少,也就是说,自然科学学术论文较少使用元话语标记。不仅本文的研究能够得出这一结论,学者们基于 2 000 年后的学术论文分析也已经得出,社会科学学科比自然科学学科赋予更多的立场表达和人际互动,体现不同学科作者劝谏修辞和知识建构的差异。我们认为,这主要是由于自然科学学术论文更加重视实验过程、实验数据和结果分析,通常整篇文章就是在阐述实验的全过程,这都是相对客观的,较少作者的主观陈述,主要是"靠数据说话",缺少与读者的主观互动,也就失去了使用元话语标记的机会。从语体特征的角度说,虽然都是学术论文,但自然科学学术论文更加客观,在阐述观点的同时,互动性更少。

5.3 个 案 分 析

5.3.1 X 的是①

"X 的是"是现代汉语中一个比较常见的提示性话语标记语,对它的研究主要集中于两个方面:一方面是将其视为焦点标记,如张峰辉和周昌乐(2008)、祁峰(2011)等;另一方面是通过功能视角,将其作为功能性的话语标记或元话语标记进行研究,如李宗江(2012)认为它是用来表达正面评价或负面评价的评价标记周明强(2017,2019,2020)将"X 的是"区分为示要性、示证性、示憾性话语标记鲁莹(2019)认为"X 的是"是标记话题的元话语标记等。这些研究虽然从不同角度对这一格式进行了分析,也取得了一定成果,但必须承认,现有研究还没有将不同类型的"X 的是"形式完全区分开,对其功能的解释也不全面,需要进行更加深入的讨论。

"X 的是"结构在句法上并不是同一的:一部分完全没有虚化,并不是一

---

① 根据本小节内容修改后的文章《双聚焦引导性评价标记"X 的是"》发表于《中国语言学报》2023 年第 21 期。

个独立的结构;一部分由于还保留着概念性意义,只能算作是类元话语标记;还有一部分已经完全虚化为元话语标记。本节将后两种情况归为类元话语标记和元话语标记,统称为元话语标记。作为元话语标记的"X的是"并不是简单地表达强调或评价,而是通过"的"和"是"两个焦点标记的使用,对话语内容进行双重动态聚焦,体现言者对话语中某一部分内容的评价,并引导听者识别自己的意图,是一个具有强烈主观性和交互主观性的双聚焦引导性评价标记。

5.3.1.1　"X的是$_1$""X的是$_2$"和"X的是$_3$"

前文我们已经谈到元话语标记的特性,我们认为,一部分"X的是"确实具有前述元话语标记的全部特征,如:

(106) a. 粮农组织指出,<u>幸运的是</u>,世界稻米价格至今"保持着令人惊讶的稳定"。(中新网 2012 年 8 月 21 日)

　　　b. 粮农组织指出,世界稻米价格至今"保持着令人惊讶的稳定"。

　　　c. *粮农组织指出,<u>幸运的一直是</u>,世界稻米价格至今"保持着令人惊讶的稳定"。

此例(106a)句中"幸运的是"在句法上前后都有语音停顿,具有"可分离性",同时,去掉后句子仍然成立,而且传达的概念意义并没有改变,具有"可取消性"。因此,我们认为,"幸运的是"从句法上看是一个典型的元话语标记。

但我们也注意到,这种形式的"X的是"在语料中的数量并不是最多的,更多的"X的是"并不是典型的元话语标记,如:

(107) a. 他是一位土木工程师,家住海参崴。在那里,有着十分幸福的家庭。<u>不幸的是</u>,10 年前左小腿胫骨切除的肿瘤再次复发,诊断为恶性肿瘤。(安内特·因斯多夫《双重生命》)

　　　b. *他是一位土木工程师,家住海参崴。在那里,有着十分幸福的家庭。10 年前左小腿胫骨切除的肿瘤再次复发,诊断为恶性肿瘤。

　　　c. *他是一位土木工程师,家住海参崴。在那里,有着十分幸福的家庭。<u>不幸的曾经是</u>,10 年前左小腿胫骨切除的肿瘤再次复发,诊断为恶性肿瘤。

(108) a. 9 时 50 分,成昆铁路乐武线路工区,春节留守人员聚在一起,吟诗猜谜。但在巡道工曹子铭心里,<u>最重要的是</u> 8 公里铁路线路的巡逻。

(《人民日报》2013年2月11日)

  b. *9时50分,成昆铁路乐武线路工区,春节留守人员聚在一起,吟诗猜谜。但在巡道工曹子铭心里,8公里铁路线路的巡逻。

  c. 9时50分,成昆铁路乐武线路工区,春节留守人员聚在一起,吟诗猜谜。但在巡道工曹子铭心里,<u>最重要的</u>一直是8公里铁路线路的巡逻。

  d. 9时50分,成昆铁路乐武线路工区,春节留守人员聚在一起,吟诗猜谜。但在巡道工曹子铭心里,<u>最重要的是</u>,8公里铁路线路的巡逻。

  这里的例(107a)和例(108a)中"不幸的是""最重要的是"都是既具有程序性意义,又具有概念意义,在句子中充当句法成分,不能去掉,去掉后的b句都不成立。同时,这两个例子也有所不同,例(107a)句"X的是"是独立的句法成分,前后都具有语音停顿,其后接成分是一个谓词性的小句;例(108a)句不是独立的句法成分,前后也没有语音停顿,其后接成分是一个名词性的短语,这就意味着"是"与后接成分之间的关系更为紧密。

  可见,上面三个句子a句中的"X的是"虽然在语义上具有一致性,但在句法上的差异还比较大:例(106)中的"X的是"是一个典型的元话语标记,在句法上具有可分离性和可取消性,如b句;"是"的前面不能加入否定词"不/没",也不能插入其他时间性成分,如c句,整体性明显;例(107)中的"X的是"虽然在句法上具有可分离性,如b句,"是"的前面也不能加入否定词"不/没"或其他时间性成分,如c句,"X的是"是作为一个整体存在,但不具有可取消性,去掉后句子不能成立;例(108)中的"X的是"既不具有可分离性,也不具有可取消性,如b句,并且可以在"是"的前面加入否定词"不/没"或其他时间性成分,如c句,不具有整体性,不能作为一个整体存在。由于例(106)、例(107)和例(108)中的"X的是"在句法上不具有同一性,我们将例(106)这样的"X的是"叫作"X的是$_3$",是典型的元话语标记;将例(107)这样的"X的是"称为"X的是$_2$",是类似元话语标记的形式,我们称之为类元话语标记;将例(108)这种非独立的句法结构称为"X的是$_1$"。由于汉语是一种"语义优先"的语言,很多类似"话语标记"或"元话语标记"的形式都保留了一定的概念义,因此,区分元话语标记、类元话语标记和一般的句法结构在汉语中就显得尤其重要。

5.3.1.2 元话语标记"X的是"的历时演变

① 形式表现

  虽然"X的是$_1$""X的是$_2$"和"X的是$_3$"不具有句法上的同一性,但它们在语义上的一致性显示出它们具有亲缘关系——"X的是$_3$""X的是$_2$"来源于"X 的是$_1$"。

根据语料检索,"X 的是"的形式最早可见于元代,多出现于偏口语的文学形式,如散曲、话本中,如:

(109) 阁前水面上,自在快活的对对儿鸳鸯,湖心中浮上浮下的是双双儿鸭子,河边儿窥鱼的是无数目的水老鸦,撒网垂钩的是大小渔艇,弄水穿波的是觅死的鱼虾,无边无涯的是浮萍蒲棒,喷鼻眼花的是红白荷花。(元《朴通事》)

(110) 平日最信的是关圣灵签,梳洗毕,开个随身小匣,取出十个钱来,对空虔诚祷告,看与此女缘分如何。(明《二刻拍案惊奇》)

这里的"X 的是"并不是一个独立成分,"X 的"作为名词性的"的"字短语做主语,"是"是典型的判断动词,其后有名词性宾语。它们共同构成一个表述关系,表达的是一种客观的陈述,而不是评价。这一结构在汉语中使用至今,就是我们所说的"X 的是$_1$"。

后来,随着"是"的后接成分由名词性成分发展为谓词性成分,"是"与其关系变得越来越松散,"X 的是$_1$"就从整体结构中分离出来,独立性增加,但在语义上并没有完全脱离概念义,仍然参与句子整体句义的构成,如:

(111) 范生送了刘老者回来,心中又是欢喜,又是浩叹:欢喜的是,事有凑巧;感叹的是,自己艰难,却又赘累朋友。(清《七侠五义》)

(112) 护法执杵降魔,弥勒开颜笑世。笑的是,忙忙愚俗堕红尘;降的是,昧昧邪心沉苦海。(清《冬度记》)

(113) 圣主爷,明升暗降把他撺,怕的是,专动参本闲事生。(清《刘墉传奇》)

这个时期虽然出现了例(111)例(112)这样类似现代汉语"X 的是$_2$"的形式,但在句法和语义上都没有完全独立,通常要与其他类似结构以对举的方式出现,如例(111)中"欢喜"与"感叹",例(112)的"笑"与"降"都是对举性的表达。在清代中期才出现了不对举的形式,如例(113),这已经同现代汉语中的"X 的是$_2$"基本一致了,虽然仍具有概念义而不能去掉,但开始同时表达言者的主观评价。

"X 的是$_3$"的使用我们最早是在清代语料中找到的:

(114) a. 要论安公子的才貌品学,自然不必讲是个上等人物了;<u>尤其难得的是</u>,眼见他的相貌,耳听他的言谈;见他相貌端正,就可知他的性情;听他言谈儒雅,就可知他的学问,更与那传说风闻的不同。(清《侠女奇缘》)①

b. 要论安公子的才貌品学,自然不必讲是个上等人物了;眼见他的相貌,耳听他的言谈;见他相貌端正,就可知他的性情;听他言谈儒雅,就可知他的学问,更与那传说风闻的不同。

例(114a)中"尤其难得的是"在句法上独立,语义上不参与句子整体语义的构成,去掉后不影响整个句义的表达,如(114b)句,主要用来表达言者的主观评价,已经是一个典型的元话语标记。

② 演化动因

我们认为,从"X 的是$_1$"到"X 的是$_3$"具有演化关系,演化动因主要是主观化。

"X 的是$_1$ Y"是一个主谓式判断结构,主语"X 的"和宾语 Y 都是名词性的,通过判断动词"是"在两个语词之间建立等同关系,主要是对客观情形的描写。由于自然语言通常不是对客观事物的映射,而是经过大脑处理的主观反映,必然具有主观性,一个语句一旦被表达出来,必然涉及、体现使用者的主观思维,是经过主观过滤的语句。在主观性语用需求增强的情况下,"是"不再仅仅是体现两个客观性语词之间的逻辑关系,而是发展为在两个带有主观性的表述之间建立主观联系,即谓词性的成分也可以充当"是"的宾语,这是主观化的产物。在这一过程中,"是"由判断动词虚化为焦点标记。由于这一"X 的是 Y"既包含客观性陈述,又包含主观性评价,主观性表达并不是唯一的功能,因此也不强烈。当言者觉得"主观评价"语力不足时,就会采用新的表述形式。我们知道,增强语力的一种方式就是形式上的独立,同时这也是最便捷的方式,由此,"X 的是"得以从整个句子中独立出来。独立的"X 的是"最早是以对举形式出现,说明这一表达形式在此时并不是自足的。根据陈一(2006),对举的主要功能是"强调",通过"对举"和形式上的独立,可以达到强化"强调"的语用目的。这种对举形式使用本身就是主观化的。随着这一强调形式的定型,言者在想要强调主观评价时,即使没有对举的情形,也会使用这一结构,比如例(113),"X 的是$_2$"由此产生。但由于"X 的是$_2$"仍然承担了概念性的语义,在表强调主观评价方面的语力还

---

① 文中来源于北京大学 CCL 语料库《人民日报》的语例标注方式同原语料库,即只标书名,下同。

不足够,因此,当言者想要进一步强调主观评价时,就要使其功能单一化,由此元话语标记"X 的是₃"就产生了,如例(114)。

5.3.1.3 元话语标记"X 的是"的构成

作为填充式的元话语标记,"X 的是"虽然需要从整体上把握,但实际上,它的构成成分对其功能的形成具有重要影响,有必要进行逐一梳理。

① 的

元话语标记"X 的是"的最大特点在于它的双聚焦性,"双聚焦"的来源就是"的"和"是"的使用。

首先,元话语标记"X 的是"中的"的"是朱德熙(1961)中所说的"的₃"。对于"的₃",我们不想多做探讨,但仍然必须加以说明,因为它的语法意义关系到整个元话语标记的功能建立。

根据刘莹和程工(2021),"的₃"的属性主要有三种观点:第一是名词/事态说,第二是体标记说,第三是语气词说。我们赞同第一种观点,"的"是用来标记一种事态,这与已有对话语标记"X 的是"研究中多认为"'的'的功能是将'X 的'名词化,整个'X 的'格式是一个名词性的'的字'短语"在大体上是一致的。但"的字"短语的说法并没有涉及"的"的本质属性。从这一点上看,我们赞同完权(2013)的观点,认为"X 的是"中的"的"主要是用来加强所附着的语言单位的指别度,提醒听者注意事态句所表达的事态。完权(2013)所举的例子主要是"是……的"结构,由于汉语中的"是……的"和"的是"都与英语中的分裂句有关,二者可以无条件互换,如例(115′)和例(116′)同例(115)、例(116)所表达的概念意义没有差别,可见,两个格式中"的"的功能具有同一性,完权(2013)对"的"的分析也适用于"X 的是"中的"的"。因此,我们认为,"X 的是"中的"的"的功能是对所附着单位的指别度的加强,具有焦点标记的性质,是对其中心成分 X 的"聚焦"。

(115)"见项"在福建漳平永福使用(许宝华、宫田一郎,1999;张振兴,2013),义为"各种东西""每一项"。遗憾的是,二者都未提供配例,本文也未找到相关实例。(董正存《"见"的全称量化用法及其产生》)

(115′)"见项"在福建漳平永福使用(许宝华、宫田一郎,1999;张振兴,2013),义为"各种东西""每一项"。二者都未提供配例,本文也未找到相关实例是遗憾的。

(116)值得注意的是,朱先生在后来发表、出版的语法论著里,都没有再提到过这类主谓谓语句。(陆俭明《"施—受—动"主谓谓语句"功能—认知"探究》)

(116′) 朱先生在后来发表、出版的语法论著里,都没有再提到过这类主谓谓语句是值得注意的。

例(115)和例(116)中的"的"都是用来聚焦其前述内容,提请听者注意例(115)中"遗憾"和例(116)中"值得注意"的新事态。

② 是

学界关于焦点标记"是"的研究成果也是十分丰富,吕叔湘(1985)专门提到了"是、是……的、……的是"表示肯定的焦点,并指出"肯定的焦点在'是'字后面的成分"。虽然吕先生并未使用"焦点标记"及类似术语,但显然他已经注意到了"是"的焦点指示作用。也就是说,"……的是"中的"是"是焦点标记,其功能是凸显后接成分。前文谈到,"X 的是$_1$"中的"是"是一个判断动词,这似乎与"是"是焦点标记的结论不符,我们认为,这可以从整个句式的角度加以解释。

根据黄正德(1989),判断义的"是"大体可以概括为等同和类属两种,分裂句的"是"在语义功能上却不是表达等同或类属,而是强调句子的成分(转引自刘林,2013),我们认为,这主要是受准分裂句句式的影响。温锁林和贺桂兰(2006)将"……的是"结构叫作"准分裂句"。所谓"准分裂句"(pseudo-cleft sentence)就是先把"的"插在动宾之间,使动词前的成分整个儿地"名词化",再把"是"置于宾语之前而形成的句子。"准分裂句"其实是英语"分裂句"的一种变形。英语中的"分裂句"又叫作"IT 强调结构",其主要功能是"强调",而"准分裂句"的主要功能与"分裂句"是一致的,也是强调。可见,"X 的是$_1$"中的"是"是表示强调的判断动词,还不是强调标记。当"是"的后接成分扩展至谓词性成分时,也就是"X 的是$_2$"中的"是"才正式演化为焦点标记。虽然作为元话语标记的"X 的是$_3$"中的"是"是作为标记内成分存在,但它在性质上还是与焦点标记一致。

③ X

A. X 必须是谓词性

可以充当元话语标记"X 的是"中的 X 主要是形容词和动词,如:

(117) 就这样我找到了自己,可贵的是,世界上,只有一个我!(《网易名家美文鉴赏》2018 年 3 月 20 日)

(118) 未来有没有,人家不在乎,重要的是,你现在就有。("冰海恋雨",2022 年 3 月 5 日)

(119) 目前,欧美发达国家的房屋价格虽然还在上涨,但是因为需求不旺,租金却在下跌,特别是商用房的租金下跌更为严重。<u>值得关注的是</u>,10多年前日本房地产的泡沫破裂,就是从商用房开始的。(《文汇报》2003 年 9 月 6 日)

(120) 长岭也由此将可能成为继小鸭之后,历史上第二家退出股市的家电企业。然而<u>引人关注的是</u>,*ST 长岭的退市并不取决于长岭集团今年的经营业绩;相反,前三季均告盈利的长岭竟然将惨死于高达 6.5 亿的"应收巨债"之下。(《都市快讯》2003 年 12 月 17 日)

这主要与"X 的是"的功能有关。我们后文将谈及 X 主要用来传达言者的主观评价,只有谓词性的词或短语才能用来表达这种评价。

B. X 的选择倾向

并不是所有的谓词性词语都能充当 X,受到整体功能的影响,X 在语义上具有选择倾向性。

如果 X 是形容词,通常是心理形容词或"重要"/"差别"义形容词,形容词前面可以加程度副词构成形容词性短语。我们在北京语言大学 BCC 语料库随机以"a 的是"为检索项,找到元话语标记"a 的是"100 例,X 的分类情况是心理形容词 62 例,重要义 30 例,差别义 8 例。

(121) 可惜/奇怪/可怕/心疼的是
　　　 重要/要紧/要命的是
　　　 不同/相同/特别的是

同样地,X 对动词也有选择倾向,通常情况下,光杆动词无法进入这一填充式元话语标记,必须是由使令类动词(如值得、需要/使、令、让)、能愿动词(如应该、必须)等共同构成的动词性短语充当,主要是提出言者的一个建议提请听者注意:

(122) 值得一提/需要指出的是
　　　 应该指出/必须注意的是
　　　 使/令/让人高兴的是

我们认为,X 选择倾向主要与整个元话语标记的人际功能有关:当 X 是形容词或形容词性短语时,元话语标记"X 的是"主要用来进行态度评价,因此,能够进入这一元话语标记的形容词通常是与态度相关的心理形容词。

评价也可以是建设性评价,也就是提出自己的主张,这就是使令短语、能愿短语能够无条件充当 X 的原因。同时,这一元话语标记的主要语义特征是双聚焦,"重要""差别"又恰恰具有言者需要听者聚焦的性质属性,与整个元话语标记的语义特征无标记匹配。

5.3.1.4 "X 的是"的原型语义

我们已经谈到,元话语标记语义上的特征就是它们都具有原型语义,"双聚焦"就是元话语标记"X 的是"的原型语义。这种双聚焦主要来自双焦点的使用。

① 双焦点

元话语标记"X 的是"最重要的语义特点就是"双聚焦"。句子所要传达的信息就处于两个成分的叠加之中,这一语义的产生与"X 的是"中"的"和"是"两个"焦点标记"的使用有关。

"X 的是,Y"来源于"X 的是 Y",从句法上讲就是"X 的+是 Y"。前文已经谈到,"的"是使前面的成分受到关注;"是"则是引导人们继续关注后面的内容。我们也知道,一个句子中通常只有一个强调的内容,"的"和"是"两个焦点标记共存并不符合一般的情况,属于刘探宙(2008)所说的"多重强式焦点共现句":

(123)他的举止十分优雅,<u>奇妙</u> 的是,<u>他那寒酸的胡子在此时也显得相当高级</u>。
　　　　　　　　　　　焦点$_1$　　　　　焦点$_2$

这种多重焦点的情况使整个句子出现了两个聚焦的内容,一个是"的"之前的谓词性成分,如例(123)中的"奇妙";一个是"是"之后的谓词性成分,如例(123)中"他那寒酸的胡子在此时也显得相当高级"。这两个聚焦的内容关注了不同的方面:焦点$_1$是主观的,是言者个人的看法,是言者提请听者关注的方向;焦点$_2$是客观的,既是言者提请听者关注的具体内容,也是言者提请听者注意的依据。

② 核心焦点和次要焦点

虽然元话语标记"X 的是"的语义是双重聚焦的,但焦点$_1$和焦点$_2$的地位并不是完全平等的,句子最核心的焦点是焦点$_2$,焦点$_1$可以视作次要焦点。沈家煊和完权(2009)在谈到汉语的"NP 之 VP"结构时说,"之"具有提高"指别度"的功能,所谓"指别度"就是"言者觉得,他提供的指称词语指示听者从头脑记忆中或周围环境中搜索、找出目标事物或事件的指示强度。指示强度高的指别度高,指示强度低的指别度低"。这也是"的"作为焦点标记的原因。言者使用"的"字结构来提高其指别度,将听者的注意力聚焦于自己的主观评价,这一主观评价主要是针对前述话语的某一部分内容,如:

(124)这种反叙实动词受到否定以后,在意义上相当于叙实动词。<u>有意思的是</u>,当"忘记"类动词的宾语小句以疑问形式出现时,往往表示现实的事态。因此,这种"忘记"类动词具有叙实的语义功能。(袁毓林《"忘记"类动词的叙实性漂移及其概念结构基础》)

例(123)言者通过"X 的"结构将听者的注意力聚焦于前述"他的举止十分优雅"中"奇妙"的部分,这一"奇妙"是言者的主观评价;例(124)通过"X 的"将言者的注意力聚焦于前述"反叙实动词受到否定以后,在意义上相当于叙实动词"这一情形中"有意识"的部分,这一"有意识"也是言者主观认定的"有意思"。

但这一聚焦并不是言者的最终目的,而只是让听者将注意力从整体事件中集中于言者评价的部分,这一部分的具体内容就是"是"后接的内容,也就是焦点$_2$。沈家煊和王冬梅(2000)在谈到"NP 的 VP"结构时说,这一结构是一个"参照体—目标"结构,就是言者想要指称的事物是一个指称"目标",要帮助听者识别这个目标,即与目标建立起心理上的联系,言者往往要借助一个参照体。在"S,X 的是,Y"结构中,"X 的"的作用就是将听者的注意力由 S 集中于一个参照体,这主要是为了建立与"目标"之间的心理联系,真正的"目标"是用焦点标记"是"引出的焦点$_2$,如例(123)中"他的举止十分优雅"与"他那寒酸的胡子在此时也显得相当高级"之间如果缺少必要的关联,听者则很难在二者之间建立心理联系,"奇妙"就是这个必要的关联;例(124)"反叙实动词受到否定以后,在意义上相当于叙实动词"和"'忘记'类动词的宾语小句以疑问形式出现时,往往表示现实的事态"之间如果没有必要的连接手段,对于听者来说也很难建立心理关联,"有意思"就是这一连接手段。

虽然"的"和"是"都是焦点标记性质,X 和 Y 都是焦点,元话语标记"X 的是"的原型语义是"双聚焦",但由于"X 的"是"Y"的参照体,Y 是"目标",所以二者比较起来,Y 才是全句的核心焦点,X 是次要焦点。

总之,"S,X 的是,Y"中的"X 的"是言者通过提出自己的评价来设置一个参照物,这是第一次聚焦,将听者的注意力由一个大的范围集中于一个小的范围,而"是 Y"则是从这一小范围再次聚焦于某一具体目标,也就是

Y,即 Y 才是最终的凸显核心。图 5-1 可以清晰地说明这一过程:

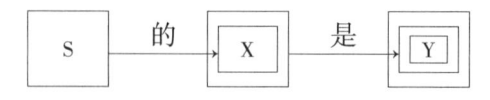

$$S \xrightarrow{\text{的}} X \xrightarrow{\text{是}} Y$$

图 5-1　双聚焦过程示意图

这一双聚焦的过程是动态的,通过元话语标记"X 的是"连接起不同的关注点,体现了言者与听者之间交际的互动性。

5.3.1.5　元话语标记"X 的是"的功能

作为元话语标记的"X 的是"的功能主要是两个方面:语篇功能和人际功能。

① **语篇功能**

元话语标记"X 的是"的语篇功能主要与话题有关,主要表现在两个方面:延续话题和转换话题。

A. 延续话题

"X 的是"延续话题的功能指的是语篇的上下文都是围绕同一个话题展开进行,"X 的是"位于这一话题中间的位置,起到延续同一话题、保证话题内容一致性、避免话题脱节的作用,使前后的语义内容在连接上更为连贯和顺畅,帮助听者对同一话题有更加深刻的认识。在结构上表现为:话题 A+X 的是+话题 A,如:

(125) 生活有时是如此,不见得非得一切坦白,<u>重要的是</u>,有些不重要的细节,可以稍作美化。(苏岑《品人录》)

(126) 在北京平谷,上世纪五十年代北寨村民通过野生杏树嫁接而成的红杏树,如今已发展到上万亩;红杏儿成熟时,满山杏林葱葱郁郁,枝头上密密匝匝结着红色果实,情形相当诱人。<u>奇特的是</u>,这种红杏只能在一片片山地上生长,即使将它移出山口,味道马上就会发生改变,正是"橘生淮南则为橘,橘生淮北则为枳"的真实写照。(《中国质量报》2015 年 3 月 25 日)

例(125)的"重要的是"位于两个小句之间,前项和后项都是围绕"生活的真谛"展开,前项表明"生活不必一切坦白",后项进一步说明"不重要的细节可以进行美化","重要的是"连接的前后项是针对同一个话题进行的表述,其目的是在不改变话题的情况下凸显后项。例(126)的"奇怪的是"位于两个句子之间,前项和后项都是围绕"平谷的红杏"这一话题进行,前项是说明"平谷的红杏多",后项是进一步说明"平谷的红杏怪",前后项话题一致,"奇怪的是"所连接的前后项是对于同一个话题的表述,在保证了话题内容一致性的同时,引导读者关注后项。

B. 转换话题

转移话题是指在进行某一话题的过程中,改变论述角度以引出新的观点信息。"X 的是"不仅具有集中论述同一话题的功能,同时还具有转换话题、丰富语义信息,完善语篇结构使得上下文衔接自然流畅的功能。具有转换话题功能的"X 的是"既可以总结话题,又可以为听者创造心理上的缓冲时间,使得不同话题之间的转换自然流畅而不突兀。在结构上表现为:话题A+明确性话语标记+话题 B。

(127) 进了精神病医院的吴为,难免不被医生们研究过来研究过去,他们的确希望治好她的病,<u>遗憾的是</u>,心理医学实在是近代医学中一个不伦不类的分支。以它就事论事出浅显而言,难免苟且之嫌;对人何以失去神志的解释,也难免牵强附会。(张洁《无字》)

(128) 以刘国梁和谢超杰为主的中国二队以 3∶1 把瑞典队拉下马,进入决赛。在晚上的决赛中又以 3∶2 险胜朝鲜队。<u>值得一提的是</u>,16 岁的刘国梁为中国二队赢得了可贵的两分。他以 2∶0 和 2∶1 战胜世界名将金成熙和李根相。(《福建日报》1992 年 5 月 31 日)

例(127)的前项是以"吴为"展开的,后项是以"心理学"为话题,"遗憾的是"是作为前后项的联系出现的,通过它在前后项之间建立逻辑联系。例(128)前项是以"中国二队"为话题,"后项"是以"刘国梁"为话题,"值得一提的是"将前项的话题自然转移到后项的新话题,引导听者自然而然地进行话语过渡。

无论是"延续话题",还是"转化话题","X 的是"的话题功能主要与"注意力"相关,都是言者吸引听者注意力的手段。根据完权(2021)的观点,话题就是由会话人在具体互动时空中共同协商构建的联合背景注意的中心,这一结论与我们之前论及的"X 的"是焦点信息的结论是一致的。

② 人际功能

元话语标记"X 的是"的人际功能主要体现在两个方面:评价功能和引导功能。

A. 评价功能

元话语标记"X 的是"的一个重要功能就是评价。评价逻辑认为,一个完整的评价结构包括四个必要成分:评价的主体、评价的客体、评价的根据和评价的性质。评价的主体是指做出评价的人,评价的客体是指对其价值加以评估的东西,评价的根据是进行评价时所依据的理由,评价的性质指赋予评价对象的价值(郑军,2007)。我们认为,元话语标记"X 的是"完全符合评价逻辑。在完整的"S,X 的是,Y"句子中,评价主体为言者,评价客体为 S,评价的根据是 Y,评价的性质是 X,具有评价结构的四个必要成分,体现了人表达主观意义的过程,所以说,"X 的是"是一种体现主观性的评价性元话语标记。

人类的评价活动主要是通过语言来表达的,人们的言语活动就是一个表达对他人或语句中所包含的内容(事物性内容和非事物性内容)的态度、意见的过程,在元话语标记"X 的是"中,这种"态度""意见"是通过 X 来表达的:当 X 是形容词或形容词性短语时,它通常表达的是言者的态度,这一态度可以是正向的,也可以是负向的;当 X 是动词或动词性短语时,它通常表达的是言者的"意见",二者可以统称为"评价"。如:

(129) 后来,战争爆发了。我不能再去城里念书了,<u>幸运的是</u>,我参了军,来到高射机枪部队,再后来,到了 171 会让站。(鲍里斯·瓦西里耶夫《这里的黎明静悄悄》)

(130) 红线的战斗激情也需要发泄,所以就这么砍了。<u>需要指出的是</u>,红线和薛嵩学了一些汉族礼节,薛嵩也知道了一些红线的脾气。(王小波《青铜时代》)

例(129)中评价的主体是言者,评价客体是"我不能再去城里念书了"这一事件,评价的性质是"幸运",评价的依据是"我参了军"。本来"不能再去城里念书"是"不幸"的,但由于"参了军",所以在言者看来是"幸运"的,这一评价是言者主观认定的,因为可能在其他人看来,"参军"也未必是"幸运"的。例(130)中评价的主体是言者,评价的客体是"红线的战斗激情需要发泄",评价的性质是"需要指出",评价的依据是因为"红线和薛嵩学了一些汉族礼节",所以"薛嵩也知道了一些红线的脾气"。是否需要"特别指出"完全是言者主观判断的,是言者评价性意见的表达,因为在其他人看来,这也许不是需要特别指出的。

B. 引导功能

"引导"是元话语标记的一个重要功能。"引导"就是言者对语篇的控制度,即言者通过词语的选择等方式引导语篇的命题传达过程,从而对命题施加自己的影响,这是一个主观化的过程,是言者"控制""操纵"语篇的一种方式,是元认知的一部分。

认知是人认识事物和获取知识的行为、能力和过程。元认知是对认知本身的认知,是一种更高级的思维结构。弗拉维尔(Flavell,1985)认为,元认知包括"认知正在进行的认知过程、自身认知能力和两者的相互作用","认知自身心理状态、能力、目标、策略等",可以分为"计划、监控和评价自身认知活动"三个部分(转引自施仁娟,2015)。对于语言使用者来说,为了成功地进行交际,需要在交际过程中不断地运用元认知来组织、监控和调整自己的话语。这种元认知在很多情况下是针对受话人的,其目的是引导受话人能够在最简便的情况下最大限度地理解发话人的语用意图。有时候,针对受话人的元认知可以直接体现在基本话语中,无需使用特殊的手段标示出来。但更多情况下,发话人会使用一定的语言形式将元认知的过程和结果呈现出来并传递给受话人,以便让受话人知晓针对他的元认知监控,使其能够在最少智能耗费的情况下最准确地理解发话人的意图。此时,发话人使用的语言形式就是"元话语"。通过元话语的使用,发话人将自己的元认知过程和结果与受话人进行共享,双方实现元认知的交互。

元话语标记"X 的是"正是如此,它主要通过主观性的强化和双重聚焦来引导听者理解话语,将听者的注意力引导至"X 的"界定的范围之内,接受自己的观点。同时,S→X→Y 这一双聚焦过程对听者而言可及性并不高,因为句子的焦点通常情况下只有一个,当言者想要聚焦于两个成分时,就会采用元话语标记"X 的是"来引导听者认识到两个凸显内容的存在,从而更好地理解言者的意图。"X 的是"的使用是言者引导读者与言者一起产生"共鸣",凸显评价性质与评价依据之间的关联性,是增强言者对语篇控制度的一种手段。

5.3.1.6 结论和思考

综上所述,汉语中的准分裂句"SX 的是 Y"可以语法化为类元话语标记"X 的是$_2$"和元话语标记"X 的是$_3$",虽然它们的原型语义一致,但句法上的不同也是它们呈现出不同的特点。虽然汉语中的准分裂句"X 的是"和分裂句"是……的"都是强调结构,但由于"的"的不同位置,使得二者强调的内容呈现出不同之处。分裂句"是……的"的强调内容是"是"后和"的"前的成分,由于二者同一,因此"是……的"的聚焦内容只有一个。"X 的是"中"的"和"是"前后临接,焦点标记"的"和"是"分别带来的两个焦点使整个元话语标记呈现出双聚焦的语义特点,其中"X 的"由于处于"参照体"的位置,所以是次要焦点,焦点标记"是"后的内容由于处于"目标"的位置而成为全句的核心焦点。双聚焦的原型语义使整个元话语标记呈现出评价和引导两个主要的人际功能,从而使得其在可及性和主体控制性方面都具有突出作用,是言者与听者不断互动的过程。

5.3.2 显然

目前国内对"X然"类词语研究得比较多,比如丁健(2011)、曹秀玲和王清华(2015)、吴婷燕(2015)、邵敬敏(2016)、余珩(2017)等,其中研究得比较深入的是"当然",如芜崧(2010)、姚小鹏(2011)、张则顺(2014)、司罗红(2016)、玄玥(2017)等。"显然"也是一个很常见的"X然"类词语,它在《现代汉语词典(第7版)》中的释义是:〈形〉容易看出或感觉到;非常明显。在实际话语中,它常常被用作分句与分句之间或句子之间的连接词,如:

(131) 今后这一博览会将定期在全国各大中城市举办,<u>显然</u>,它将促进体育用品事业的发展。(《文汇报》2002年9月25日)

(132) 这种反事实联想解读推动了实义动"忘记"逐步虚化,并且成为反事实的愿望标记,引导和标记一个反事实小句,表示"如果……就好了"之类的虚拟性条件——结果意义。<u>显然</u>,这个反事实小句同时也表达了说话人的愿望。(袁毓林《"忘记"类动词的叙实性漂移及其概念结构基础》)

作为话语标记的"显然",通常是以独立小句的形式存在,在话语中通常可以去掉而不影响句义的表达,如例(131)和例(132)。

目前,学界还缺少对"显然"的专门研究,偶有提及也多只认为它是一个主观确认标记。本小节认为,"显然"已经演化为一个元话语标记,它在话语中的功能主要体现在语篇功能和人际功能两个方面:它的语篇功能主要是凸显因果关系的衔接词,它的人际功能主要是通过凸显隐含前提与事实或结论之间的关系来"强调"结论的可靠性。在这两方面,"显然"都表现出自身的特点:作为衔接词,由它标示或凸显的因果关系有其自身特点,并具有较强的可及性和语篇控制度;作为"强调标记",它在评论性语体和非评论性语体中呈现出两种不同的话语互动模式。

5.3.2.1 "显然"标示的因果关系
① 广义因果关系

因果关系是人类认识世界的一种基本逻辑关系,一直以来,语言学界对因果关系的分类有很多种,其中邢福义(2001)提出了汉语的广义因果系统,明确指出事实的因果、假定的因果、说明性的因果、推论性的因果、已然性的因果、期盼性的因果实际都属于因果聚合。也就是说,立足于发话人的主观认识,也可以构成逻辑上的因果关系。这一论述为我们认识因果关系提供了更加开阔的视野。

传统上,我们对因果关系的研究主要集中于因果复句,尤其是对因果复句的标记性研究。我们认为,既然推论性因果也属于广义因果关系,就应该超越复句的限制,将对因果关系的研究视角扩大至整个语篇之中。"显然"的词义是"容易得出某种结论",为什么"容易"得出某种结论? 就是因为前提和结果之间在逻辑上存在着因果联系。

② 必然因果关系和偶然因果关系

根据邢福义(1977),客观世界里事物与事物之间的因果联系是多种多样的。有的,因果之间有必然的联系;有的,因与果的联系只是偶然的。通常情况下的因果关系是有必然联系的因果关系,这样的因果句无论有无关联词语,都可以加入或改为"因此""可见"这样标明推论性因果关系的词语。

由"显然"标记或凸显的因果关系都是推论性因果关系,有的可以改为"可见",如例(133)例(134),有的不能,如例(131)例(132),这就说明,由"显然"标记的因果关系既有必然性因果,也有偶然性因果。

(133) a. 有人将之与埃克森美孚比较发现,后者的营业收入是中国石油的4倍,而利润率只有中国石油的一半,<u>显然</u>,很难将中国石油的这种盈利优势归结为其竞争力的体现。(《国际先驱报》2007年11月8日)

b. 有人将之与埃克森美孚比较发现,后者的营业收入是中国石油的4倍,而利润率只有中国石油的一半,<u>可见</u>,很难将中国石油的这种盈利优势归结为其竞争力的体现。

(134) a. 有关资料,目前我国45岁以下的高级科技人员,仅9万余名,<u>显然</u>,要担当经济发展的要求,以至跨世纪现代化建设的任务,人力配备严重短缺。(《南方都市报》2013年8月28日)

b. 有关资料,目前我国45岁以下的高级科技人员,仅9万余名,<u>可见</u>,要担当经济发展的要求,以至跨世纪现代化建设的任务,人力配备严重短缺。

无论是必然性因果关系,还是偶然性因果关系,"显然"标示的都是推论性因果关系,就是从某一事实出发进行推论,或推论某事实必将产生的结果,或推论产生某事实的原因。根据张亚茹(2016),推论因果是一种应然状态的因果关系,由前提与结论两部分构成,是言者以事理或事实作为前提与根据经过推理而得出结论,前提与结论之间的因果关系是建立在言者主观认识的基础之上,主观性较强。可见,推论性因果关系既可以推因,也可以推果,"显然"在话语中就表现为既可以引导原因小句,也可以引导结果小句,表现出不同的衔接模式。

③ 衔接模式

A. 原因+显然+结果

在这一模式下,原因先出现,说话人可以从原因推知结果。这一推测一定是根据已然情况做出的,也就是说,原因是某种现实的情况,而由原因造成的结果,可以是已然的,如例(135)和例(136),也可以是未然的,如例(137)和例(138)。

(135)作为一个欧洲人,一个游牧民族的后代,<u>显然</u>,17世纪的某个午
　　　　　　　　　　　　　　　　　　　　　原因
后,<u>一泡正山小种红茶,让他为之迷醉</u>。(《福建日报》2006年12月29日)
　　　　结果

(136)现在,客厅里传来的笑语声中,还夹杂着母亲和父亲的笑谑,<u>显</u>
　　　　　　　　　　　　　　　　　　　　　　　　　　　　原因
<u>然</u>,<u>父母和张立嵩之间相处甚欢</u>。(琼瑶《月朦胧鸟朦胧》)
　　　　结果

(137)这么看来,他的离开已成定局,他再也不会回来了。她现在该怎么
　　　　　　　　　　　　　　　原因
办呢?<u>显然</u>,<u>一两天之内,她又得像从前那样面对冷酷的世界了。她的衣服
　　　　　　　　　　　　　　　　　　　　　　结果
渐渐地又会变得破旧寒酸</u>。(德莱塞《嘉莉妹妹》)

(138)星期一上午市中心分行开门营业之前,银行外面以及罗塞利广场
　　　　　　　　　　　　　　　　　　　　　　原因
上仍是人头攒动,和前几天相比,队伍有增无减,显然,<u>上一星期的旧戏又要
　　　　　　　　　　　　　　　　　　　　　　　　　　　结果
开锣重演</u>。(阿尔弗莱德·希区柯克《五千元》)

这里的原因和结果是通过"推论"得出的,在"已然"结构中,原因事件和结果事件都已经发生,虽然原因和结果之间的联系十分明显,但原因和结果之间并不是一种"客观的""必然性"的联系,二者仍然是通过"推测"联系起来的,也就是说,这种因果联系是主观的。比如例(135)中的原因"作为一个欧洲人,一个游牧民族的后代"和结果"一泡正山小种红茶,让他为之迷

醉"之间不是客观必然的因果联系,而是主观推测的因果关系。但比起"未然"结构,这种"已然"结构的传信度还是比较高的。在"未然"结构中,原因和结果之间的推测性更强。比如例(137),言者通过"他的离开已成定局,他再也不会回来了"这一原因推测出"一两天之内,她又得像从前那样面对冷酷的世界了。她的衣服渐渐地又会变得破旧寒酸"这一结果。此结果还没有发生,是一种未知的情况,但由于在说话人看来,原因和结果之间有一种主观上认为的"必然性",因此用"显然"加以连接,以凸显这种主观上认为的推测性的因果联系。

B. 显然+结论

有时候,原因在句子中并不明示,"显然"只是用来引出结论,如:

(139) 看到迈尔斯这副惨相,她心里充满了恐怖。她能够做些什么来救他呢?<u>显然</u>,<u>在这里毫无办法可想</u>。(阿瑟·黑利《钱商》)
　　　　　　　　　　　　结果

(140) 随着近年来世界金融市场险象迭出,谁又能保证全球性"泡沫经济"崩溃的日子永远不会到来呢?<u>显然</u>,"<u>泡沫经济"的出现,充分暴露出资</u>
　　　　　　　　　　　　　　　　　　　　　　　　　结果
<u>本主义市场经济的历史局限性</u>。(《人民日报》2001 年 1 月 18 日)

上面两个例子中的原因虽然没有明示,但"显然"的词汇义使听话人能够推测出原因是现实存在的某种情况。而且我们也注意到,这样的句子往往是一个疑问句,"显然"引导的结果小句就是这一疑问句的答案,比如例(139)的疑问"她能够做些什么来救他"的结果"在这里毫无办法可想"是通过作者的推测得到的,原因虽然在句子中没有明示,但一定是现实性的某种情况使说话人得出这一结论,"显然"凸显了这种关联性。例(140)疑问"谁又能保证全球性'泡沫经济'崩溃的日子永远不会到来呢"的结果"'泡沫经济'的出现,充分暴露出资本主义市场经济的历史局限性"的得出也是通过上下文语境能够推测出的,"显然"也是凸显了这种关联性。

我们在下一节将详细论述这一"关联性"的由来。

C. 结果+显然+原因

以上两小节我们谈到的都是用"显然"来引出结果,但"显然"主要是用来提示或凸显因果关系的,既可以引出结果,也可以引出原因。

(141) 另外一个更重要的问题,<u>病毒通过空气途径从一家房间跑到另</u>
　　　　　　　　　　　　　　结果

家的房间去,这个问题出现在哪里?<u>显然</u>,<u>一种是中央空调系统,不能够进</u>
<u>行有效的杀毒就会交叉传染</u>。(《文汇报》2003 年 6 月 4 日)

(142)《报告》给出的量化指标正处于两面不讨好的境地。<u>显然</u>,<u>"中产"</u>
<u>这个已经掺杂了太多文化因素的名词,无法简单地用经济指标来界定</u>。(《都
市快讯》2003 年 5 月 30 日)

（例141上方标注"原因"，下方"行有效的杀毒就会交叉传染"上方标注"原因"；例142上方"显然"后标注"结果"，下方"这个已经掺杂了太多文化因素的名词……"上方标注"原因"）

例(141)中原因"中央空调系统不能够进行有效的杀毒就会交叉传染"导致的结果就是"病毒通过空气途径从一家房间跑到另一家的房间去";例(142)中"'中产'这个已经掺杂了太多文化因素的名词,无法简单地用经济指标来界定"的结果就是"《报告》给出的量化指标正处于两面不讨好的境地"。先说结果,再说原因。

D. 显然+原因

有时候,结果并不明示,"显然"只是用来引出原因。

(143) 她不明白自己为什么要轻易地答应去,她干吗要去跳舞呢?<u>显</u>
<u>然</u>,<u>这只是为了顺从丈夫的意愿</u>。(克拉林《庭长夫人》)

(144) 如果是"为了母亲",那么职工生育保险为什么不及她们呢?她们
不是更需要"健康、优生、和睦"吗?<u>显然</u>,<u>"为了母亲"并不是职工生育保险</u>
<u>的目的</u>。(《科技文献》)

（例143、144下方相应位置标注"原因"）

以上两个句子中,由"显然"引出的句子都是原因,都是我们通常所说的"目的句"。其中,例(143)中"为了顺从丈夫的意愿"是原因,也是目的。例(144)是一个否定型的目的句,强调的"为了母亲"不是"职工生育保险的目的",也就不是原因。根据邢福义(1977)的观点,任何目的句都类似于倒置的因果句,体现了一种因果关系。

5.3.2.2 "显然"的强调功能与语体差异

① 强调功能

"显然"作为一个元话语标记,它的功能主要体现在两个方面:篇章功能和人际功能。上一节我们已经分析了它的篇章功能是因果衔接,这一节我们主要讨论它的人际功能——强调,我们认为"显然"是属于强调类的元话

语标记。

"强调"的语用功能是在客观信息、主观评价和人际互动之间保持一定的平衡,以达到强有力的说服效果;同时它也是沟通思想,让对方接受说话人观点的策略。由于"强调"属于抽象的语义概念,若无明确定义作为判断标准,则很难区分。我们主要从两方面来确定强调标记:①强调对命题的确信程度,表达作者对其主张的信心;②拒绝其他观点以强调作者立场,符合其中一条即可判定为"强调标记"。通过上文分析,我们认为,"显然"主要符合第一条标准,是一个"强调对命题的确信程度,表达作者对其主张的信心"的"强调标记"。

作为强调标记的"显然"在话语中表现出一定的推理模式:

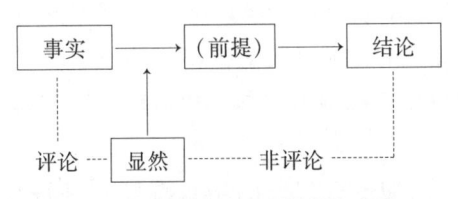

图 5-2 "显然"推理模式示意图

也就是说,"显然"在话语中的人际功能是使读者意识到"事实"与"结论"之间存在的隐含前提,从而强调结论的可靠性。这一隐含前提的存在就是我们在前一小节谈到的"凸显"因果关系的"凸显"方式。

我们也注意到,语体不同,"显然"所提示的隐含前提与事实或结论之间的关系也不同。在评论性语体中,结论主要是作者的评价,隐含前提与事实之间往往体现了一种"落差","显然"主要是提示读者注意这种落差的存在,从而强调评价的确实性。在非评论性语体中,结论往往是一种推测,这种推测不是无端的,而是基于某种隐含前提得出的,"显然"主要是通过提示读者注意隐含前提与结论的必然联系,来强调推论的可靠性。

也就是说,在评论语体中,"显然"凸显了隐含前提与事实之间的落差;在非评论性语体中,"显然"凸显了隐含前提与结论之间的必然联系,最终都是为了强调结论的可靠性。

② **语体差异**

A. 评论语体

"显然"在评论性语篇中的互动功能主要是提示读者,事实与说话人预设的前提之间存在落差,这也促使作者使用"显然"来进行强调:由于这一落差的存在,因此结论真实可靠。

基于斯珀伯和威尔逊(Sperber & Wilson,1986)的明示推理模式(ostensive-inferential），读者在推导作者真正意图时需经两个步骤，先推导出隐含前提（implicated premise），再推导出隐含结论（implicated conclusion）。从读者的角度来看，在例（145）中先看到的是字面事实"10年间，人均占有粮食的增长幅度不到粮食总产增长幅度的一半"，这是推论的第一步，也就是因果关系中的"结果"，但从字面上，并不能看出作者对此事实的看法，读者之所以能够推测出作者隐含的前提，是因为受到"显然"的刺激。"显然"的作用是影响从事实到前提之间的推论过程。

（145）1968年全村人口535人，人均耕地0.96亩，粮食总产14.3万公斤，人均占有粮食268公斤；1978年，人口增加到661人，人均耕地只有0.75亩，粮食总产增加到23.8万公斤，人均占有粮食360公斤。10年间，人均占有粮食的增长幅度不到粮食总产增长幅度的一半，<u>显然</u>，地里增产的粮食大都被新增的人口吃掉了。(《福建日报》1980年3月20日)

事实：10年间，人均占有粮食的增长幅度不到粮食总产增长幅度的一半。
前提：粮食总产增长，人均占有量应该同比增长。
结论：地里增产的粮食大都被新增的人口吃掉了。

因为"显然"的互动功能是"前提与事实之间的落差"，从而使读者能够推测出与字面事实有落差的前提（作者认为粮食总产增长，人均占有量应该同比增长）。经过上面两个步骤，当读者整合事实与前提后，能进一步推测并理解作者的结论（地里增产的粮食大都被新增的人口吃掉了）。这也展现出作者所给予的明示以及读者所做出的推理的过程。

前提的推导体现了语言使用的经济原则。前提是共知的背景信息，包含在语句的意义之中，是说听双方不必明确讲出的那部分信息。因此，尽管句中没有明确讲清作者预设的前提，但"显然"的使用显示出作者的前提与事实之间有落差，"显然"有助于读者借由事实反推作者预设的前提。如：

（146）一些县级单位竞相攀比，搞超越国家政策的优惠大派送，如半价收取地皮费、为外来工业企业代缴税费等；至于重复建设、效率低下的情况更是屡见不鲜。越是到基层单位，这种缺乏理性引导的症状就越明显，<u>显然</u>，热情有余而理性不足已经成为西部开发中的一个亟待解决的问题。(《人民日报》1998年3月21日)

事实:越是到基层单位,缺乏理性引导的症状就越明显。
前提:热情需要理性的引导。
结论:热情有余而理性不足已经成为西部开发中的一个亟待解决的问题。

例(146)中提到的事实是"越是到基层单位,这种缺乏理性引导的症状就越明显",由于"显然"的互动功能在于表达前提与事实之间的落差,读者可以由此推知,作者的隐含前提是他认为"热情需要理性的引导"。因此,"显然"不仅带出结论,即"热情有余而理性不足已经成为西部开发中的一个亟待解决的问题",而且凸显了作者认为这一问题需要解决的必要性。

同样,作者通过"显然"与读者互动,让读者能够反推前提、引出结论。如例(147)中的事实是"目前国营企业遇到的困难很多",从而推溯出作者认为的隐含前提是"不同问题需要由不同的部门解决",因此作者的结论是"这些问题的解决需要多方面的支持",通过"显然"的明示,这一推理过程水到渠成。

(147) 目前国营企业遇到的困难很多,例如自有流动资金不足,设备陈旧老化,社会负担沉重,政策、法规不配套等等,显然,这些问题单靠银行运用信贷、利率杠杆是无法解决的,需要多方面的支持。(《文汇报》2004 年 12 月 30 日)

事实:目前国营企业遇到的困难很多。
前提:不同问题需要由不同的部门解决。
结论:这些问题单靠银行运用信贷、利率杠杆是无法解决的,需要多方面的支持。

通过以上例子的分析,我们认为,"显然"是前提触发语(presupposition trigger)(Levinson,1983),前提可能会受到句中某些词语或结构的影响而引发出来。前提关系既反映语句间的逻辑语义关系,也反映语句间受语境影响的语用关系。

在评论性语篇中,"显然"的交互功能是以跨句整体连贯来带出作者的评论,促成语义连贯,形成形式衔接。"显然"在这类语篇中的功能是因事实与作者预设的前提之间存在落差,促使作者使用"显然"来与读者互动,读者借由"显然"来推理以获得作者的意图,理解结论的可靠性。

B. 非评论性语体

在叙述性语体、科技语体等非评论性语体中,"显然"也是提示读者某一隐含前提的存在,但与评论性语体不同的是,这里的隐含前提是显而易见的,或者是基于某一原理,或者是基于文中出现的数据,或者是基于社会共识、常识等。通过这一前提,很容易得出作者的结论,或者说是推论。如:

(148) 假设在处于绝对静止状态之中的参照系中测得某处空间存在一个场强为的均匀万有引力场,由若干个物体组成的群物体正好处于该引力场中,<u>显然</u>,该群物体中任一物体受到的作用力将由空间存在着的均匀引力场对其产生的万有引力与该群物体中其他物体对它产生的综合相互作用力组合而成。(程稳平《21世纪的牛顿力学》)

这个例子来自科技语体,事实是"在处于绝对静止状态之中的参照系中测得某处空间存在一个场强为的均匀万有引力场,由若干个物体组成的群物体正好处于该引力场中","显然"提示了隐含前提是物理学的某一定理,这一前提使得事实与结论"该群物体中任一物体受到的作用力将由空间存在着的均匀引力场对其产生的万有引力与该群物体中其他物体对它产生的综合相互作用力组合而成"之间存在必然联系,从而强调了结论的可靠性。

(149) 今年年初累计欠外款1500万元,而整个企业现有固定资产净值才剩1300万元,<u>显然</u>,债台高筑的工厂已经资不抵债了!(《人民日报》1996年11月18日)

(150) 15∶11结束全场比赛。中国队教练张立明和队员们一起跳了起来,<u>显然</u>,他们对3∶0的结果表示非常满意。(《人民日报》1995年8月14日)

(151) 街道上到处是尸体,一些尸体就在小汽车旁,<u>显然</u>,他们就是在小车旁遭受伏击而被打死的。(《人民日报》2000年3月28日)

例(149)—例(151)都是叙述性语体,例(149)先阐明事实"今年年初累计欠外款1500万元,而整个企业现有固定资产净值才剩1300万元",然后用"显然"提示读者注意这里的隐含前提"外债比固定资产净值多200万元",从而强调结论"债台高筑的工厂已经资不抵债了"的可靠性。例(150)的事实是"中国队教练张立明和队员们一起跳了起来","显然"提示的隐含前提是,根据社会共识"兴奋才会跳起来",从而强调推论"他们对3∶0的结果表示非常满意"的可信性。例(151)的事实是"街道上到处是尸体,一些尸体就在小汽车旁",然后用"显然"提示隐含前提,根据常识"尸体被发现的位置往往是作案现场",从而强调推论"他们就是在小车旁遭受伏击而被打死的"的可信性。

可见,在不同语体中,"结论"的性质不同,由"显然"凸显的隐含前提与结论之间的关系就并不相同。但"显然"的作用是一致的,就是提示读者这一关系的存在,从而强调结论的可信性。

此外,我们也注意到,"显然"通常只出现在书面语体中,在日常口语对话中通常不使用"显然"。我们认为,这主要是由于"显然"提示的前提与结论之间的联系虽然可及性很强,但毕竟存在推理过程,不适用于比较随意地面对面聊天语体。

5.3.2.3 可及性和主体控制性

① "显然"增强可及性

通过上文的分析可以发现,元话语标记"显然"在可及性和主体控制性方面都具有突出作用。可及性是心理语言学中的一个关键概念,指的是一个人在说话时从大脑记忆系统中提取一个语言或记忆单位的便捷程度,或者是信息成分自身具备的便于被提取的属性(Amold, 2010)。"显然"在《现代汉语词典(第7版)》中的释义是"容易看出或感觉到;非常明显",可见,由"显然"引导的后续小句的可及性很强,也就是容易使读者在因果之间建立联系,或使读者注意到因果之间的联系,这一联系就是隐含前提的存在。

(152) 1992年底,上海和深圳股市可流通A股的加权平均市盈率分别为137倍和60倍,个别股票的市盈率高达数百倍,显然,这种状况是不正常的。(《1994年报刊精选》1994年7月20日)

(153) 机器、工艺等等作为人的思维与功能的物化延伸,在通常情况下,并不折映人的性灵,相反还每每造成对人性的遮掩与挤压,显然,这是工业文学作品不易成功的重要原因。(《人民日报》1993年1月10日)

例(152)是关于股票的,对于不懂股票的人来说,很难将原因"上海和深圳股市可流通A股的加权平均市盈率分别为137倍和60倍,个别股票的市盈率高达数百倍"与结果"这种状况不正常"之间建立联系,说话人通过"显然"激活隐含前提"通常的盈利不会这么高",这就提高了信息的可及性,使读者认为两者之间的联系是符合规则的,是"必然的",结论确实可信。例(153)的原因"机器、工艺等等作为人的思维与功能的物化延伸,在通常情况下,并不折映人的性灵,相反还每每造成对人性的遮掩与挤压"和结果

"这是工业文学作品不易成功的重要原因"之间的联系对于非专业人员来说显然也不是"显然"的,但言者通过"显然"将二者连接起来,提示读者隐含前提(某种常规)的存在,这就使读者认为这种联系是"必然"又"显而易见"的,增强了话语的可及性。

② "显然"增强语篇控制度

我们已经谈到,"显然"在语篇中的一个主要功能是语篇衔接。"衔接"本身就是一种语义关系,语篇成立仅凭命题意义还不够,衔接手段最终决定了"命题发展"。

(154) a. 孔子之时,道义失准,世况日下,乃至陪臣执命,孔子何以会称之为太平之世呢? <u>显然</u>,"三世说"是何休强加给《春秋》的。(《读书》2002年第12期)

  b. *孔子之时,道义失准,世况日下,乃至陪臣执命,孔子何以会称之为太平之世呢?"三世说"是何休强加给《春秋》的。

  c. 孔子之时,道义失准,世况日下,乃至陪臣执命,孔子何以会称之为太平之世呢? <u>所以</u>,"三世说"是何休强加给《春秋》的。

通过例(154)a 和 b 句的对比分析我们可以发现,"衔接"对于命题的成立是至关重要的,不然命题意义无法形成。再看例(154)的 c 句,当衔接词换为"所以"时,虽然句子成立,其命题意义也得到了传达,但说话人对语篇的控制度减弱了。这是由于"所以"无法激活作者的隐含前提(作者认为孔子不会称"乱世"为"太平之世",也就否定了"人类社会是沿着据乱世、升平世、太平世顺次进化的过程"的三世说),而正是这一前提的存在才使得结论更加可信。只有这一前提被激活了,作者对语篇的控制度才会加强,主观性也更强。

可见,"显然"的一个重要语篇功能是增加言者对语篇的控制度。

所谓言者对语篇的控制度就是言者通过词语的选择等方式引导语篇的命题传达过程,从而对命题施加自己的影响,这是一个主观化的过程。"显然"的语义是"容易看出或感觉到;非常明显",这种"容易不容易"完全是主观的,"显然"的使用是言者让读者也能产生"容易"之感,凸显因与果之间的关联性。这是增强言者对语篇控制度的一种手段。

(155) 美国桂格麦片公司成功地推出桂格超脆麦片之后,又利用这个品牌及其图样特征,推出雪糕、运动衫等新产品,<u>显然</u>,如果不利用桂格超脆

麦片这个成功的品牌名称,这些新产品就不能很快地打入市场。(《哈佛经理业务管理》)

(156)听了我们的问题,林毅夫很迅速也很冷静地摇摇头,显然,答案已经在脑海中萦绕许久了。(《报刊精选》1994年9月25日)

例(155)中的结果"美国桂格麦片公司成功地推出桂格超脆麦片之后,又利用这个品牌及其图样特征,推出雪糕、运动衫等新产品"和原因"如果不利用桂格超脆麦片这个成功的品牌名称,这些新产品就不能很快地打入市场"之间的联系在某些人看来并不一定是"显然"的,言者使用这一词语目的是将这一关联性强加给读者,从而增加对语篇的控制度。例(156)中的结果"林毅夫很迅速也很冷静地摇摇头"与原因"答案已经在脑海中萦绕许久了"之间的因果关联完全是言者主观推测的,言者在这里使用"显然"主要是为了增强对语篇的控制度,推进文章的发展。

5.3.2.4 小结

根据李秀明(2006)的研究,在话语交际过程中,发话者为了使受话者更好地领会自己的意图,除了要把主要信息清晰地传递给对方外,还要选择恰当的语言成分来有效地组织话语、在话语中表明自己的态度和观点,与读者进行人际交流和协商,这种语篇功能和人际功能的实现除了利用命题信息内容本身具有的逻辑顺序和吸引力之外,还可以通过那些不涉及话题内容的词、短语或句子来实现的。也就是说,在语言交际中,每一次交际行为都有两个层面,即基本话语层面和元话语层面,基本话语是指那些具有指称和命题信息的话语,而元话语(metadiscourse)是指"关于基本话语的话语",是指对命题态度、语篇意义和人际意义进行陈述的话语。

"显然"是一个形容词,也可以作为元话语标记在话语中出现,此时它主要表现出语篇功能和人际功能。在语篇功能方面,它主要是一个因果关系标记,提示读者这种推论性因果关系的存在。构成这一因果关系的原因就是"显然"能够通过明示推理过程来提示读者,在事实、结论之间还存在一个隐含前提。在评论性语体中,"显然"的功能是提示读者隐含前提与事实之间存在落差,从而强调结论的可靠性;在非评论语体中,"显然"是提示读者隐含前提与结论之前的必然联系,从而强调结论的可靠性。也就是说,"显然"的人际功能是"强调结论的可靠性"。由于有了这样的语篇功能和人际功能,"显然"在话语中具有较强的可及性和语篇控制力。

第6章　非正式语体中的强调标记

文体正式性(formality)一直是语言研究和语篇研究的焦点,因为作为一个由直觉断定的(you know it when you see it)(Hyland & Jiang, 2017)共识性概念(a construct of com-mon understanding)(Liardét et al., 2019),非正式性难以界定。某些学者视书面语和口语为对立概念(Barton, 1994; Atkinson, 1999; Lillis, 2013),认为口语特征,如交互性、冗余、错误起始等,是非正式语体特征。另一些学者则根据言语事件发生的情景、语境、交际对象及目的定义语体的正式性(Heylighen & Dewaele, 1999; Howard, 2014)。崔希亮(2020)从文本形式特征的角度出发,抽取出典型的正式语体文本和典型的非正式语体文本的属性特征,并对两者进行对比,认为正式语体与非正式语体的区别主要表现在句子长度、语气情态、欧化程度、古今层次、熟语运用、零句与整句、儿化与后缀等语法层面,也表现在庄雅度、整合度、正式度和互动性等语用层面。我们认为,元话语标记作为话语组织的一种手段,在正式语体和非正式语体中的使用也会有较大差异,第4、第5章我们主要考察了强调标记在正式语体中的使用情况,这一章我们则主要考察强调标记在非正式语体中的使用情况,其中我们考察的非正式语体主要是面对面的口语交谈。

6.1　强调标记梳理

本章使用的语料来自我们自建的约100万字的"大学生日常交谈语料库",此语料库的语料均为大学生日常交谈的录音转写。按照本书的定义将强调标记梳理如表6-1。

表 6-1　强调标记分类表

	强化对命题的认定程度	通过与其他观点对比以凸显作者立场
副词/情态动词/固化结构	必须、肯定、绝对、当然、一定、反正、千万、根本、的确、确实、说实话、真、真的、真是、简直、实在、正、就是、是、明明、应该	当然、尤其、特别、关键、竟然、居然、不如、起码
话语标记	说真的、说实在的、说实话、我的意思是、你知道吗、我跟你说	X 的是、其实

由上表可发现，在非正式文本，也就是日常口语中，有很多强调标记与正式文本中的强调标记相同。我们在前两章中都已经对各种常见强调标记进行了逐一考察，但由于非正式文本与正式文本的差异比较大，因此，本章中我们对在前文已经描述过语义的强调标记将不再解释其语义，但仍然会通过举例加以阐述。

6.1.1　强化对命题的认定程度

6.1.1.1　副词/固化结构

① 对本质的强调

A. 强调可靠性

的确

（1）A：唉，我也想这样啊，我也想找一份稳定的工作，陪陪家人，开开心心、快快乐乐、简简单单的就好。

　　B：对啊，谁不想这样啊，不过吧，你说现在大家都往北上广跑，<u>的确</u>也是，那样的大城市嘛，机会多，还能长长见识，可我俩都没出生在那儿，去那边就算找到了工作也没有住的地方呀，都养不活自己。

（2）A：可能真的喜欢陈意涵，可是她也不年轻了。

　　B：陈意涵也不年轻了。

　　A：她不年轻了。

　　B：三十多岁了。

　　A：对呀，哎呀，受不了。她<u>的确</u>已经，而且能感觉出来她<u>的确</u>已经……

　　B：老了。

确实

（3）毕业后第一份工作，就是学习的过程，没有必要去想着赚那么（多），你就把心态放平，然后多学一点东西，积累点经验。这个比什么都重要。而且在这也不是特别差，确实还不错。

（4）A：我必须得邮回去，我也不能带到巴基斯坦去。哎，对，那你这寝室，不是搬到，搬到，搬到……

B：搬到五公寓了。

A：搬到五公寓。那你可以直接搬过去，不用再搬到家去了吧！

B：因为那些书确实没用了，我感觉，像有什么听力书，好像就以后再也用不上了。然后是语言类的了，文学的，文选之类的用上的可能性也不大了，所以我就可能直接倒腾家去了。

真

语义：〈副〉的确、实在。

（5）A：不然咱们看看有没有旅游团，咱们跟团还能方便一点，少操点心。

B：我正有此意！那我们上网看看吧。

A：嗯，我手机里有很多旅游的软件。什么途牛啊，马蜂窝啊，我都有。

B：那太好了，直接搜帽儿山就行了。

A：嗯，我看看……还真有，而且还有好几个团。团费也很便宜啊。

（6）A：小时候也没吃过粗粮啊？

B：咱们小时候条件还行啊。

A：至少还有水果吃！

B：嗯嗯，真没吃过粗粮。

真的

（7）A：我妈说我不像，但我和我妈的饮食特别像，吃东西超像。

B：我真的很讨厌吃东北的什么蘸酱菜啊，什么白菜呀！我都特别讨厌吃。

（8）甲：我有点信不着你。

乙:一个步骤一个步骤来。
甲:我真的信不着你。
乙:哈哈哈,你让希文,指挥希文。

在口语中,这些元话语标记还常常位于句末,如例(9),甚至一个句子中出现两遍元话语标记,如例(10),这也是非正式语体的一个特点。

(9) A:王斌汉你不许说话,你要报复我。
　　B:唱个歌吧,<u>真的</u>。
　　A:真没有着落呢,那个小王菲似的。
　　B:黄飞鸿啊。
(10) A:咳嗽了,咳嗽了。
　　B:来喝点我的汤。
　　A:你毁了我们,你毁了我们精心,<u>真</u>的你的那个有点像方便面耶,<u>真的</u>。

实在

(11) A:这个壳看起来没啥食欲。
　　B:这冰激凌不好吃,没有食堂的好吃。
　　C:<u>实在</u>是太恶心了啊!
(12) A:那我要等到六月底,取完那个再回去……
　　B:那你待不两天儿又回来了啊,哈哈。
　　A:对啊,救命呀,在这儿一待一个多月。
　　B:你要不你还是回去吧,然后……
　　A:嗯?
　　B:哎,你赶回来<u>实在</u>是不赶趟儿。
　　A:对啊。

简直

语义:表示完全如此。通过夸张的语气来强调自己话语的可靠性。

(13) 所以啊,现在大家都开始怀念过去,想念小时候的幸福时光,想念那些天真无欺的岁月啦。就前两天吧,Ella 出了一张新的专辑,里面有一首歌呢叫作《想念自己》,那个歌词呀,真的是特别切合实际啊,简直就是唱出了我的心声啊。我放给你听听吧!

(14) A:不花自己钱的感觉就是爽啊哈?哎哟,真是太刺激了,妈呀!你那丫的先偷摸乐会儿。俺俩估计半个小时都缓不过来,现在就是,现在就是乐得脸蛋子都酸了!

B:简直要吐了!

是

语义:(必须重读)表示坚决肯定,含有"的确、实在"的意思。

(15) A:哎呀,哎,你今天早上几点起来的?

B:嗯,七点多醒一次,然后去了趟厕所回来又睡了,十点多。

A:啊,我是睡得晚,我昨天十二点多睡的,然后早上八点多就起了。

(16) A:这一擦显得我手特别黑。

B:上次买的是这个,哎玛斯。我觉得味道还挺好闻的。买三免一。

A:哎呀,是挺白的。

这一用法多出现于应答话语中,因此是非正式语体中特有的一个强调标记。

真是

语义:作为一个由"真"和"是"词汇化而成的固化结构,"真是"的主要功能就是说话人用来进一步强调自己观点的可靠性。

(17) A:我真是闲得没事干,某某放一首歌我还在这听呢。

B:哈哈哈,啦啦啦啦。

(18) A:我回来啦!

B:啊,回来了啊,跑了几圈哪?

A:就绕着咱们,咱们学校跑了一大圈,天哪,真是累死我啦,老啦,体力不如从前啦,跑不动啦!

明明

语义:表示显然如此或确实,下文常常转折,用来强调话语的可靠性。

(19) A:走去买点东西去。你就这样似的啊!
　　　B:我刚才<u>明明</u>听你说"眼子"!
　　　A:我没有啊,我说"那么大"!
(20) A:我黄廖本不见了。
　　　B:借给你姐了?
　　　A:没有啊,就是不见了,不知道它去哪了。
　　　B:你是不是已经留下来了,在你那个箱子里。
　　　A:不,它俩去哪儿? 它俩去哪儿?
　　　C:什么去哪了?
　　　A:我的黄廖本不见了,我<u>明明</u>记得我买过。

肯定
语义:〈副〉表示无疑问;必定。

(21) A:那些一般的,像什么上海有什么一个月给两三千块,两三千块的,供吃住,那我觉得应该还是有的。
　　　B:有啊,<u>肯定</u>有,但那些地方的消费也高啊,你光租房子什么的。
(22) A:以后在事业上,多帮帮我们吧。
　　　B:没问题,<u>肯定</u>没问题,就是生活上大家就那个什么了吧,工作上反正就有什么事找我就行了……

绝对
语义:〈副〉完全;肯定。

(23) A:那你认为贾宝玉是真的喜欢林黛玉吗?
　　　B:是,他可能对林黛玉的喜欢不是那种就是,怎么说,就是我们平常说的那种专一啊,……,他的心上人肯定还是林黛玉,所以他们两个<u>绝对</u>是精神上的柏拉图式的爱情。我是这么觉得。
(24) A:我真的信不着你。
　　　B:哈哈哈,你让希文,指挥希文。
　　　A:希文啊,那,那还差不多。要实在不行我就找李超蕊给我写也行。她可<u>绝对</u>稳当儿。信不着你是有原因的。

一定
语义:〈副〉表示坚决或确定;必定。

(25) A:论文！我一下看到了,一摞子。
　　　B:论文?
　　　A:假期一定要认真研读,等你去你,去你大北语的时候……
(26) A:一个钢琴都好贵好贵的。
　　　B:但是超级羡慕她的。
　　　A:我觉得一个男孩子从小最好让他拉个小提琴啦,拉个大提琴啦,培养一下他的那种气质,一定特别帅。

反正
语义:表示情况虽然不同而结果并无区别;表示坚决肯定的语气。这是口语中特有的强调标记,在正式语体文本中我们并没有找到这个强调标记的使用。

(27) A:你早上为啥欠我那么多啊?
　　　B:我早上吃了一个……鸡肉卷,然后又要了一杯豆浆,反正是早饭吃出了午饭的价。
(28) A:赵磊,你五一假期准备做什么啊? 咱们有三天假期呢。
　　　B:没想好呢,反正不想在寝室待着。

根本
语义:从头到尾;始终;全然(多用于否定式),主要加强肯定自己所说的话语。

(29) 甲:那里面还有松鼠?
　　　乙:串线了串线了,就是你说的给点瓜子就那啥的——
　　　甲:啊,那不太阳岛吗?
　　　乙:首先,根本就没几只松鼠。
(30) A:这么贵啊！阿姨,我是学生,没有多少钱,可以便宜点吗?
　　　B:孩子,你也看见了,我这手表是外国进口的,质量杠杠好！这表的本价就高,我还得搭上运费,根本也挣不了多少钱。

B. 强调恰切性
正

(31) A:我觉得我前段时间的工作,销售真的很锻炼人,无论是你的沟通能力啊,还是为人处事能力。但是学生吧,做这种工作,其实跨度挺大的,肯定有许多不适应啊,与同事的相处有时候也觉得,嗯,怎么说,就是教育背景啊,社会阅历都不一样,就是要不断改变自己,适应社会。

　　B:我觉得这<u>正</u>是现在大学生所缺失的,怎么说,就是会说会办事的,就比较吃得开。找工作一定要找到能锻炼自己的,但也不要为难自己。

(32) A:刚开始我没反应过来,我都到大四了我才发现这个玄机。哈呵呵呵,哎。

　　B:嗯。

　　A:我觉得也不着急,你按周岁算我才23,干嘛那么着急啊,<u>正</u>是好好享受单身的时候。是吧?

就是

语义:作为一个固化结构,副词化的"就是"在话语中的主要功能是通过纠正别人话语的错误或偏差,来强调自己所说话语的准确性。因此,这一固化结构通常出现在对话中,是非正式语体中特有的强调标记。

(33) A:美人儿,吃这个吧,这个不辣。

　　B:嗯,待会儿我尝尝。

　　C:啊,不是因为体质不能吃,是因为长痘了,是吧。

　　A:对。

　　B:对,我<u>就是</u>一般不太能吃辣。

(34) A:厦门,他们都说厦门是个适合女孩儿去的城市。

　　B:对,冬天去那儿。

　　A:艳遇啊?

　　C:不是。<u>就是</u>厦门卖女孩儿喜欢的东西挺多的。

② **对结果的强调**

A. 强调必然性

在非正式语体,也就是口语中,对必然性的强调比较少见。

必然

(35) 甲:下雨天意味着要堵车,今天有没有迟到? 老实交代!

　　乙:那<u>必然</u>迟到啊!

(36) 甲:小时候双下巴真可爱。

乙:简直浑身就是一坨肉。
甲:青春已不在,是说你吗?
乙:<u>必然</u>是你比较老。

B. 强调必要性
应该

(37) A:钱包是怎么回事呢,因为当时是我们办签证去,所以特别需要钱,然后我们当时收了六万多块钱,然后同学里有个学生吧,说我那个钱包太破了,<u>应该</u>换个新钱包把钱装上。

B:那她<u>应该</u>给你办张卡啊?

(38) A:你后面那块涂了吗,就黑色这个旁边。

B:没有啊。

A:你<u>应该</u>涂一涂,让它刮一刮就是那棕色吧。要不它就显得太突兀了,你那个眉毛太黑了。

必须

(39) A:唉,现在五一假期,哪里都人多,咱们要出去玩,就要做好心理准备。

B:哈,是啊,<u>必须</u>做好人挤人的心理准备。

(40) A:你也可以参与我们的跑男活动。

B:对呀。

C:你会跑嘛?

B:切……

A:嗷嗷能跑,<u>必须</u>跑第一。

千万

语义:务必,强化肯定后续话语所述结果的"有必要"。作为一个口语词,它是非正式语体中特有的强调标记。

(41) A:阿姨,不骗你,我就有260,真多一分都没了!卖我吧,阿姨!我还有同学想买一块手表呢!我推荐他们来你这买。

B:那行吧!看你这小嘴真甜。<u>千万</u>不能告诉你们同学,我是这个价卖你的啊!要不阿姨就该赔死了。

(42) A:在睫毛上边,画睫毛的上边,睫毛的外边就别画了,睫毛外边你要画,就显着,嗯,那就是像熊猫,知道吧。

B:嗯。

A:千万记住喽,这个画这儿的时候,笔应该是这么画。

B:嗯。

6.1.1.2　话语标记/类话语标记

① 对本质的强调

A. 强调可靠性

说真的

语义:强调后续内容可靠性的元话语标记,通常只在口语交谈这种非正式语体中出现。

(43) A:真厉害!面试也过了吗?

B:录了,哎,说真的,我不谦虚地说一句啊,哈尔滨分真低。

A:真低啊!

(44) A:天天跟这样罚钱,还不如回家睡大头觉!你看跟你现在这种状态多爽!!

B:多爽?

A:我天天真美慕你,说真的,每天走的时候看着你呼呼大睡。

B:嗯,在宿舍打游戏打到嗨,是挺爽的。

说实话

语义:与"说真的"类似,强调后续内容真实性的元话语标记,通常只在口语交谈这种非正式语体中出现。

(45) A:你说巴黎欧莱雅那个洗发水好吗?

B:那个洗发水我没使过,我使的是海飞丝,还有清扬。说实话,我一直想买那个花香的。我感觉那个味儿挺好。

(46) A:你说我以前记的笔记记得那么好,也没有学妹买,那我这个本干嘛呀,卖书,当废纸卖了?

B:撇了呗,从小到大记了多少笔记不都撇了吗?

A:说实话,我从小到大没记过笔记,我就上大学了才记的。

说实在的

语义:与"说真的""说实话"类似,强调后续内容真实性的元话语标记,通常只在口语交谈这种非正式语体中出现。

(47) A:哎,不过,说实在的,你是愿意在你们家待着,还是愿意去这种大城市工作呢?

　　　B:看情况吧,不定什么时候什么想法呢。

(48) A:明天考试了。

　　　B:好紧张啊!

　　　A:对啊,那考那些篇目,你都知道,你都会吗?

　　　B:不太会。说实在的,就是,请假次数太多,没听过几次课。

B. 强调恰切性

我的意思是

语义:用来进一步强调观点的话语标记,通过进一步强调观点来说明话语的恰切性。常常用在答语中,因此也是非正式语体特有的强调标记。

(49) A:你被赤裸裸地嫌弃了。你有没有肌肉?

　　　B:不是不是。

　　　C:没有,你摸摸。

　　　B:不是,我的意思是,我很白,晒成你这种有点黑。

(50) A:我喜欢看封神榜。

　　　B:啊?

　　　A:我喜欢看封神榜,我前两天还想……

　　　B:这不是封神榜,这只是……

　　　A:我的意思是,我喜欢看封神榜这样的,充满神话色彩。

② 对结果的强调

主要是通过提请注意的方式提示后续话语的重要性。

你知道吗

语义:主要是通过提醒对方注意的方式来隐含说明后续话语的重要性。

(51) A:呵呵,你咋又买这个喂狗肠了?

　　　B:太好了,别的肠没有这个味。你知道吗,就这个小喂狗肠才好吃呢。

(52) A:有个松鼠岛你看见了吗?

B:是,就是那个。那,那尾巴,啊,那上面总共长了几根毛啊,哈哈哈,就是你看隔着那个尾巴那毛都能看见它那里面的肌肤了,<u>你知道吗</u>,我说就像被耗子啃过了一样。那个花栗鼠还可以。

我跟你说
语义:与话语标记"你知道吗"类似,也是通过提醒对方注意的方式来隐含说明后续话语的重要性。

(53) A:我今天十一点起的,昨天两点睡的。

B:<u>我跟你说</u>,我就是在学校待的这两天,这一个礼拜,把我的生物钟都给整乱了。天天半夜睡,然后九十点钟才起床,我在家,好长时间就是,九十点钟就睡觉,有的时候甚至八点钟就睡着了。

(54) A:说山东的今年你那就这一次统考,就是教师编制。

B:那它可能,就是命,<u>我跟你说</u>,他可能不想让你回家,想让你去别的地方。

有时候也可以说"我跟你讲",如:

(55) A:我妈的意思就是说"啊,我姑娘有什么考不上的呀,你就非非非报这个玩意儿",我说"考不上你负责呀"。

B:你看多好的妈,"我说你能考上"。

A:她早干啥去了,考之前你说呀,马后炮,<u>我跟你讲</u>,我们一家都是马后炮。

6.1.2 通过与其他观点对比以凸显作者立场

6.1.2.1 副词/固化结构
① 同言
当然

(56) A:到时候我就没有开学校的斗志了,升个主任什么的就把我诱惑了。

B:想得太多了。
　　A:我有这个能力!
　　B:我<u>当然</u>相信你有这个能力,但是得慢慢来。

(57) A:你给我推荐那个六爻我也没看完,我就看到他把那个小姑娘给救出来。你看完了吗?
　　B:我<u>当然</u>看完了。

尤其

(58) A:还记得那年,我妈要给我买羽绒服,什么什么样的,问我想不想要,我说不要了,明年我就要去南方上学了,用不着了。
　　B:但是说真的,如果你适应了东北的气候,去南方不一定能适应,南方真的很潮,嗯,它那个潮就是容易起疹子,真的受不了。<u>尤其</u>冬天湿冷你更受不了。

(59) 别这样,别这样,哎呀,我其实也没有干什么实在的活,主要是王斌汉干得多,<u>尤其</u>是财政上管得好,五毛钱都不能乱花!就是,主要是以后吧,就是生活上反正我也没帮助过大家啥,以后大家就是毕业后多互相帮帮忙。

特别

(60) A:你想听什么呢?
　　B:你随便放就行。
　　A:好,那就听我们家五月天的吧!先来一首《干杯》吧,先说好啊,歌词高能,听完别哭啊!<u>特别</u>现在又是毕业季,准备好纸巾吧。

(61) A:他们找不到笑点吗?
　　B:嗯嗯,可能是他们那种幽默点找不到。
　　A:嗯嗯,他不懂那个点。
　　B:你要是找点好玩的,他们不懂什么意思。
　　A:<u>特别</u>是东北这边,越是东北方言越好玩。

关键(是)

(62) A:但我在私立学校的老师他们都是在这所私立学校干完,去那所私立学校。

B:那他们挣得应该多。

A:对,挣得肯定多。

C:但是他们挣那么多钱身体都熬完了有啥用啊。关键你要说大企业还行,一所私立学校干到头能干成啥啊? 那么拼能得到什么啊?

(63) A:那一套多钱啦? 我忘了。

B:七八十。

A:啊。那还挺合适的。

B:挺便宜,那大瓶。以前单卖就得五六十呢吧。

A:是,关键是我那个洗发香波,我还有挺多呢,今年我使不完,明年我就得扔了。我买就不合适了。

作为话语标记,在口语中还可以置于句末,如:

(64) 甲:那个好像不行,哎,那个能带,得把身份证复印件发过来一份。我给你代取呀,你做梦吧。

乙:带完之后谁给我呀?

甲:我不给你邮,我怕邮丢了,关键是。

主要(是)

语义:通过与其他情形类比来强调后续内容,口语中可以倒置于句末。

(65) A:那个,你们先那什么,我去洗个头,然后一会儿回来。

B:那你不跟我们一起挑饭了?

A:我就十几分钟的事儿,对不对。

B:还有赠饮呢。

A:啊?

B:还有赠饮呢……

A:随意啊,主要是我盆去哪了?

(66) A:她既然说了,你就回来再给她干两天,……,对你那么好。

B:可是我不想干了呀。

A:太累了。

C:也不是,没意思主要是,就是跟他们玩的时候有意思。

② 异言
竟然

(67) A:不造唉。我第一次碰上兼职还有不放着走的。
　　　B:有点想不通是吧?
　　　A:对啊,有点想不通,为什么,为什么,兼职为什么……兼职<u>竟然</u>不放你走……

(68) A:你这个套餐点值了,而且好像很便宜我记得,好像都不到三十吧?
　　　C:二十多。嗯,不到,不到。
　　　A:真好。
　　　B:他们家<u>竟然</u>没有涨价。

居然
语义:表示出乎意料,竟然。通过与其他情形对比来强调后续情形的特殊性。

(69) A:厦门,他们都说厦门是个适合女孩儿去的城市。
　　　B:对,冬天去那儿。
　　　C:艳遇啊?
　　　A:不是。就是厦门卖女孩儿喜欢的东西挺多的,然后有感觉。
　　　C:我<u>居然</u>惦记着艳遇!

(70) A:你说 suō 和 shuō 有什么区别?
　　　B:当然是 suō 啦!
　　　C:当然是舌前和舌后的区别,你作为一个中文系的学生,你<u>居然</u>连这个都不知道!

不如
语义:作为副词的"不如"在《现代汉语词典(第7版)》中并没有收录,因此可以算是一个固化结构,用来表示选择或提出建议。从差比到选择、建议是"不如"主观化和情态化加强的结果;从选择、建议到篇章衔接是"不如"关联化加强的结果(胡承佼,2018)。最终其作用就是通过同其他潜在可能性的比较来对自己观点的加强肯定。这一固化结构常常与副词"还""倒"共现,共同构成"还不如""倒不如",从而进一步强化"比较"的存在。常在口语中使用。

(71) A:我想咱们就算六月末的时候拉到那个底下卖,也就是三毛钱一斤,堆得烂马七糟的。

C:可能那个时候两毛。

A:对,可能那个时候更便宜,不如现在赶紧处理得了。

(72) B:你觉得XX的那个好看吗?

A:挺好的。

B:但是你知道吗,上面是人造革的。

A:啊?

B:那上面写的。

A:那只能穿着玩了。

B:就是,穿着玩还不错。

A:只能穿一个夏天。还不如多花点穿到秋天。

起码

语义:表示"最低限度",是特定量级上实现的把握性最大的一种情况。"起码"在交际中能够维护会话合作原则质的准则,用来引出说话人最有把握的话语内容。其维护质的准则的语用功能蕴含说话人的肯定态度,构成的句子具有断言功能(贾泽林,2015)。这一强调标记通常只出现于口语中,表示对自己话语的强化肯定。

(73) A:你写完了发给我,我照着写。就是字儿不太好而已,绝对给你写完。

B:那我还是找希文写吧,超慈字也不好看。我字儿那么漂亮,我不想让你们给我往上写。

A:哎哟哎哟。

B:我字儿,起码它不像你那样吧?挺方正的,还能看,好不好?

(74) A:那你的建议是我先这样干着?

B:嗯,起码先干一年吧。而且你刚毕业换工作也不好,对你自己也不好。

6.1.2.2 话语标记/类话语标记

① 同言

X 的是

(75) A:哦。她是谁呀?

B:不晓……不不不知道。反正他们都叫猫娘,反正不是……不认识。

A:哦。

B:反正……反正现在<u>最难锻炼的是</u>一期一振跟鹤丸。那里面的鹤妹很漂亮。

(76) A:他们那桌每个人都在说话。

B:随便说,以后咱们同学再想凑这么全就太难了。

C:我<u>记得最深的是</u>有一次刘思言点名的时候,说同学给我拿根笔(大家:眉笔,哈哈哈哈),她给老师根眉笔,有没有?真的有!眉笔!

② 异言
其实

(77) 甲:哦,具体的东西,答什么题?行测答什么?

乙:自己上网<u>查</u>去。

甲:你能不能不这样?快点告诉我。

乙:<u>其实</u>现在我也记不清楚了,行测一般分为五大板块。

(78) A:这个是什么?

B:是绿豆的,是排毒祛痘的。

A:你用过这个吗?哪个好?

C:用过,都差不多吧,<u>其实</u>。

6.1.3 小结

以上我们讨论了非正式语体语篇中强调标记的一些主要形式,可以看到,在非正式语体语篇中,"强化对命题的认定程度"类的副词/情态动词/固话结构和话语标记是所考察的这几类语体语篇中最多的。我们知道,越是互动性强的语篇,使用的元话语标记越多,口语"互动性强"的特点使口语中元话语标记的使用频率最高,强调标记使用也就最多,因为强调标记在"强调"之外往往还具有其他人际功能和语篇功能。

在以上三种类型语体语篇中,非正式语体中使用的强调标记最多,其次是社论语体,最后是科技语体,尤其以理工科学位论文中强调标记的使用最少,这也体现出不同语体语篇的特点:非正式语体,或者说口语的互动性最强,这是由于口语多是面对面进行的,说话人需要更多地关注听话人的反映,并努力使听话人聚焦于自己的话语,因此说话人就会更多地使用强调标记来吸引听话人的注意。此外,由于口语是现场生成的,是即时性话语,说话人有时会使用元话语标记来抢占话轮以给自己时间思考,强调标记也是元话语标记的一部分,因此,在口语中它的使用频率非常高。社论语体语篇的主要目的是通过自己的阐述传递己方观点,为了引导听话人认同己方的观点,强调标记的使用也比较多。文科学术论文主要是通过作者阐述来提出观点,在这一点上与社论语体一致,但学术论文主要是在一个不大的范围内传播,作者不可能像社论作者那样"强硬",观点的阐述往往是协商性的,因此互动性也比较强。理工科学术论文与上面的语体语篇都不相同,主要是通过实验、数据等来阐述自己观点,论述的内容比较少,可以说是"用事实说话",互动性不强,协商性也较弱,因此强调标记的使用不多,是这三类语体语篇中最少的。可见,强调标记出现的多寡可以显示不同语体语篇的特点。

我们也注意到,在所有类型的强调标记中,以副词、固化结构、话语标记形式呈现的强调标记最为丰富,尤其是副词形式,可见,这些形式更容易用来表达主观态度和情感,也更容易语法化、词汇化为"标记"。汉语强调标记的这一特点也与很多外语,比如英语,是一致的。

6.2 个 案 分 析

6.2.1 必须[①]

"必须"是现代汉语中的一个常用副词,根据《现代汉语词典(第7版)》,"必须"的基本语义是:①表示事理上和情理上必要;一定要。②加强命令语气。可见,"必须"的主要语义特征是[+强制性]。在网络语言和当下口语中,"必须"出现了一种非常规的用法,通常在句子中做答语,如下面的例(79)—例(81),也可以不以答语的形式出现,如例(82)。这样的"必须"的主要功能是说话人用来加强对自己话语的"强制性"。"必须"随后又发生了进一步的演化,出现了"必须的"的形式,如例(83)。张海涛(2014)认为,这样的"必须的"是"必须"与"必需"混用造成的句法位置的游移和句

---

① 本小节内容经修改后,以《"必须"的情态功能游移和语用化》为题发表于《语言与翻译》2022年第2期。

法功能的变化。但通过对大量例句的考察,如下面的例(79)—例(82),我们认为,"必须的"的出现与"必需"没有直接关联,而是"必须$_2$"在语用化和主观化的双重驱动下产生的。

(79) 甲:这次路考你可千万得过呀!
乙:<u>必须</u>过! 都几次了,还不过?

(80) 甲:头一回做,不知道能不能好吃。
乙:<u>必须</u>好吃啊,也不看看是谁做的!

(81) 甲:挺好的! 好像全国各地的人都有了。那你们住宿呢,几个人一个寝啊?
乙:<u>必须</u>三个人! 四星级酒店!

(82) 头痛嗓子痛流浓鼻涕上吐下泻……我这<u>必须</u>是要大病一场的节奏……(微博)

(83) 甲:在澳大利亚下没下海啊?
乙:<u>必须</u>的啊! 还出海了呢。我刚去时可暖和了。

本小节主要探讨新用法的"必须"情态类型改变的动因、语体差异,以及与传统用法的主要差异,并要进一步探讨"必须的"的产生原因。

6.2.1.1 "必须"情态意义的改变

其一,情态分类简述。

情态范畴的分类在学界还没有取得统一认识,目前大家比较接受的看法是帕尔默(Palmer,1986)从意义出发对情态的分类。帕尔默(Palmer,1986)根据杰斯珀森(Jespersen,1924)和莱昂斯(Lyons,1977)对命题和情态的区别,提出情态只牵涉描述该事件的命题的写实/非写实性状况,包括两种:一是说话者的态度意向使事件具有发生的可能性/必然性,就是我们通常所说的义务情态(deontic modality);二是说话者对事件发生的可能性与必然性的判断和推测,就是我们通常所说的认识情态(epistemic modality)。帕尔默(Palmer,1986)将情态系统又进行了细致分类。

从逻辑的角度说,义务情态与逻辑上的义务与允许有关,如"你必须去";认识情态则是断定或蕴含相关命题是已知的或信念中的,表现的是说话人的一种心理状态,是对已知的或信念中的命题结构做出的断定,如"他可能去了"。可见,认识情态关心的是对事件真实度的评价,义务情态关心的是能让事件发生的外在或内在的驱动力(Bhat,1999)即西尔(Seale,1983)所说的"指令"(转引自李敏,2010)。

表6-2　帕尔默的情态系统分类表

义务情态	责任型情态	指令
		允诺
		评价
	动态型情态	能力
		意愿
认识情态	认知型情态	预测
		推导
		假设
	证据型情态	报道
		感知

其二,"必须"情态功能的游移。

必须₁

传统上的"必须"是现代汉语中使用频率很高的副词,用来表示"事理上和情理上必要",或用来"加强命令语气"。虽然它不是情态动词,但很明显地具有情态意义。通过情态分类可以看出,"必须"的这种用法关心的是能让事件发生的外在或内在的驱动力,属于"义务情态",它又可分为两种不同的情形:内在驱动力,即"能力",如例(84),外在驱动力,即"命令",如例(85)。这样的"必须"本节称之为"必须₁"。

(84) 桌子<u>必须</u>有四条腿才能承重。
(85) 你们<u>必须</u>按时完成任务!

必须₂

通过例(79)—例(82),我们发现,新用法的"必须"所表达的情态意义已经发生了改变,不再表达"能让事件发生的外在或内在的驱动力",而是用来表达说话人的态度,即由义务情态发展为认识情态。我们把这种"必须"称为"必须₂"。"必须₂"虽然用来传达主观态度,表示对话语的肯定,但同时也蕴含了一种"强制性"。它也可分为两类:"预测"和"推导",推导的结果就是"确认"。对于未然事件,"必然"代表了一种"强制性"的肯定性预测,就是预测某结果必然发生,如例(79)中的乙还没有参加路考就觉得自己"肯定过(不过也得过)",这种确信纯粹是说话人的主观肯定性推测。例(82)的说话人根据已有症状,肯定性推测自己必然会"大病一场"。对于已然性事件,"必须"暗含了对事态的进一步"强制性"确认,如例(80)的事情已经发生,说话人使用"必须"是对自己话语的"强制性"确认,表达不容置疑之义。例(81)中的乙是对甲做饭"好吃"的进一步确认,并包含"即使不好吃也是好吃"的调侃之义。由于甲做的饭与"好吃"之间并没有必然的联系,因此,这种肯定也是一种带有"强制性"的主观态度。

"必须"这种情态功能的改变,就是由"必须$_1$"到"必须$_2$",也经历了发展演变的过程,其证据就是实际话语中存在两解的情况,如:

(86) 甲:这谁啊? 是?
　　　乙:布鲁尔。
　　　甲:火箭这赛季引进的新球员发挥还是比较不错的。板凳深度都比较深。
　　　乙:看布鲁尔这一罚。
　　　甲:这罚必须进了!
　　　乙:好球! 两罚全中!

这里的"必须"可以有两种理解,一种是"必须$_1$",也就是一种"命令";另一种是"必须$_2$",表达的是说话人的主观强制性肯定推测。这种两解状态的存在,体现了"必须"情态功能游移的路径。

6.2.1.2 "必须$_1$"与"必须$_2$"的同现差异

"必须$_1$"与"必须$_2$"属于不同的情态类别,它们在句法方面,主要是与其他成分的共现方面存在差异。

① **与谓词共现**

A. 自主与非自主

作为副词的"必须$_1$"主要用来修饰动词,并且由于它属于义务情态,表达的是一种"能力"或"命令",所以它修饰的多为自主动词,如例(87),少数为非自主动词,如例(88)。在某些情况下它还能用来修饰形容词,但"必须$_1$"的语义使其修饰的形容词通常是自主形容词,如例(89)。

(87) 贫道也很难提出一个具体的计划,必须看事态发展,才能决定。

(倪匡《血的诱惑》)

(88) 他必须醒来,不然,营养衰竭的必然结果,就是死亡。(倪匡《血的诱惑》)

(89) 登记机关的工作必须耐心细致,但不得无故拖延。

由于"必须$_2$"表达的是一种主观态度,属于认识情态,所以,它可以修饰的词类范围有所扩大,除了修饰动词,如前面的例(79)和下面的例(90),还可以修饰形容词,这里的形容词除了是自主形容词,如例(91),还可以是非自主形容词,如例(92)。甚至,还可以修饰名词,如例(93)。

(90) 甲:你做的面包看着可挺好吃,你啥时候安排我一个?
　　　乙:那必须安排!
(91) 甲:这次考试可得认真哪,毕业可没有清考了!
　　　乙:放心吧,必须认真!
(92) 甲:我这千里迢迢来给你送吃的,感动不?
　　　乙:必须感动啊!
(93) 甲:咱班长跑得可真快!
　　　乙:目测必须前三,剑指冠军!

B. 语义的正向与负向

作为副词,"必须$_1$"和"必须$_2$"都能与谓词共现,这些谓词在语义倾向性方面具有差别:"必须$_1$"通常不与负向性谓词共现,我们在北京大学 CCL 语料库中没有找到"必须$_1$"与负向性谓词共现的例子。"必须$_2$"则不受此语义限制,既可以与正向性谓词共现,也可以与负向性谓词共现,如:

(94) 甲:顶层漏不漏啊?
　　　乙:必须漏啊,顶层能不漏吗?不然能这么便宜?
(95) 甲:××可能还难受呢,今天没来上课。
　　　乙:那必须难受啊,昨天晚上她可没少喝。

例(94)中的"漏"和例(95)中的"难受"都是负向性表达,这里的"必须"都是"必须$_2$",体现的是说话人的主观态度。

这种与共现成分在语义上的选择倾向主要还是与"必须$_1$"和"必须$_2$"的情态功能不同有关。"必须$_1$"表现的是"义务情态",是一种"能力"或"命令",其对象不能是负向性的。"必须₂"是"认识情态",是说话人主观的态度,既可以正向也可以负向。

从上述分析可知,"必须₂"的共现范围要比"必须₁"广,这符合副词的修饰范围域:话语行为副词>评论性情态副词>知识性情态副词>修饰性副词。

② 与否定词共现

"必须₁"与"必须₂"的区别还表现在否定形式上,"必须₁"有否定形式,其否定形式是"不必",而"必须₂"没有否定形式。即使有时候"必须₂"能够后接否定词,但"必须₂"并不是与否定词直接发生关系,而是对某种否定性观点的强制性确认,句子带有引述性,如:

(96) 甲:刚才那条裙子,买还是不买呀?
　　　乙:<u>必须不买</u>呀,颜色太难看了。
(97) 你<u>必须没</u>见过的鬼斧神工的石膏像素描。

这两个例子中的"必须"虽然直接与否定词"不"或"没"共现,但从语义上看都不是直接否定,而是对一种否定性观点的确认,例(96)是对"不买"的强制性确认,例(97)是对"没见过的鬼斧神工的石膏像素描"的强制性确认。

关于"必须₂"的用法还有一点需要说明,虽然"必须₂"有时似乎可以修饰名词,如例(81)和例(93),但这里其实是省略了动词:例(81)的"必须三个人"就是"必须三个人住",例(93)的"必须前三"就是"必须得前三"。动词省略是一种强调的手段,但对于"必须₁"而言,用"必须"提出命令的目的就是让听话人付诸行动,也就是动词所代表的动作,因此,"必须₁"后的动词不能省略。

6.2.1.3 "必须₂"的元语性及其会话序列

① "必须₂"的元语性

"元语"就是指描述、讨论、评论、观察语言的语言(克里斯特尔(Crystal),1991),更具体地说,"元语"(metalanguage)是指"用来指称或描述语言的语言"。一个词语如果以引述的形式出现,引述的用意不在传递命题内容,而在表明说话人对所引述的话语的态度,它就是典型的元语。语言的主要功能是传递信息,如果一个词语传递的信息是关于语言本身传递信息的情况的,那么这个语词的这一用法就是它的元语用法(沈家煊,2009)。"元语"既涉及命题或思想内容的组织结构,也涉及语篇作者对命题或思想内容的态度、作者对世界或事态的种种模态反映(mood),还涉及作者和读者的双向交流(interaction)。

"必须$_2$"在对话性语境中,通常是"引述+表态",引述的最多的是说话人所说话语内容的一部分,表达的是自己"强制性"的态度,如上文的例(79)。此时的"必须"一般重读。"必须$_2$"的元语用法不一定都是"直接引述",有时是对说话人提出的某种选项的肯定性选择,或者说是肯定性引述某一说法,同时表达"强制性"的态度,如上面的例(80)。有时,这种"引述"来源于认知背景,如例(81),说话人知道听话人是三个人一起去旅行,所以听话人答语的"必须三个人"就是对这一背景知识的引述。这种情况在非对话性语境中更为常见,如例(82)的"必须大病一场"就是对由前文引起的背景知识的引述——"头痛嗓子痛流浓鼻涕上吐下泻"就是"大病一场"。引述的同时表达自己"强制性"的态度,这里所说的"强制性"不是针对别人,而通常是针对自己的,也可以说是一种自我保证。

② "必须$_2$"的会话序列

"序列"就是会话行为的组织方式(Schegloff,2007;方梅,2017)。同一个表达形式在句子中的分布不同,其话语功能也会有所不同。从会话序列的角度看,某一表达形式可以用作开启行为,也可以用作回应行为,还可以在会话序列中没有位置分布偏好。"必须$_2$"在会话序列中只能处于后续句的位置,不能作为始发句,这主要与"必须$_2$"的元语性有关。在对话性和非对话性话语中,它存在两种不同的情况。此外,在对话性话语中的"必须$_2$"的功能又可以分为两种:"应和"和"应答"。

第一类是对话性话语中的"必须$_2$"。

对话性话语中的"必须$_2$"既可以是一种"应和语",表现元语性认同;也可以是一种"应答语",表现元语性确认。

A. 元语性应和

(98) 甲:哎,压力可大了。
　　　乙:要有信心!
　　　甲:信心<u>必须</u>有,压力也得有!
(99) 甲:她说逃个课都逃不了!
　　　乙:那<u>必须</u>逃不了呀,一共才十五个人,一看就……
(100) (公交司机是个女的,她摇开车窗对后面那个公交车喊道:"你给我靠边停下。"后面的公交车果然就靠边停下了,华丽让路。一车人都无限惊讶地看着司机。)女司机:<u>必须</u>好使,那司机是我老公。

例(98)的甲所说的"信心必须有"是对乙所说的"要有信心"的"应和"。例(99)的"必须"是对甲所说"逃不了课"的"应和"。这两个例子都是对有声语言的应和。有时候还可以对无声语言进行应和,如例(100),全车人惊讶的眼神其实就是一种无声的语言,其语义就是"你的话真好使",而女司机的回答就是对这一无声语言的应和——"必须好使"。例(79)和例(91)—例(94)都是说话人对引发话语内容的应和:对方说出某一话语内容,说话人认为这一话语内容合理,因而予以认同。这种应和往往以重复对方主要观点的方式进行,因而是一种"元语性应和"。

这种"必须$_2$"必须有一个引发成分 F,"必须$_2$"所在小句是对 F 的回应。此外,我们也注意到,这种回应并不是一种一般的应和,重复对方话语也不是简单的复述,而是一种"加量"应和。这种"加量"就体现在"必须$_2$"的使用上,即用"必须$_2$"语义中的"强制性"来强化自己对对方观点的认同。

B. 元语性确认

(101) 甲:你那车手动自动的?
　　　乙:必须手动啊!
(101′) 甲:你那车手动自动的?
　　　乙:手动。
(102) 甲:你下午过去,能不能顺路帮我把那事儿办了?
　　　乙:必须能!
(102′) 甲:你下午过去,能不能顺路帮我把那事儿办了?
　　　乙:能!

这样的"必须$_2$"必须位于句首,功能相当于一个语气副词,主要作用就是加强"理所当然"的语气,也就是一种确认。具有确认功能的"必须$_2$"必须有一个引发成分 Q,这个引发成分必须是一个问句,"必须$_2$"所在小句是对 Q 的回答,因此是一种元语性确认。说话人认为自己的回答 A 是理所当然的,不会也不应该有其他情况,突出"强制性"。因此,"必须$_2$"引导小句的"确认"是一种"加量"确认,这种"加量"是由"必须$_2$"提供的。一个证据就是,这里的"必须$_2$"都可以去掉,如例(101′)和例(102′),去掉"必须$_2$"后的答语仍然成立,但失去了"强制性"的意味。

第二类是非对话性话语中的"必须$_2$"。

"必须$_2$"也能出现在非对话性话语中,用来强化"强制性"的肯定性推测,如:

（103）ios7 正式版来了,必须升级呀,高端大气上档次!（微博）

（104）打了这么多电话,这个月话费必须暴增啊!（微博）

这里的"必须"表示的都是对未然事件的"强制性"肯定性推测,体现出一种"传信性",即说话人认为某未然事件必然会发生。这里的肯定性推测不是凭空进行的,前一小句多给出依据,例(103)的就是"ios7 正式版高端大气上档次",例(104)的则是"打的电话多",这些依据的提出,使说话人更有可能使用"必须"来强化"强制性"。

6.2.1.4 "必须$_2$"的形成机制

其一,语用化。

我们认为,从"必须$_1$"到"必须$_2$"是一个语用化的过程,语用是促成这一功能游移的主要因素。

所谓语用化,就是指某个语法或词汇形式在一定的语境下,其命题意义发生了变化,取而代之的是元交际性的话语互动意义,作用于话语而非句子层面,能够起到构建语篇的作用(吉益民,2012)。语用化自埃尔曼和科赛恩(Erman & Kotsinan)在1993年提出之后,长期受到语言学界的关注,与语法化、词汇化等构成了既有不同又有相似之处的一组概念。无论是语用化,还是语法化和词汇化,它们的发生都必须有语用因素的触发,但具体过程并不完全相同(邱述德和孙麒,2011)。从语用推理的角度看,它们虽都与语用推理相关,但在其中起决定作用的因素并不相同,语用化主要与特定的语用目的有关,是语用目的和表达空位共同起作用的结果。语法化固化的含义和主观性只是隐含于特定语法范畴的一种依附功能。从认知上看,语法化主要与隐喻密切相关,而语用化既可以与隐喻,也可以与转喻密切相关。

"语言是人类最重要的交际工具。"人是语言交际过程中的主体,既是语言的发出者,也是语言的接受者。作为语言使用者的人必定有其自主性,在语言的使用过程中展现"自我"因素,这种"自我"包括认知、态度、情感、评价等,语言的"自我"因素与语言的使用环境结合形成了语言生成的外部特征。语言外部特征必须在语言层面得到体现,才能在语言交际过程中发挥作用,可以说,语言是在语言外部特征激发下与语言内部规则共同作用的结果。这些语言外部特征多数是与语用有关的因素,语用因素如何在语言层面得到体现是语用化研究的对象(王素改,2019)。当语言外部有表达需求,而语言本身又缺少必要表达形式的时候,就会促动语用化的发生。

"必须$_2$"是一种通过词汇手段表现的语用特征,它在句子中的主要语用功能是强化强制性肯定,这一语用功能的产生主要与说话人的表达需求与语言中的表达空位有关。当说话人有表达的需求,但语言中现有成分不能满足表达需求时,人们就会自动寻找相应表达形式。其中最为经济的手段就是赋予"旧词"以新的功能,"必须₂"由此产生。当然,赋予什么样的"旧词"以新的功能则主要与"旧词"的语义特征,以及人的认知因素有关。

其二,转喻。

我们已经谈到,语用化的一个特征就是它可以使用隐喻,也可以使用转喻,而语法化通常使用隐喻。比如在英语中,Modal+you+VP?是利用事态的前部分(询问受话人是否具有做某事的能力或意愿)借代事态的核心部分(请求受话人接受做某事的义务)的转喻,这是一个语用化的过程。

由"必须₁"到"必须₂"的语用化过程也与此类似。"必须₁"的一个重要语义特征是[+强制性],这一语义特征在"必须₂"中得以保留,说话人使用这种"强制性"来转喻整个事态,即使这种强制性是纯粹主观的。这一语用推理及所得含义典型地体现了语用原则中的省力原则。由于[+强制性]是"必须₁"最凸显的语义特征,所以,说话人在解读"必须₂"时的可及性就很高,这种省力既是说话人的省力,对听话人的推理也是省力的。

由"必须₁"到"必须₂"的认知动因是转喻,这也体现出这一演化过程是一个语用化的过程。

其三,构式整合。

从语义构成来看,"必须₁"属于义务情态,主要表现出一种客观性和强制性,而这种强制性又引申出一种肯定性,如:

(105) 今天下午必须完成任务!→今天下午完成任务。
(106) 我们必须坚持真理!→我们坚持真理。

例(105)不管听话人最终能否"完成任务",但在发话人看来,"今天下午完成任务"是客观事实;在例(106)的说话人看来,"坚持真理"是毋庸置疑的。

例(105)和例(106)代表了两种不同的情况,例(105)是还未发生的,例(106)则是一直持续的,但无论是哪种情况,在说话人看来,都是客观的、肯定的。

由于"必须₁"具有预设其所在小句为真的语义功能,因而可以后接与其真值一致的小句,不允许后接与其真值不一致的小句,也不允许追补表明其所在小句可真可假的后续小句。例如:

(107) a. 别人做不了,你必须去! → 别人做不了,你必须去,事实上你去了。

b. 别人做不了,你必须去! → ? 别人做不了,你必须去,事实上你没去。

c. 别人做不了,你必须去! → * 别人做不了,你必须去,也许你去。

也就是说,"必须$_1$"的使用在语义上增加了句子的客观性、强制性以及肯定性。

由于"必须$_1$"具有这些语义特征,这就使得说话人在觉得自己传达的信息不够客观、不够肯定时就会使用"必须",其目的就是通过凸现客观性来掩藏主观性,并通过增加话语的强制性来增加话语的肯定性。

有了构式整合的心理基础,构式整合过程就顺理成章。在"必须$_2$X"事件中包含了两个子事件,如:

(108)《蜗居》真实结局,宋思明必须没死。(微博)

(109) 甲:这部电视剧预计于2015年开播。

乙:哇哦,必须期待!

例(108)中的两个事件是:

Ⅰ. 宋思明没死。

Ⅱ. 我们认为一定是这样,不这样也得这样。

例(109)中的两个事件是:

Ⅰ. 我们期待电视剧2015年开播。

Ⅱ. 我们认为一定是这样,不这样也得这样。

这里Ⅰ事件凸显的是客观性,Ⅱ事件凸显的是强制性、肯定性和推测必然性。当说话人既要表达事件的客观性,又要表达事件的强制性、肯定性和推测必然性时,就会将两个子事件加以整合,从而使"必须"能够与非自主动词、形容词、负向性谓词、否定词,甚至名词组合,特异性的"必须$_2$"就由此产生了。

6.2.1.5 "必须的"的出现

"必须$_2$"本身并不能独立成句,但当它后面加上语气词"的"后,则可以独立成句。我们认为,"必须的"的出现是"必须$_2$"进一步语用化的结果。

我们之前谈到过,"必须$_2$"在对话性语境中的元语性要强于非对话性语

境,通常是直接引述,即"引述+表态"。当说话人表达时不需要引述,而只需表态时,这种语用诉求使得"必须的"出现了。如:

(110) A:那男生个儿高吗?
B:<u>必须的</u>,身高是硬伤。但是你,浓缩的才是精华。
(111) A:记不记得咱大一的时候,雄哥跟咱们班的娜娜姐姐对瓶吹?
B:<u>必须的</u>。
A:啥玩意儿必须的?
B:娜姐必须对瓶吹!
(112) A:你现在这当老师了,你这能不能给我出点资啊。
B:那<u>必须的</u>啊。
(113) 我一定要瘦下去,<u>必须的</u>!

以上例(110)—例(112)中的"必须的"都是应答语,都是对问话的肯定性回答,同时增加了"强制性"的态度,或者说,说话人主要想表达的其实就是这种强制性,如例(110),"必须的"的意思就是"肯定个儿高,这是必须的"。有时候,在缺少语境的情况下,听话人可能不能立刻清楚说话人的所指,如例(111),听话人不清楚说话人是说"必须记得",还是"娜姐必须对瓶吹",才会发出进一步追问。有时候,在"必须的"后面还会加上语气词,以进一步强化说话人的确认语气,如例(112)。我们发现,这里的"强制性"都是针对说话人自己的,所以,在非对话性话语中,作为一种"自我保证","必须的"也可以使用,如例(113)。

从语义上看,"必须的"中的"必须"是"必须$_2$"。属于义务情态的"必须$_1$"绝不能同表主观性确认的"的"共现,而认识情态的"必须$_2$"却可以,这其实是主观化对句法限制的消解。

所谓主观化对句法限制的消解主要包括两种情况,一是原本不可接受的句法行为,由于主观化的作用而变得可接受了;二是原本在使用范围上受到限制,或者被认为"不规范"的用法,由于主观化的作用变得越来越常见和可接受,或者是语言单位的句法或语义发生扩张后变得可接受(刘正光,2011)。"必须$_2$"与"的"的共现形式的出现就属于第一种情况。主观化对语言使用的影响主要体现在三个方面:说话人视角、说话人情感和说话人态度。前文我们已经谈到,"必须$_2$"主要体现的是说话人"强制性"的态度,由于这一强制性针对的是自己,所以说话人使用"的"来对这种"强制性"进一步"确认",两者都具有"元语增量"(沈家煊,2001),从而使得"必须的"可以接受,成为一个用来加强强制性肯定的应答语。由于"必须"与"的"的共现是一种超常搭配,主观性"暴增",所以在使用中又浮现出了戏谑的意味。这一用法的出现与"必需"无关。

6.2.1.6 结语

每一个词语都有其常规认知域,当这一认知域被突破,就会出现"超常搭配",这往往都是语用化的结果。目前,汉语学界对语用化的研究主要集中在语用标记语和习语方面,如乐耀(2011)、厉杰(2011)、朱军(2016)、张秀松和张爱玲(2016,2017)、王晓辉(2018)、张爱玲(2019a,2019b)、乐耀(2020)、张秀松(2020)、方迪(2020)等,对其他语言成分发生语用化的研究成果还不多见。任何语言成分的功能演化都与语用因素相关,因此,对语用化的研究就不能局限于语用标记语。"必须$_2$"并不是一个语用标记语,但由"必须$_1$"到"必须$_2$"的演化是语用化的结果。在语用需求的驱动下,副词"必须"发生功能游移,其情态属性由义务情态游移至认识情态,"必须$_1$"是"必要"(事实上、情理上必要),"必须$_2$"是"必然"(主观上认为确定不移),它们在不同线性序列中体现出不同的分布特征和功能,但都用于表达说话人对话语的强制性肯定,这中间的主要机制是转喻和构式整合。由于"必须"发生了情态功能的游移,所以副词"必须$_2$"能够与"的"共现,构成多做应答语的"必须的",这体现出主观性对语法限制的消解,用来强化表达说话人对话语的"强制性"肯定或确认。

6.2.2 说真的

"说真的"是一个常见的话语标记,但对它的专门研究还不多见,主要有苏俊波(2014)、王天佑(2019)等。还有一些对它的研究散见于对"确认类"话语标记的研究中,认为"说真的"也是一个"确认类"话语标记。我们认为,"说真的"虽然来源于动宾短语"说+真的",但与"确认类"话语标记"真的"在功能上差别较大,不属于"确认类"话语标记,而是一个评解性话语标记。虽然从大的分类上看,它也属于广义的"评价标记",但由于"说真的"引导的小句既可以表示评价,也可以表示解说,因此叫作"评解标记"可能更符合实际。同时,"说真的"还具有强调和调节人际关系的功能,具有强烈的交互主观性。本小节最后将通过对话语标记"说真的"与"真的"的对比来进一步说明"说真的"的话语功能。

6.2.2.1 话语标记"说真的"的来源[①]

为了更好地说清楚话语标记"说真的"的功能和与话语标记"真的"的

---

① 本小节内容主要由陈颖的硕士学生张影在导师指导下完成。

区别,有必要梳理一下话语标记"说真的"的演化历程。

话语标记"说真的"来源于动宾短语"说真的":

(114) 我跟你说真的,赵和平不像干这种事的人。(谈歌《的爷》)

这里的"说真的"并不是话语标记,而是一个由言说动词"说"和名词性"的"字短语构成的动宾短语,"真的"指的是"真的话"。

"说"与"真的"连用的情况最早出现在明代,我们在北京大学 CCL 古汉语语料库和北京语言大学 BCC 古汉语语料库共检索到 142 条包含"说真的"的语料,其中明代语料仅 1 例,清代语料 5 例,清以后语料 136 例。

(115) 我为诸君说真的,命带从来在真息。照体长存空不空,灵鉴涵天容万物。太极布妙人得一,得一须教谨防失。宫室虚闲神自居,灵腑煎熬枯血液。(明《遵生八笺》)

(116) 此旗款式与假的一样,然而颜色烟采,针线发锈必是真的了,又命两班文武观瞻,多说真的,内有庞党几人都不开言,单有国丈说:"此旗真假还未分晓。"(清《五虎征西》)

(117) 张松道:"若说真的,捉去解官才是道理,如何反要见起礼来?好勿色头。"(清《金台全传》)

(118) 成功本来见他人才可爱,还要收服他,后来一见如此,心中倒犹豫道:"若说真的,这人气节可一点都没有了;若说假的,这人奸诈也可观。总而言之,'不好'两字罢了,收他何用?"(清《海外扶余》)

(119) 张耀宗自通姓名,说:"朋友,你若说了实话,我许把你放了;你要不说实话,一刀把你杀死,见了大人,只说你是刺客。你不说真的,我不能放你。"(清《彭公案》)

(120) 虞华轩道:"前日说不是也是你,今日你又说真的,还是你。是不是罢了,这是什么奇处!"(清《儒林外史》)

例(115)—例(120)中的"说真的"均表示"说的是真话"。"说"具有动词性,做谓语,能受副词修饰。"真的"是一个"的"字短语,具有名词性,转指"说的话",做"说"的宾语。"说真的"在句子中充当句法成分,具有概念意义,都是动宾短语。

清以后,动宾短语"说真的"发生语法化,第一步就是第一人称主语的脱落:

（121）傻小子<u>说真的</u>，水性是好，摇头换气，一只眼瞪圆了，在水里头看得十分清楚。(《雍正剑侠图》)

本例的"说真的"的主语看似是"傻小子"，但其实是说话人，虽然"说真的"在句法上还没有完全独立，但实际上已经不是构成句义的必有成分，而是属于表达说话人主观认识的成分。当"说真的"的第一人称主语脱落，变为言者主语时，主观性增强，获得了发生虚化的能力，向话语标记演变。也就是说，当"说真的"的主语为其他人称时，主语不可脱落，这样的"说真的"具有实际意义，不具有向话语标记演化的条件，如：

（122）咸丰问她这番说话真否？他说真的。(《清朝三百年艳史演义》)

第一人称主语的省略，是动宾短语"说真的"向话语标记"说真的"演化的关键。

也是在民国时期，话语标记"说真的"开始出现：

（123）肉多少钱进的，您卖多少钱？明天我来，再给您帮帮忙做个小买卖，<u>说真的</u>，生意经营好了，每天也不少卖，钱也不少挣，你们夫妻两个吃饭不成问题！(《雍正剑侠图》)

（124）众位，好汉子怕翻身，光棍怕掉个，办事您得四水相合！<u>说真的</u>，不是秋佩雨跟侯振远、童林这样的交情，秋佩雨就翻车了。(《雍正剑侠图》)

上述两个例子中，"说真的"都是独立使用，位置灵活，可以位于话轮中间，也可以位于话轮开始，用来引导表达说话人的评价和解说的小句，体现出鲜明的交互主观性，若删除"说真的"，并不影响句意的表达及其真值性，这能够证明，此时"说真的"已经发展为话语标记。

6.2.2.2 元话语标记"说真的"具有评解功能

话语标记"说真的"通常只出现于口语中。对于口语而言，其重要功能不在于传递信息本身，而在于传递说话人的主观看法。汤普森和霍珀（Thompson & Hopper, 2001）对英语口语对话中及物性的分析显示，会话中人们并不过多地谈论事件本身，而更多的是关于自我对事件的认识看法。沙伊贝曼（Scheibman, 2002）在讨论日常口语中的观点表达时也指出，在互动言谈中,真正的信息交流往往是非常少的,说话人表达中不断重复的更多的是他们的评价(evaluation)、观点(opionions)和态度(attitude)。这些方面都属于语言主观性(subjectivity)的表达(转引自方迪,2018)。元话语是说话人这种主观性表达的一个重要形式。

元话语是指组织和展现一个语篇时那些有助于读者理解或评估其内容的特征(克里斯莫尔,2000)。作为一种元话语,"说真的"在语篇功能上属于言说标记语①,在言说功能上属于评价标记语,其主要功能就是表达说话人对话语的评价或解说,并通过告知听话人"我说的是真话"来隐含表达"即使违反预期或常规也不要介意",因此,由话语标记"说真的"引出的评解很多都是"反预期"或"反常规"的信息。

从会话序列上看,作为话语标记的"说真的"可以独立出现于话轮首和话轮中,基本不会用于话轮末,我们在北京语言大学 BCC 语料库中没有找到一例位于话轮末的话语标记"说真的"。

这样看来,话语标记"说真的"主要是位于句首和小句之首,从篇章功能的角度看,主要就是承接上文,开启下文。这里的"承接"与"开启"同时并存,就是必须有上下文,"说真的"不能悬空存在。此时所关涉的典型的会话序列通常由三个话轮组成,即"前件"——常常表现为某种现实情形,话语标记"说真的","后件"——对前述情形的主观评价或解说(常常是反预期或反常规的)。

(125)还要声明一下:这并不是为来个对比,贬低大姐婆婆,以便高抬我的姑母。那用不着。(前件)说真的,姑母对于我的存在与否,并不十分关心;要不然,到后来,她的烟袋锅子为什么常常敲在我的头上,便有些费解了。(后件)(老舍《正红旗下》)

(126)他有过目不忘的能力(前件),说真的,他确有才气,说真的,他——确有动人心处(后件)。(琼瑶《燃烧吧!火鸟》)

例(125)提出"用不着贬低大姐婆婆,以便高抬我的姑母",并使用"说真的"来引出对这一结论的解释"姑母对于我的存在与否,并不十分关心"。这一解释违反了听话人的预期,因此说话人使用"说真的"来调节关系。例

---

① 克里斯莫尔将元话语范畴归纳为两个基本次范畴语篇功能元话语和人际功能元话语,语篇功能元话语又包括语篇连接标记语、语码注释标记语、言说标记语、讲述者标记语,人际功能元话语又包括合理性/情态标记语(含糊表达、明确表达、信息来源)、态度标记语、评价标记语(Crismore, 1989)。

(126)中的"说真的"出现在句中,引导了说话人对"他有过目不忘的能力"的评价,即"他确有才气""他确有动人心处"。句子中使用了两个"说真的",是由于说话人对"他"一开始的观感并不好,这里用"说真的"来自我否定,反自己的预期,表明观念已发生扭转。

由"说真的"引导的后续话轮通常是一个主观评价,但有时候也可以是一个主观解说。

A."说真的"+评价

(127)甲:我只有周六周天补课。
乙:补的啥呀?
甲:数学。
乙:说真的,教数学,数学挺好的。就是如果数学教得好的话,就会有好多人都找你。

(128)寒竹不知道自己到底该做什么样的反应。说真的,一个堂堂七尺的大男人,装出一副小媳妇的脸孔,实在是让人觉得非常的荒谬。(丁千柔《寒竹弄情》)

例(127)的对话发生在两个中文系学生之间,甲作为中文系学生给别人补习数学,所以乙对此的评价是"教数学挺好的",用"说真的"引出此评价的目的是掩饰违反自己预期的惊讶。例(128)的评价是"让人觉得非常的荒谬",说话人用"说真的"来引出这一评价,主要由于"一个堂堂七尺的大男人,装出一副小媳妇的脸孔"是违反常规的。

B."说真的"+解说

话语标记"说真的"的主要功能是引出说话人的评价,但我们也发现,有时"说真的"引出的并不是评价,而是一个解释或说明,如:

(129)其实,这正是那神秘的、不可逆转的天意在将我逼上自我毁灭,尽管那毁灭就在眼前,可我竟睁着眼睛冲了上去。说真的,不是别的,肯定是这种不可逃避的命数在从中作梗,使我在劫难逃,让我不顾冷静的理智和内心深处的劝告,不顾上次航行时所留给我的活生生的教训,继续走向毁灭。(丹尼尔·笛福《鲁滨逊漂流记》)

(130)好久不见了。说真的,从去年年末以来,一直大忙特忙,几次想来,两只脚却终于没有朝这个方向迈步。(豆瓣)

（131）她过去对沿途的村镇是何等怀念啊，可现在她竭力想避开它们。说真的，为了使自己不再失望，她应当避开那些村镇。（加西亚·马尔克斯《霍乱时期的爱情》）

以上三个例子中由"说真的"引导的后续话轮代表了三种不同的情况：例(129)是一个说明，由于这句话出于个人独白性的语体，因此这是对自己情况的说明。由于自己的现实情形并不符合自我的预期，因此使用"说真的"来引导。例(130)是对前述情形的解释，是用"说真的"来凸显这种"反常规"的原因。例(131)与前两个例子不同，其实是一个建议，但也是对"她"现实情形的解说，用"说真的"也是凸显了一种"反常规"。

由此，我们认为，"说真的"引导的后续小句可以是说话人的主观评价，也可以是说话人的主观解说，因此，"说真的"是一个"评解性"话语标记。

汤普森(Thompson, 2015)等对"评价"的定义是："评价就是那些通过特定词汇性评价项表达正向或负向赋值的话语。"从这一意义上看，"解说"也是一种"评价"，因为说话人对话语的解释说明往往带有自己的主观性评价，即"正向或负向赋值"，但我们在这里把"解说"与"评价"分开，主要是为了更加清晰地认识"说真的"的功能。

6.2.2.3 元话语标记"说真的"的自反性

作为元话语标记，"说真的"与其他元话语标记一样，具有自反性。所谓"自反性"是指说话人对于其表述的话语所采用的一系列手法、惯例、程式等成规具有清醒的意识，并且不时将它们暴露出来。泰勒(Taylor, 2000)反对一般人认为的语言的自反性特征是一个多余的、非必要的特征，认为没有自反性这个属于第二层次的语言，就不可能有所谓的基本语言或者第一层次的语言的存在。比如我们无法想象人类的语言中缺少以下这些"自反性词汇"(reflective vocabulary)，如 mean、speak、talk、understand、tell、promise、agree、say、answer、suggest、refer 等。可见，言说类动词是体现语言"自反性"的主要标志。一个具有自我意识的叙述者的陈述，就可能表现出自反性，因为在叙述中，作者可以不断地告知和提醒读者"我在写""这是我写的""我说这些话的根据是什么""我说这些话的目的意图何在""我将采取一种什么方式来说""我是一个什么样的表达者"，希望读者有一个什么样的接受心态(李秀明,2006)。话语标记"说真的"中，由于言说动词"说"的出现，凸显了这一"自反性"，提醒听话人注意自己的话语，同时，"说"的出现也能够使听话人对此产生敏感的认识。

一是自反性和关系调节功能。

作为话语标记的"说真的"在话轮中的位置比较灵活,可以位于话轮开头,如例(132),也可以位于话轮中间,如例(133),极少位于话轮末尾。

(132)他开始滔滔不绝地发表他对电脑游戏的高见。说真的,一听之下才发现自己才疏学浅,原来电脑游戏竟有如此多种不同的模式。(凯子《挪威森林记》)

(133)今晚终于试了团购回来的那个古法炭烧鸡,说真的,不怎么样,好咸!(微博)

无论位于话轮的何种位置,它都是独立成为一个小句,前后都有语音停顿,主要表达说话人的主观评价或解释说明。前文我们已经谈到,话语标记"说真的"来源于动宾短语"说真的",这里的"说"就突显了这一话语标记的自反性,用于提醒听话人注意说话人的目的和意图,同时也结合说话人与听话人之间的关系与听话人展开协商——我说的是真的,可能不合你的预期或常规,但你别生气,因为这是"真实的"。中国传统观念上讲"忠言逆耳"但"利于行","实话"虽然可能不合预期或常规,但立场是"为你着想"。说话人通过话语标记"说真的"的"自反性"明确告知听话人,听话人也清晰地知道说话人的这一交际意图,从而达到了调节说听双方关系的目的,也使得听话人对反预期或反常规的话语不那么反感,使得"说真的"的交互主观性得以凸显。

二是自反性和强调功能。

具有评解功能的话语标记比较多,说话人之所以选择"说真的"还由于它具有"强调"功能,也就是提醒听话人关注后续的内容,这也是"说真的"交互主观性的另一个表现。

话语标记"说真的"来源于动宾短语"说真的",动宾短语"说真的"的语义就是"说真实的话"。比起"假话",所有人都喜欢听"真话",因此,说话人使用"说真的"的一个语用目的是让说话人重视自己的话,因为自己说的是"真话"。

我们已经谈到,在实际语料中,由"说真的"引导的小句与前述句子常常呈现"反预期"的关系,如:

(134)他将在二十岁成亲,并接下狄家庄庄主的位置。说真的,他一点

都不想娶妻,至少现在还不想,对于成为庄主也没有太大的欲望。(陈美琳《小勾问情》)

(135) 只有等儿子放学回来,他那张霜冻着的脸才能化解一丁点儿。说真的,不要看老高在外冷眉恶眼的,在家待儿子却像是换了个人。(吴童子《挑水老高》)

例(134)中"他"既定的人生轨迹是"在二十岁成亲,并接下狄家庄庄主的位置",但实际上,"他一点都不想娶妻,至少现在还不想,对于成为庄主也没有太大的欲望",这一"真实想法"是"反预期"的,用话语标记"说真的"引出的语用目的就是凸显希望听话人不要"失望"或"生气",因为这是"实话"。例(135)中"老高""在外冷眉恶眼",用"说真的"引出"在家待儿子却像是换了个人"这一"反预期"信息,并凸显这一"反预期"信息是"实话"。

当然,也不是所有的"前件"与"后件"都呈现反预期的关系,如:

(136) 从小,她就是好脾气的,给她什么药,她就吃什么药。说真的,从六岁起,她就几乎和医生、药品结了不解之缘。(琼瑶《燃烧吧!火鸟》)

这里"说真的"引导的"前件"同"后件"之间并不是"反预期"关系,但实际上,"从六岁起,她就几乎和医生、药品结了不解之缘"违反了人们的常规认知。也就是说,由"说真的"引导的小句或者是"反预期"的,如例(133)和例(134),或者是反常规的,如例(136)。

由此可知,在说话人明知自己的话语"反预期"或"反常规"时选择使用话语标记"说真的",其主要语用目的就是增加话语的关系调节功能,同时增强感知冲击力,使听话人聚焦到自己的话语上,从而起到强调的语用目的。

也正因为"说真的"具有强调功能,有时"说真的"引导的话语既不"反预期"也不"反常规",此时除了评解,唯一凸显的功能就是强调,如:

(137) 望着老者渐渐走远的情景,我看到了一个求知不辍者的形象。说真的,书店的确是个陶冶性情的地方,它离铜臭和市俗很远,离文明和知识很近。(《人民日报》1995年2月11日)

(138) 说真的,今天是我参加过的最热情,组织得最出色的一场募捐宴会。(大卫·米切尔《云图》)

6.2.2.4　与话语标记"真的"的差别①

现有研究中,将"说真的"与"真的"列为功能相同的话语标记的比较多见,在某些情况下,"说真的"和"真的"确实能够互换,如:

(139) a. 对贫困孩子的帮助,说白了,是因为爱。真的,一想到那些失学孩子,我心里就痛。(胡庆魁《一名纪检干部与九个孩子》)

　　　b. 对贫困孩子的帮助,说白了,是因为爱。说真的,一想到那些失学孩子,我心里就痛。

但更多的情况下,"说真的"和"真的"并不能互换:

(140) a. 我写文章,说真的,是消遣。有时闷得慌,写惯了,就写一点,没什么目的,甚至"为艺术而艺术"都谈不上,就是随随便便地写一点,真正是随笔。(孙犁《和郭志刚的一次谈话》)

　　　b. *我写文章,真的,是消遣。有时闷得慌,写惯了,就写一点,没什么目的,甚至"为艺术而艺术"都谈不上,就是随随便便地写一点,真正是随笔。

(141) a. 现在我有一个相当不错的职位,说真的,不像堪萨斯城的那么好,不过还算说得过去。(德莱塞《美国悲剧》)

　　　b. *现在我有一个相当不错的职位,真的,不像堪萨斯城的那么好,不过还算说得过去。

例(140)和(141)中的"说真的"都不能换成"真的",可见,二者的功能并不完全相同。我们得出的这个结论恐怕跟许多既有结论有所不同,因为现有研究多认为二者都是叙实性话语标记,功能基本一致。下面我们就具体谈一下二者的差别。

一是评解功能和叙实性功能。

上文已经谈到,"说真的"作为一个元话语标记,它的主要语篇功能是"言说标记语",人际功能是"评价标记语"。"真的"也是一个元话语标记,但它的语篇功能是语篇连接标记语中的"告示",人际功能是"明确表达标记语"。也就是说,在元话语这一大类中,"说真的"和"真的"在功能分类上

---

① 根据本节内容修改后的文章《所言真实和所评真实——以"说真的"和"真的"的差别为例》发表于《汉语学报》2024 年第 2 期。

属于不同的小类:"说真的"是一个评解性话语标记,"真的"是一个叙实性话语标记。

所谓"叙实性"(factive)就是说话人预设其所述小句表达的命题为真(克里斯莫尔,2000),从这一角度说,话语标记"说真的"和"真的"都应该具有"叙实性",因为它们都预设自己所表达的命题为真。但通过上文的分析我们认为,说话人使用"说真的"的主要语用目的并不在于"叙实",而是评解、聚焦和调节关系,这些都与言说动词"说"的出现有关。也就是说,"说真的"的主要功能并不是"叙实"。话语标记"真的"的主要功能是预设自己所说话语的真实性,因此,"真的"才是一个典型的具有"叙实性"话语标记。下面的例子能够比较好地说明这一点。

(142) 甲:我周末去看了《唐山大地震》。
　　　乙1:a. 说真的,这部电影确实好看。
　　　　　b. 真的,这部电影确实好看。
　　　　　a'. 说真的,这部电影确实好看,你说呢?
　　　　　b'. *真的,这部电影确实好看,你说呢?
　　　乙2:a. 说真的,这部电影确实好看,但配音有点差了,配不上电影。
　　　　　b. *真的,这部电影确实好看,但配音有点差了,配不上电影。
　　　乙3:a. 这部电影,说真的,确实好看。
　　　　　b. *这部电影,真的,确实好看。

从例(142)我们可以发现,乙1使用"说真的""真的"都可以,这是由于它们所引导的内容与甲的话语信息一致。但二者也有语义上的细微差别,话语标记"说真的"引导的后续小句强调的是说话人的主观评价,由于是"评价",可以进一步要求对方回应,即乙1a'可以说;"真的"强调的是主观想法,通常不要求对方回应,即乙1b'通常不可以说。由于"说真的"是评价标记,我们前文已经谈到,它引导的小句在内容上常常是反预期或反常规的,因此,乙2a可以说,而乙2b通常不可以说。由于"说真的"的主要功能不是引导叙实性小句,因此,它可以与叙实类副词共现,如乙3a可以说,而由于"真的"本身就是叙实性话语标记,它通常不与其他叙实类副词共现,如乙3b的可接受性就比较差,因为句子语义显得冗余。

通过这一分析,我们认为,话语标记"说真的"和"真的"话语功能并不一样,"说真的"是评解性话语标记,"真的"是叙实性话语标记。

二是主观性和交互主观性。

主观性和交互主观性是两个不同的概念。主观性是指在话语中多多少少总是含有说话人"自我"的表现成分。也就是说,说话人在说出一段话的同时表明自己对这段话的立场、态度和感情,从而在话语中留下自我的印记(Lyons, 1977)。交互主观性是"作为[说话者/作者]在社会或认知意义上对[接收者/读者]的形象或'自我'关注的明确、编码表达"。关键是让[说话者/作者]关注到[接收者/读者]是言语事件的参与者。特劳戈特和达舍(Traugott & Dasher, 2002)认为交互主观性意义确立的前提是共享注意力(Joint attention)。共享注意力的建立本质上是听话人导向的、交互主观的(Ghesquière, 2009, 2010, 2011, 2014; Ghesquière & Van de Velde, 2011)。注意力焦点不仅与周边情境相适应,也与相关上下文相适应,即共享注意力不仅对协调与话者在言语情境中的关注焦点重要,对组织话语本身也很重要(Diessel, 2006)。由此,于东兴(2018)将交互主观性从功能上分为三类:态度的交互主观性、回应的交互主观性、语篇的交互主观性。

作为典型的元话语标记,"说真的"具有态度的交互主观性和回应的交互主观性两种功能类型的交互主观性。态度的交互主观性,主要用以表示说话人对听话人的印象,或者说,体现二者之间的关系,"说真的"的话语调节功能使其具有典型的态度交互主观性。回应的交互主观性主要指的是话轮转换或引发回应,"说真的"的主要功能是对前述话轮的评解,同时也可以引发某种回应,听话人的参与度高,如例(142)乙 1a′,这都体现了它具有回应的交互主观性。两种交互主观性的功能叠加使其在交互主观性程度上显得更加强烈。

话语标记"真的"主要是预设自己所述话语的真实性,给听话人以话语理解上的支持,通常不要求听话人回应,听话人的参与度不高,如例(142)乙 1b′,因此它具有主观性,而不具有交互主观性。通过它们与语气词的共现情况也能说明这一点:话语标记"说真的"后可以有语气词共现,"真的"不可以,如:

(143)一二月份的天气会有点凉的,一大早就心情不好。<u>说真的吧</u>,我还是挺后悔剪掉刘海的,可是,欲哭无泪啊!(微博)

(144)<u>说真的啊</u>,玩笑怎样都有个底线,真的别来挑战好不。(微博)

加上语气词的"说真的"基本功能不变,但在语气上更为舒缓。而"真的"虽然可以独立成句,但后面一般不能有语气词,我们在北京语言大学BCC 语料库没有找到一例话语标记和语气词共现的例子。这是由于"说真的"具有态度的交互主观性和回应的交互主观性,这都侧重于与听话人的关系调节,与语气词共现可以进一步缓和语气,增强这种调节功能。"真的"主要具有主观性,是个人观点的传达,因此不与交互类的语气词共现。

三是话轮位置的差异。

由于话语标记"真的"具有主观性,主要是用来凸显说话人的确认性的,因此它在话轮序列中可以位于话轮首、话轮中和话轮末,也可以在这三个位置移动,如例(145)—例(147)。而"说真的"具有交互主观性,其主要语篇功能是承上启下,因此,它通常位于话轮首和话轮中,很少位于话轮末,通常也不能被移至话轮末,如例(148)例(149)。

(145) 真的,结婚也是一种机缘,可遇而不可求的。(《作家文摘》1994年)
　　→结婚也是一种机缘,真的,可遇而不可求的。
　　→结婚也是一种机缘,可遇而不可求的,真的。
(146) 我真的很感动,并且受宠若惊,真的,受宠若惊。(李敖《李敖对话录》)
(147) 我好得很,我也没生病,我知道我是很好的,真的。
(148) 说真的,他真的比别人付出的多,几乎每场都是又唱又跳。
　　→*他真的比别人付出的多,几乎每场都是又唱又跳,说真的。
(149) 到中国去,对我来说是一个美梦,说真的,我很想到那儿去。(《作家文摘》1995年)

比钦等(Beeching et al., 2009)提出关于小句相关位置与(交互)主观性[(inter)subjectivity]和(交互)主观化[(inter)subjectification]意义表达的可能关联的假说,即(交互)主观性的表达,在小句位置上是不对称的:左边的表达更可能是主观性的,用于安置小句连贯性标记,比如话题和话题化标记,也放置话轮接续功能,说话人开始发言,为自我获取发言权。右边,则更可能具有交互主观性,面向听者的人际间话轮转交功能,说话人开始关注切换、让渡话轮等。这是根据某些欧洲语言得出的跨语言的假说。对此假说,完权(2017)认为,"汉语(交互)主观性的表达并不依赖特定的位置,甚至连倾向性都没有"。通过我们对话语标记"说真的"和"真的"的差异对比考察得出的结论,我们同意完权(2017)的观点,汉语(交互)主观性的强弱可能与话轮位置无关。

表 6-3　话语标记"说真的"和"真的"的差别

	性质	功能		主观性/交互主观性	话轮位置
说真的	评解性话语标记	语篇	言说	主观性 交互主观性	话轮首 话轮中
		人际	评价		
真的	叙实性话语标记	语篇	告示	主观性	话轮首 话轮中 话轮末
		人际	明确表达		

6.2.2.5　小结

话语标记"说真的"不能独立存在，在话轮中必须有前述话轮和后续话轮，其后续话轮往往是一个主观评价或解说，因此，"说真的"是一个具有评解性的话语标记。话语标记"说真的"来源于动宾短语"说真的"，动宾短语"说真的"的语义在话语标记中的残留使其具有隐含的语义，从而使其具有强调和调节人际关系的功能，这些也使得"说真的"表现出强烈的交互主观性。这些功能都与"说"的出现相关，也使得话语标记"说真的"与"真的"在句法表现、话语功能方面都呈现出较大的差异。

第 7 章　强调标记的实验教学过程和结果分析

前文我们详细考察了不同语体文本中汉语强调标记的不同表现形式，并对其中的一些常见强调标记进行了较为深入的个案分析。我们进行这些研究的目的之一，就是将其应用于语言实践，其中也包括中学语文教学。

将语言研究成果应用于中学语文教学，既可以在汉语语言本体研究与语言实践之间建立起一座桥梁，也可以通过教学实验来验证我们的理论阐释是否符合语言事实，或者说，对语言运用是否具有指导作用，这也是国外元话语标记研究热衷于进行实证考察的原因之一。

7.1　阅读教学与方法

阅读是一个人注视并理解所写文字的过程，也是一种思想和语言相互作用的过程(Williams, 1981)。阅读对学习者而言，是重要的语言能力(Carrell, 1989; Grabe & Stoller, 2001)。阅读教学有三大目的，培养阅读能力以及培养阅读技巧，最终经由培养阅读能力来全面提高学生的语言水平(吕必松, 1990)。

随着对阅读能力的日益重视，阅读教学方法也发生相应变化。早在 20 世纪 60 年代，高夫(Gough, 1962)就提出"自上而下"(up-bottom)的阅读模式。他将阅读视为一个线性过程，阅读是一种从词义到句义，再从句义扩大到段落的方式，由小到大、由下往上地逐一辨认和感知。这种模式反映在早期外语教学上，教师也是从讲解词汇、操练语法到念读课文，这种逐字逐句的教学方式强调语言基本知识的重要性，为传统阅读课程大量使用。然而，此模式后来遭到许多质疑，大家认为，这种只把阅读视为简单的词语解码过程会使学生的阅读能力停滞在识词辨义、解释语法的这种语言表层结构，而忽略了高层篇章结构对字词辨认的明显作用，进而无法向篇章分析的深层结构推进。而且，因为阅读速度慢，一有不懂的字词就读不去，不符合一般阅读时速读和跳读的需求。总之，高夫(Gough，1962)只观察到人们逐字逐句阅读时的习惯，而忽略了读者背景知识对阅读的影响，反映出早期线性信息加工理论对阅读研究的影响。自下而上的阅读模式也忽略了人们会采用其他策略来进行阅读。举例来说，人们都能体会到，当字在熟悉的常用词里更容易被辨识，这就是所谓的"词优效应"(陈贤纯，2008)，而当词在有意义上下文中时，会比单独出现更容易被识别，也就是"语境效应"。上述这两种现象都可以证实，阅读也会受到从上而下的影响。此外，自下而上的模式也无法解释为何人们能应付一些双关语、不确定或模糊的信息，而且仅靠自下而上单向的解码，肯定会使阅读负担过重。与此相应的是教师在阅读教学中，若仅着重解决文字上的障碍，仅止于解码字词句，则容易让学生养成逐字逐句的阅读习惯，最终导致阅读速度缓慢、注意力过分集中在表面意义上，而忽略对文章的整体掌握与言外之意。总体来说，自下而上模块的缺失在于它不够全面，在小学语文教学中可以打下字词句方面的基础，但在中学语文教学中则不再适用，不利于阅读能力的提高。

20世纪60年代末到70年代初，心理学家古德曼(Goodman，1967)针对自下而上模式的缺陷提出了一个相反的阅读模式，即"自上而下"(Top-down model)模式。他认为，读者会利用三条线索，也就是文字与语音的联系、句法系统、语义系统等对阅读材料进行预测、选择、检验、实证等一系列认知活动。有效的阅读过程并不是一味追求精确无误的知觉过程，而是一个利用少量线索做出准确判断的过程，是一种"心理语言猜测游戏"。自上而下模式的优势是读者能借助已有知识与经验来对文章进行认知加工，因此也被称作"语言心理模式"或"概念驱动模式"。另一个优势是证明了快速阅读的可能性，这使得70年代的美国阅读教学中，无论是母语还是外语阅读教学都偏重于速读，当时出版了大量速读教材，摆脱了原本死气沉沉、低效率的逐字阅读。与自下而上的模式相比，自上而下模式的缺点表现在过度强调速读与读者背景知识的作用，使学生只在乎对内容的大致理解，忽视细节，不利于语言知识的积累，进而阻碍了阅读水平的提高。

另一种教学方法是运用心理学中的"图式"(schema)来刺激阅读理解。图式理论由心理学家巴特利特(Bartlett)于1932年提出，他认为，记忆是将篇章中的信息与大脑中已有的相关知识结合成新的心理表征，是一个有组织的知识体系，称为"图式"。鲁梅哈特(Rumelhart，1977)剖析阅读的过程是读者大脑已存的知识和文章信息相互作用的过程，文章意义的获得取决于图式的启动。徐富平(2005)阐释了建立学生新闻阅读语感的三个步骤：

第一步是输入新闻图式知识,包括语言图式、文化背景图式、新闻系统图式、新闻篇章结构图式;第二步是通过强调训练形成新闻语感图式;第三步是开展交际性新闻阅读。举例来说,新闻中的关键词能启动该词的语言图式,词出现的上下文语境能启动更高层次的文化背景图式,这个高层次的图式发挥自上而下的作用,让后面的词只需要更少的自下而上的信息输入就能通过图式被理解。也就是说,图式不但能协助读者预测后文会发生的事件,而且因为图式是等级状的结构,所以也能帮助读者挑选出新闻的重点。甚至,结合新信息与旧图式,能够让经过理解后的信息更容易被记住。元话语标记能够提供阅读理解时必要的形式线索,启动读者的心理图式,在聚焦信息、篇章预测和作者语气方面对理解起制约作用。除此之外,元话语标记还可以开启读者的推理图式,让读者领略文章的主次,从而大大提高读者处理信息的速度。

最后一种方法是使用阅读策略。国外研究成果表明,清楚而有计划的阅读策略指导是教会学生成功掌握和运用策略的可行手段(Keer & Verhaeghe, 2005),以策略为导向的教学有助于提高学生的阅读水平(Souvignier & Mokhlesgerami, 2006)。芒比(Munby,1978)列出19项英语阅读微策略:①辨识出一种语言的字体,②推导出生词的意思及用法,③读懂清楚叙述的信息,④读懂未清楚叙述的信息,⑤理解概念意义,⑥了解句子的沟通价值,⑦厘清句内关系,⑧通过词汇衔接机制厘清文本各部分间关系,⑨通过语法衔接机制厘清文本各部分间关系,⑩从文本外综观文本,⑪辨认篇章标记,⑫辨认篇章中主要或重要信息,⑬区分主要观点与细节,⑭提取要点进行总结,⑮提取相关要点,⑯运用基本参照技巧,⑰略读,⑱扫读以找到需要的信息,⑲将内容转换为图像表示。

以上这些阅读方法和策略都为我们后面要进行的实验教学提供了借鉴。

7.2 实验性阅读教学参与者与测量工具

7.2.1 实验性阅读教学参与者

参与本次实验性阅读教学的是黑龙江省大庆市第 23 中学高一学年两个自然班,共 94 名同学。大庆市第 23 中学是黑龙江省省级示范性学校,高一学年共 16 个自然班,参加本次教学实验的是高一学年的两个班,高一

(10)班和高一(14)班。其中高一(10)班是一类班(学生入学分数较高),期中考试语文成绩排学年第 2 名,共 47 人参加了教学实验。这个班级是作为实验班参加本次教学实验的。高一(14)班是三类班(学生入学分数较低),期中考试语文成绩排学年第 13 名,共 47 人参加了本次教学实验,这个班级是作为平行班参加的本次教学实验。

7.2.2 实验教学的测量工具

为了更好地获得强调标记教学的教学效果,我们设计了教学前的测试和教学后的测试,分别叫作"前测"和"后测"。下面我们分别说明各项测量工具的内容。

7.2.2.1 前测

本教学实验的"前测"是一项阅读理解测试,其目的在于确定进行强调标记教学实验前学生的阅读水平。这项测试的测试工具是纸质试卷,测试内容为一篇新闻报道类的文章和三道主观题。这篇文章来自经过检测后的高中语文阅读理解练习题,检测的目的是保证语篇中能够出现足够数量的强调标记。由于中学阅读理解的试题多为记叙类、科技类和新闻评论类,因此,我们测试用的文章是从这三类中进行选择。本次教学实验的对象为高中一年级的两个班,为了使实验结果具有对比性,我们在这两个班使用的篇目完全相同。为了控制做题的时间,我们将测试的时间控制在每篇文章 7 分钟之内。同时为了检测受试学生对强调标记的理解度和敏感度,我们计划文章中应该出现共 10 个左右的强调标记。由于文章中实际出现的强调标记并没有这么多,所以我们对所选语篇进行了适当处理,即在不影响原文意思的前提下,在一些原本没有强调标记的位置加上了合适的强调标记。

阅读文章之后的主观题题干主要来自强调标记出现的前后文,以测试学生是否能够通过强调标记推测出该段的重点和作者的态度,如问题 1 "第④段中'果然有道理',如何理解其中包含的道理?"是测试学生对强调标记"果然"的理解。在"果然"出现的前文中作者谈到"愁眉苦脸地看生活,生活肯定是愁眉不展;爽朗乐观地看生活,生活肯定阳光灿烂","果然"的语义是"事实与所说或所料相符",具有"合预期"性,因此此题的答案就是对上文的印证,即"悲观地看,生活悲观;乐观地看,生活阳光灿烂。生活与人的心态是一致的"。"果然"的使用是使答案指向其出现的上文。

前测阅读理解语篇:

生活是什么

① 有个谜语：你对它笑，它就对你笑；你对它哭，它就对哭——这是什么？

② 人们都猜：这是镜子！我的朋友却不动声色地回了一句：这是生活。

③ 举座皆惊！他却来了句妙侃："愁眉苦脸地看生活，生活<u>肯定</u>是愁眉不展；爽朗乐观地看生活，生活<u>肯定</u>阳光灿烂！"

④ <u>果然</u>有道理！

⑤ 于是，我突地想起一个故事。一次，穷困的法国作家拉伯雷想去巴黎，却<u>偏偏</u>一分钱也没有，就故意笑眯眯地当着警察的面拿出几张白纸，分别在上面写上"送给王后的药""送给王子的药""送给公主的药"，然后在白纸里包了点红色粉末。那警察见拉伯雷行为古怪，疑为刺客，便把他押到了巴黎，经审查排除了刺客的嫌疑，又只好把他放了——<u>真</u>是妙极，笑眯眯的拉伯雷一分钱没花，便平平安安地到了巴黎！

⑥ <u>真</u>佩服这位乐观豁达的拉伯雷，<u>真</u>佩服这种笑眯眯的人生态度！<u>尤其有趣的是</u>，笔者钻研法国文学时，<u>居然</u>找到了上述谜语的出处——就是拉伯雷说的："生活是一面镜子，你对它笑，它就对你笑，你对它哭，它就对你哭。"

⑦ 不是吗？如何看待生活，<u>的确</u>与人的主观世界有关：心中没有阳光的人，<u>势必</u>难以发现阳光的灿烂！心中没有花香的人，也<u>势必</u>难以发现花朵的明媚！

⑧ 既然如此，以豁达的态度面对人生吧！别小肚鸡肠！别斤斤计较！别动不动就背上沉重的十字架！

前测共有三个问题：

1. 第④段中"果然有道理"，如何理解其中包含的道理？

答案要点：主要与"果然"的使用有关。

2. 作者谈到谜语出处的目的是什么？

答案要点：主要与强调标记"尤其有趣的是"的使用有关，拉伯雷的话与他的行为互相印证。

3. 作者对拉伯雷的态度是怎样的？

答案要点：主要与强调标记"真"的使用有关。

7.2.2.2 后测

为与前测做对比,并了解学生对强调标记的理解,后测包括阅读理解测验和比较问卷两个部分。后测是在强调标记教学结束后进行。

一是阅读理解测验。

进行"阅读理解测验"的目的在于检验学生在学习过强调标记后的学习效果。我们进行后测时采用的测试方式与前测相同,仍然是一篇来自高中阅读训练中的记叙类文章及三道主观性测试题。我们之所以没有选择同一篇文章作为后测的内容,是为了避免受测学生有记忆残留,在第二次作答时回答已经记住的答案,影响测试的结果。这篇文章的容量与前一篇文章类似,强调标记仍然控制在10个左右。

后测阅读理解语篇:

---

① 去年长江水灾的重要原因,除了直接的气象原因外,还<u>应</u>看到沿江严重的人口超载。目前长江流域人口总量已大大超过亚马孙河、尼罗河与密西西比河世界三大江河流域人口的总和,而那三条河的径流总量是长江的5倍,流域面积超过长江的7倍。过多的人口<u>势必</u>向环境过度索取资源,比如森林的砍伐量远大于生长量,植被覆盖率显著下降。据资料记载,1957年长江流域森林覆盖率为22%,水土流失面积占流域总面积20.2%;1986年,森林覆盖率a10%,水土流失面积却上升到长江流域总面积的41%。目前的长江已经变成了第二条黄河,<u>甚至</u>后来居上了。<u>正是</u>流域生态的破坏b了水患,去年长江洪峰流量虽大,但并非最大。以宜昌水文站记录资料为例,去年最大洪峰流量为56 400立方米每秒,而历史记载的最大洪峰流量超过6万立方米每秒c有23次,去年洪峰流量虽不是最大,但却连续创下新的水位历史纪录。这一现象只能用上游森林面积的d减少这一原因来解释。据水利专家调查、研究与测算,1万亩森林的蓄水能力相当于一座蓄水量为100万立方米的水库。

② <u>更为严重的是</u>,人与湖争地,导致湖泊蓄水面积大大减少,湖群消失。长江中下游发育着我国最大的淡水湖群。这一湖群＿＿＿＿＿＿＿＿＿＿＿＿。据统计记载:19世纪初,洞庭湖面积广达6 000多平方公里。若干年来,因围湖造田及泥沙淤积,使洞庭湖的面积下降到1984年的2 145平方公里,历史上的"九百里洞庭"于是把第一大淡水湖的桂冠让给了鄱阳湖。<u>然而</u>,鄱阳湖同样是噩运难逃,40年中湖水面积缩小了1/5以上。

> ③ 洞庭湖、鄱阳湖与江汉湖群,50年代以来丧失淡水贮量350亿立方米以上,超过了两座正建的三峡水库防洪库容。严重的水土流失,已使长江流域塘堰容量被泥沙淤积了一半以上,中小水库淤积减少库容1/4—1/6。长江干流河道的不断淤积,造成了荆江段的"悬河"。每到洪期,洪水全靠大堤挟持,洪水水位高出两岸数米到十几米。
>
> ④ 可见,人口问题,<u>尤其</u>是目前我国很多地区人口超载的情况下,<u>确实</u>是一个牵一发而动全身的大问题。在灾后重建家园的过程中,<u>必须</u>将这一因素考虑在内,不可重走人口失控——生态破坏——灾难加剧的老路子。

后测也包含三个问题:

1. 去年长江洪峰流量并非最大为什么还会创下新的水位历史纪录?

答案要点:流域生态的破坏造成了水患。考察强调标记"正"的功能。

2. 长江水患最主要的原因是什么?

答案要点:人口超载。考察强调标记"更为严重的是"的功能。

3. 为什么人口问题与长江水灾相关?

答案要点:过多的人口会向环境过度索取资源,造成水土流失,导致水灾。考察强调标记"势必"的功能。

二是比较问卷。

后测的目的是确认强调标记教学对学生阅读理解能力提高是否有帮助,因此最直接的检测方式就是将强调标记去掉,然后将两篇文章进行对比,以检验强调标记对阅读理解的引导作用。我们在本教学实验中采用的方式是让被测学生先阅读无强调标记的文章,再阅读有强调标记的文章,然后针对这两次阅读进行问卷调查。阅读形式依照伊瓦泰都(Ifantidou, 2005)的测验形式,就是同一篇文章两个版本,第一篇是修改后,也就是去掉强调标记后的形式,第二篇是原始文本,即有强调标记的版本。同时,为了确保删掉强调标记后的文章在衔接、连贯等方面没有问题,我们会在不影响语义的情况下进行微小的调整。问卷调查由于要阅读两篇文章,所以要求在20分钟之内完成。

通过这种比较,学生们可以清晰地观察出强调标记的作用。

比较问卷语篇一:

读永恒的书

① 人类所创造的精神财富是通过各种物质形式保存的，其中最重要的一种形式就是文字。因而，在我们日常的精神活动中，读书便占据着很大的比重。一般而言，我们很难想象一个关注精神生活的人会对书籍毫无兴趣。"我扑在书籍上，就像饥饿的人扑在面包上一样。"高尔基说的这句话，非常贴切地表明了这一点。

② 古今中外的书不计其数，该读哪些书呢？从精神生活的角度出发，我们也许可以极粗略地把天下的书分为三大类。一是完全不可读的书，这种书只是毫无价值的印刷垃圾，不能提供任何精神的启示、艺术的欣赏或有用的知识。在今日的市场上，这种以书的面目出现的假冒伪劣产品比比皆是。二是可读可不读的书，这种书读了也许不无益处，但不读也不会造成重大损失和遗憾。世上的书大多属于此类。我把那些专业书籍也列入此类，因为它们只对有关专业人员才可能是必读书，对于其他人却是不必读的书，至多是可读可不读的书。三是必读的书。这类书每一个关心人类精神历程和自身生命意义的人都应该读，不读便会是一种欠缺和遗憾。

③ 第三类书在书籍的总量中只占极少数，但绝对量仍然非常大。它们是指人类文化宝库中的那些不朽之作，即所谓经典名著。这些伟大作品不可按学科归类，不论它们是文学作品还是理论著作，都表现了人类精神某些永恒的内涵，因而具有永恒的价值。在此意义上，我称它们为永恒的书。要确定这类书的范围是一件难事，不同的人就此开出的书单一定有相当的出入。不过只要开书单的人有眼光，就会选中一些最基本的好书。例如，他们绝不会遗漏掉《论语》《史记》《红楼梦》这样的书，柏拉图、莎士比亚、托尔斯泰这类作家的著作。

④ 在我看来，真正重要的倒不在于你读了多少名著，古今中外的名著是否全读了，而在于要有一个信念，那便是非最好的书不读。有了这样的信念，即使你读了许多并非最好的书，你仍然会逐渐找到那些真正属于你自己的最好的书，并且成为它们的知音。对于一个具有独特个性的追求的人来说，他的必读书的书单不会照抄别人的，而是在他自己阅读的过程中形成的，这个书单本身也体现着他的个性。像罗曼·罗兰在谈到他所喜欢的音乐大师时说的："现在我有我的贝多芬了，犹如已经有了我的莫扎特一样。一个人对他所喜爱的历史人物都应该这样做。"

⑤ 费尔巴哈说,人就是他所吃的东西。至少就精神食物而言,这句话是对的。从一个人的读物大致可以判断他的精神品位。一个在阅读和深思中与古今哲人文豪倾心交谈的人,与一个只读明星轶闻和凶杀故事的人,他们有着完全不同的内心世界。天下好书之多,一辈子也读不完,我们岂能把只有一次的生命浪费在读无聊的东西上。

比较问卷语篇二:

读永恒的书

① 人类所创造的精神财富是通过各种物质形式保存的,其中最重要的一种形式就是文字。因而,在我们日常的精神活动中,读书便占据着很大的比重。一般而言,我们很难想象一个关注精神生活的人会对书籍毫无兴趣。"我扑在书籍上,就像饥饿的人扑在面包上一样。"高尔基说的这句话,非常贴切地表明了这一点。

② 然而,古今中外的书不计其数,该读哪些书呢?从精神生活的角度出发,我们也许可以极粗略地把天下的书分为三大类。一是完全不可读的书,这种书只是外表像书罢了,实际上是毫无价值的印刷垃圾,不能提供任何精神的启示、艺术的欣赏或有用的知识。在今日的市场上,这种以书的面目出现的假冒伪劣产品比比皆是。二是可读可不读的书,这种书读了也许不无益处,但不读却肯定不会造成重大损失和遗憾。世上的书大多属于此类。我把那些专业书籍也列入此类,因为它们只对有关专业人员才可能是必读书,对于其他人却是不必读的书,至多是可读可不读的书。三是必读的书。这类书每一个关心人类精神历程和自身生命意义的人都应该读,不读便会是一种欠缺和遗憾。

③ 应该说,这第三类书在书籍的总量中只占极少数,但绝对量仍然非常大。它们实际上是指人类文化宝库中的那些不朽之作,即所谓经典名著。这些伟大作品不可按学科归类,不论它们是文学作品还是理论著作,都必定表现了人类精神某些永恒的内涵,因而具有永恒的价值。在此意义上,我称它们为永恒的书。要确定这类书的范围是一件难事,事实上,不同的人就此开出的书单一定有相当的出入。不过只要开书单的人确实有眼光,就必定都会选中一些最基本的好书。例如,他们绝不会遗漏掉《论语》《史记》《红楼梦》这样的书,柏拉图、莎士比亚、托尔斯泰这类作

家的著作。

④在我看来，真正重要的倒不在于你读了多少名著，古今中外的名著是否全读了，而在于要有一个信念，那便是非最好的书不读。有了这样的信念，即使你读了许多并非最好的书，你仍然会逐渐找到那些真正属于你自己的最好的书，并且成为它们的知音。<u>事实上</u>，对于一个具有独特个性的追求的人来说，他的必读书的书单<u>绝非</u>照抄别人的，而是在他自己阅读的过程中形成的，这个书单本身也体现着他的个性。<u>正像</u>罗曼·罗兰在谈到他所喜欢的音乐大师时说的："现在我有我的贝多芬了，犹如已经有了我的莫扎特一样。一个人对他所喜爱的历史人物都应该这样做。"

⑤费尔巴哈说，人就是他所吃的东西。至少就精神食物而言，这句话是对的。从一个人的读物大致可以判断他的精神品位。一个在阅读和深思中与古今哲人文豪倾心交谈的人，与一个只读明星轶闻和凶杀故事的人，他们<u>当然</u>有着完全不同的内心世界。天下好书之多，一辈子也读不完，我们岂能把只有一次的生命浪费在读无聊的东西上。

比较问卷调查的题目也有三个，题目如下：
1. 这两篇文章哪一篇更容易理解？
2. 这两篇文章哪一篇更能传达作者的想法？
3. 这两篇文章哪一篇更有力量？

通过上述问题可以探知受试者对强调标记的看法、感觉和态度。此项问卷只在实验班进行，平行班因未进行强调标记的讲解，所以不进行此项问卷调查。

7.3 实验教学过程

本次教学实验集中于一个月内完成，除去前测和后测的时间，强调标记的教学周为四周。测试用试卷和问卷调查都建议在 7 分钟内完成，测试过程中不允许使用词典或其他参考书。

7.3.1 进行前测

前测是由同时教实验班和平行班的语文老师进行，在测试之前跟学生说明这是一项阅读测验,并说明作答方式及测试时间,确认受测学生明白无误后开始作答。实验班和平行班的测试时间和过程完全相同。

7.3.2 进行强调标记的教学

7.3.2.1 教学设计

我们已经谈到阅读策略在阅读教学中具有重要作用,我们将强调标记教学作为一种阅读策略,并依此为前提制定教学计划:第一步描述并举例说明什么是强调标记;第二步,让学生从经验中总结出强调标记使用的例子;第三步小组或全班讨论;第四步把强调标记作为一种阅读策略在阅读教学中加以使用。

本教学实验以贾利夫法和舒施塔瑞(Jalififar & Shooshtari,2011)的元话语标记教学大纲为范本设计教学计划。他们针对第二语言学习者设计了针对模糊标记(hedge)的教学大纲,以 12 周每周一次的方式进行教学,分别介绍模糊标记的定义、功能、各种模糊标记的例子,并进行练习,要求学生能够从文章中找出模糊标记并进行翻译。

由于我们的实验对象不同于贾利夫法和舒施塔瑞(Jalififar & Shooshtari,2011)中的第二语言学习者,而是具有语感的母语者,而且囿于中学语文课教学时长有限,临近期末时教师的教学和学生的学习压力都会更大,因此,本实验教学的教学时长调整为 4 周,主要在学期之初进行,这样可以使教师的教学时间得到保证。同时,为了兼顾原有教学进度,我们修改了贾利夫法和舒施塔瑞(Jalififar & Shooshtari,2011)的教学计划,并根据实际情况制定了本次教学实验的教学计划,如表 7-1 所示。

表 7-1 实验教学计划

单元		教学内容
教学时间		每节课 40 分钟,每周 1 节课,共 4 周
教学对象		高一 2 班(47 人)
教学准备		学生正在使用的教材或辅助性材料中的短文
教学目标		学生能够利用强调标记预测出作者想要强化的观点
教学过程	讲解	1. 介绍不同的阅读方法
		2. 介绍强调标记的两个定义,讲解阅读方法

续 表

单元		教学内容
教学过程	精读	3. 速读题目:学生阅读标题后预测内容
		4. 简述大意:阅读全文后让学生说出文章大意
		5. 讨论细节:在教师提示学生抓住强调标记后,由学生分组讨论各段重点
		6. 推测观点:引导学生根据强调标记推导出作者的观点
	泛读	7. 延伸阅读:展示其他含有强调标记的语段
		8. 总结:强调标记的功能
教学设备		纸质阅读文章、PPT

7.3.2.2 教学过程

教学语篇举例:

姓氏:不亚于"四大发明"的发明
单之蔷

① 中国人的姓氏有两个特点:一是源远流长,至今已经五千多年了;二是中国人的姓氏是按照父系传承的,这一点恰恰与遗传学中的 Y 染色体的传递方式相一致,除了极为罕见的异常,一代代的只要是男性,就会一直传下去。

② 我们的祖先太聪明了,他们在五千多年前就用"姓"给自己的家族做了命名。<u>当然</u>,我们祖先这么做的时候,想到的不仅仅是标识自己,区别他人,很重要的是为了避免近亲繁殖。但是<u>他们没想到的是</u>,此举一下子给他们家族的染色体 Y 打上了标记。从某种意义上说,我们的"姓氏",就是染色体 Y 的"姓",因为生生死死,承载着姓的一代代的人都消失了,但染色体 Y 却与"姓"结合在一起,流传至今。姓的传递,就是 Y 染色体的传递。这<u>真</u>是人世与自然神奇的同构。我<u>甚至</u>认为姓氏是我们中国人的一项不亚于四大发明的伟大发明。

③ 中国人在传统上<u>特别</u>看重生男孩。这种现象不仅有文化、经济和

社会方面的意义,而且还有着更深的生物学上的意义。男孩是染色体 Y 的承载者,而人体其他的 45 条染色体在人类一代一代的繁殖过程中被反复地打乱重组,加之配偶的染色体不断地补充进来,基因被逐渐地"稀释"。但是除了少数的突变外,Y 染色体躲过了被"稀释"的命运,它将随着这个家族的男性成员一直延续下去。

④"姓"告诉我们的,不仅是传承,更重要的还有竞争。今天新百家姓排行榜上的前 19 个姓,包括了汉族人口数的一半。但是中国人的姓氏现今仍在使用的有 4 000 多个,也就是说,不到 0.5% 的姓,占据了 50% 的人口。中国历史上曾经存在过 23 000 多个姓。如果把姓氏看作是物种,那么那些消失的姓氏就是灭绝了的物种,留存下来的则是成功者。最"成功"的是那些大姓,比如张、王、李、刘、赵、朱等,如今前 3 个姓每一个姓的人数都超过了总人口的 7%,刘姓人数超过 5%,赵姓超过 2%,朱姓超过 1%。刘、李、赵、朱这几个大姓不正是中国几大王朝(汉、唐、宋、明)皇帝的姓吗?皇权使这几个姓发展成为中国的常见姓,这可以归结为姓氏发展的"皇室效应"。

⑤同时,姓氏也是一笔珍贵的资源,不仅是文化的,还是生物的,尤其是那些小姓、奇姓、罕见的姓更是一种珍稀的资源。想想看,在漫长的历史惊涛骇浪中,这些小姓、奇姓没有借助任何权势的力量,竟然在姓氏的竞争中走了过来,给我们保存了一份珍贵的独一无二的 Y 染色体的遗产。多一个姓,不仅多了一份家族史,一份文化史,更是多了一份基因史。

⑥然而,在今天,这些小姓和奇姓,有的正在消失,有的正处于濒危的边缘。国家应该制定相关政策保护不常见的小姓、奇姓,因为一个不常见姓的文化价值和生物学价值并不比大熊猫差。既然我们对濒危的野生动物那么关心,对野生动物一个物种的灭绝忧心忡忡,我们有什么理由对稀有的姓氏的灭绝无动于衷呢?

⑦需要指出的是,人类的文化传承和文化影响远比生物学特征的继承重要得多,我们无意推崇男尊女卑,也无意阻止人们的姓氏随意化的倾向。但是,中国传统的以男性为姓氏传承者的聪明之举,值得延续。在你想变动你的姓氏,取得一个时尚的新的"社会姓氏"时,不要忘记记录下你原有的"生物姓氏",即"Y 染色体姓氏"。这对于遗传素质和人类健康以及疾病的研究,对于文化现象的揭秘,对中国人的迁徙,甚至对中国人的来源的研究和探索,以及我们今天未能预见的许多问题的揭示,都有着无可估量的意义。

> ⑧我们中国人的姓氏,是让外国非常羡慕的资源,因为它有五千多年的历史,<u>更珍贵的是</u>,它稳定地通过男性一脉相传。它是Y染色体的标记,<u>可以说</u>,它就是"姓氏基因"。如果今天现代文明对中国姓氏的延续有严重冲击的话,为"姓"申报世界遗产可能极有价值。<u>可以毫不夸张地说</u>,姓氏是我们的祖先留给我们的最珍贵的遗产。

首先,讲解。

在开始阅读之前,教师先进行两项预热活动,第一个预热活动是阅读方法的分享,就是简单讲解"自下而上"和"自上而下"两种阅读方法,并告知学生这两种阅读方法的优缺点。第二个预热活动是向学生介绍强调标记的两条定义,符合其中一条的就可以界定为强调标记:①强化对命题的认定程度,表达作者对其主张的信心。②通过与其他观点对比以凸显作者立场。同时向学生介绍不同语体文本中常见的强调标记都有哪些,它们的基本功能是什么等,也就是本书第4、第5、第6章的研究成果。

其次,精读。

一是速读题目。

选择一篇阅读篇目,在未发放文章之前,让学生先了解题目,以便让学生在未读文章之前先通过题目来预测文章内容。这一环节主要通过小组讨论的形式进行。这一环节的目的在于使学生自己感悟出题目是文章内容的高度概括,通过标题能够预测作者的主观态度,这一教学方法可以叫作"标题导入法"。比如我们作为举例的文章的标题"姓氏:不亚于'四大发明'的发明",学生通过这一标题就能够推测出文章的主要内容和作者的主观倾向。

二是简述大意。

在解析题目后将文章发给学生,让学生在7分钟内完成默读,并让一位学生回答出整段文章的大意,同时回答下列问题:

1. 文章主要有几层意思?
2. 每一个自然段的第一句话的作用都是什么?
3. 作者在推进文章的过程中都使用了什么策略?

以上问题的目的是使学生了解文章的结构方式。格雷布和斯托勒(Grabe & Stoller, 2001)认为,较高层次的篇章阅读多与阅读策略密切相关,阅读策略包括理解时的篇章模式,因此,教师可以通过上述问题来确认学生是否掌握了语篇大意。

三是讨论细节。

在学生总结完本段文章大意,并对本段文章的结构框架有所了解后,教师让学生再读一遍全文,并以小组为单位讨论各段的要点与细节,说明每一段与标题相印证之处,同时让学生注意标记出能够找到的强调标记,最后每个小组派出一名同学轮流说明各段的要点、细节,并指出强调标记有哪些。

四是推测观点。

根据学生找到的强调标记,教师引导学生通过这些强调标记推测出作者的观点和主观意图,并提问:

1. 第②段中为什么要使用强调标记"甚至"?这句与文章的题目是什么关系?

2. 第④段和第⑤段之间的关系是什么?

3. 第⑦段作者使用"需要指出的是"的目的是什么?

最后,泛读。

泛读时,重点关注延伸阅读。

让学生打开正在学习的课本,在已经学过的课文中找到强调标记,通过对已经学习过的内容的反思,自行梳理强调标记的功能。这一过程通过小组讨论的方式进行。本阶段延伸阅读的目的有二,一是增加强调标记的重现率,让学生在不同语境中体会强调标记的作用。这一方法的目的是让学生通过强调标记与多语境的联结,增加提取机会,加强记忆;二是加深对强调标记的认识,通过强调标记在不同语境下的段落举例,学生能够自行归纳出强调标记的功能,并由此理解作者态度及与读者间的互动,更快速、完整地理解语篇。

将上述实验进行总结可以发现,教师帮助学生整理当节课所学的关于"强调标记"的知识,可以归纳强调标记的定义和功能。国外研究成果显示,显性的阅读策略指导是教会学生成功掌握和运用策略的可行手段(Keer & Verhaeghe, 2005),以策略为导向的教学有助于提高学生的阅读水平。因此,教师可以建议学生以强调标记作为阅读策略,运用熟练以后就能够更迅速地找到作者的立论之处。

7.3.3 进行后测

本次后测主要由两部分组成,一部分是阅读测验,一部分是问卷调查。阅读测验与前测一样,都是由实验班和对照班所在班级语文老师开展,实验班和平行班全体学生参与施测。阅读测试在 7 分钟内完成。此项测试的目的是鉴定在基础教育阶段的阅读教学中加入对元话语标记的识别、功能的教学是否可以提高学生阅读理解的能力,从而论证强调标记等元话语标记在阅读中是否具有引导阅读的能力。

问卷调查只由实验班学生参与,在 20 分钟内完成。问卷调查的目的是从学生角度确认元话语标记在阅读教学中是否有作用,从而可以从另一个方面促使教师在教学中重视元话语标记的教学。

7.4 实验教学结果分析

7.4.1 前测和后测

7.4.1.1 前测结果

实验班和平行班都参加了前测。实验班共 47 人参加了前测,下发试卷 47 份,回收有效试卷 47 份,回收率为 100%;平行班共 47 人参加了前测,下发试卷 47 份,回收有效试卷 46 份(1 名学生没有交卷),回收率为 97.9%。

前测是在学生完全不了解元话语标记的情况下进行的,测试的目的是掌握学生的阅读水平。经过统计分析,实验班前测三道题全部正确的学生比例是 76.6%,平行班前测全部正确的比例是 36.2%,这一差距的原因可能是实验班的语文水平整体上高于平行班。

7.4.1.2 后测结果

在实验教学后(平行班不进行实验教学),实验班和平行班也都参加了后测,实验班共 47 人参加了前测,下发试卷 47 份,回收有效试卷 47 份;平行班共 47 人参加了后测,下发试卷 47 份,回收有效试卷 47 份,回收率均为 100%。经过统计分析,实验班后测三道题全部正确的学生比例是 91.5%,平行班前测全部正确的比例是 38.3%。进行过实验教学的实验班学生全部正确率明显增加,而未经过实验教学的平行班的全部正确率与前测时的比例基本一致。这证明实验班学生经过强调标记的教学,后测正确率高于前测正确率,阅读理解成绩有明显进步。

7.4.1.3 分析

通过对前测和后测结果的分析,我们能够看出,相对于平行班,实验班学生在接受强调标记的教学后,对于强调标记的语义、功能等都更加清晰,能够通过强调标记推测出作者意图,这也正是强调标记的主要功能所在。

基于此,我们认为,在中学阶段进行元话语标记的教学,确实能够提高学生的阅读理解能力和成绩,也就是说,元话语标记确实具有预测和引导功能,是语篇中"路标"一样的存在。这一结果与国外相关研究的结果一致。比如洛曼和迈耶(Loman & Mayer,1983)的研究显示,元话语标记在语篇阅读中具有预测和引导功能,它对阅读理解的促进作用与语篇长度和难度相关。也就是说,无论是外语还是汉语,对学生进行元话语标记的教学,能够提高学生阅读的能力和成绩。张志红(2014)也通过英语二语习得的角度,从接受元话语标记教学实验班的学生身上发现,以元话语标记为"路标"进行阅读教学,让学生从原来只注重细节、自上而下的阅读模式转变为宏观导入的阅读模式,这种阅读方式的改变最终能够提高学生的阅读理解能力和成绩。

7.4.2 比较问卷结果分析

7.4.2.1 比较问卷结果

对元话语标记在阅读理解中作用的调查问卷,我们只在实验班发放,发放47份,回收47份,回收率为100%。进行问卷调查的目的在于调查学生,也就是阅读者对强调标记的看法、感觉和态度。表7-2显示了问卷调查的结果。

表7-2 问卷调查结果

	有	无
元话语标记的感知有用性	97.9%	2.1%
希望继续学习的自觉性	93.6%	6.4%

7.4.2.2 分析

对比问卷的结果证明了基于强调标记,或者说元话语标记知识设计的语文阅读教学模式对于学生培养良好的阅读习惯和阅读技能的提高有积极作用。但即便教师和学生已经意识到这一点,对于目前的语文阅读教学来说,在语文课堂进行元话语标记的系统教学还是不太可能的,因为教师和学生能够获取的关于元话语标记相关的材料和练习还十分不足。因此,后续的研究重点,我们认为可以放在阅读训练中和讲解中渗透元话语标记的知识,同时多设计、开发一些针对性强的与元话语标记相关的阅读教材和练习,通过练习内化学生关于元话语标记的知识。

基于比较问卷的结果,虽然一般情况下人们会认为字数少、篇幅短的文章更易于阅读,但实际上,文章的长短与阅读的难易并不直接相关,文本中加入强调标记这样功能性的元话语标记,有助于读者理解作者的意图,并更容易在前后文之间建立起连贯关系。因此,即使文章可能更长,但读者读起来可能更快,阅读效率也更高。

7.4.3 余论

我们汇总教学实验的结果,可以发现,学生在接受强调标记的教学后,阅读理解能力有所提高。瓦德·科普勒(Vande Kopple, 1985)就曾说过,熟知元话语标记的功能对语言学习者而言有许多优势,它们能够帮助读者组织语篇,并宏观理解全篇文章,促使读者进行批判性思考,并建立起自身对文章的理解和意见。可见,有目的的、明确的教学能使学习者成功地获得信息,并与作者对话。

鉴于此,我们认为,语文教师可以设计自上而下的阅读教学模式,除了使学生建立起语体语篇的不同的组织架构模式外,还能够在教学中将元话语标记的教学设计成指导学生阅读的一种策略,帮助学生在阅读过程中理清篇章结构,快速而准确地处理文中的重要信息,并引导学生利用元话语标记挖掘作者的写作目的,形成读者与作者间的互动交流,最终激发学生能够以更高的效率处理好阅读材料。

根据2022版《义务教育语文课程标准》,"语文课程是一门学习国家通用语言文字运用的综合性、实践性课程。工具性与人文性的统一,是语文课程的基本特点。语文课程应引导学生热爱国家通用语言文字,在真实的语言运用情境中,通过积极的语言实践,积累语言经验,体会语言文字的特点和运用规律,培养语言文字运用能力。"可见,语文教学的最新课程标准是十分重视语言运用的,从2022年高考语文试题,尤其是"全国乙卷""语言运用"部分的试题改革也能印证这一点。因此,将语言研究成果运用于基础教育阶段的语文教学中势在必行。比如,我们在这一章已经印证了在高中语文教学中渗透元话语标记的教学确实能够提高学生阅读理解的能力,我们就应该在实际教学工作中有意识地加强这方面的教学。当然,我们也意识到,语文教师很难在正常的教学过程中利用整块的时间进行元话语标记的教学,因此,我们建议,教师可以利用练习讲解,结合所做练习进行分散式的教学,这种方式可能更具有可操作性。

结　　语

本书运用元话语标记研究的理论和方法,对元话语标记的一个类别——强调标记在汉语中的表现进行了考察,主要从汉语强调标记的定义、类别、功能、语体分化情况等方面进行了细致研究,并通过个案分析,探索汉语强调标记的特点,以点概面,希望通过对汉语强调标记的深入研究推动汉语元话语标记的研究。

关于本研究成果与贡献总结如下：

本研究根据汉语实际,从两个角度对汉语强调标记进行了界定：①强化对命题的认定程度,表达作者对其主张的信心；②通过与其他观点对比以凸显作者立场。这两条标准,符合其中一条就可以被判定为强调标记。由于"强调"本身是一个语义类别,缺少形式上的判定标准,如果不在研究之初就加以界定,后续内容将无法进行。我们对汉语强调标记的鉴定既考虑了说话人自己的主观强调——单声,又考虑了通过对比进行的强调——多声,基本上涵盖了"强调"的所有情况。

由于本研究对强调标记的判定是从语义角度进行的,因此,为了鉴定这一标准是否符合母语者的语感,我们还进行了"有经验的母语者"调查。通过这一实证调查,一方面可以验证我们对强调标记的定义是否准确、可靠,另一方面也可以使我们更加了解母语者对汉语强调标记的认识。虽然这种方法在国外的语言研究中使用得比较多,但在国内现有的语言本体研究中,使用这种研究方法的成果还不多见。

由于元话语标记通常只具有程序性意义,因此,它具有强烈的语境依赖性,这也使得强调标记与语体之间的关系非常紧密。鉴于此,本研究对汉语强调标记的梳理是分语体进行的。我们选择了三种强调标记出现频次比较多的语体：社论、学术论文和自然谈话进行考察,在归纳汉语强调标记的同时,也能够反映出不同语体的特点。

在对不同语体强调标记进行整体梳理、大概考察的同时,我们也选择对一些个案进行深入分析,争取做到点面结合,从纵横两个方面强化对汉语强调标记的认识。

通过强调标记的实验教学这一实证研究，一方面可以验证我们之前谈到的——元话语标记可以预测作者观点、引导读者理解这一观点，使我们得出的结论更加准确、可信；另一方面也可以将语言理论的研究成果应用于语言实践，打通二者之间的通道，使语言研究更加具有实际意义。

关于本研究局限及展望总结如下：

本研究虽然进行了母语者调查，但调查样本只有36人，调查内容也只有两篇文章，在研究信度上稍显不足。在实验教学方面，只针对高中一年级两个班进行，而且这两个班的语文水平并不一致，这也影响了调查的信度。在未来的研究中，一是需要扩大母语者调查的范围，二是要在教学实验方面增加针对更多年龄段学生，而且进行教学实验的班级的语文水平也应该基本持平，这样才能保证实验结果的可信性。

本研究在梳理汉语强调标记的时候虽然区分了语体，但考察的语体类型只有三种，还不够全面。我们自建的三种语体语料库虽然都是中型语料库，但从结果看，语料库容量仍然过小，导致我们找到的强调标记还不够全面。在未来的研究中，我们一方面要增加语体类型，考察更多类型的语体，另一方面要扩大语料库规模，争取做到对汉语强调标记更加全面地梳理、筛查。

元话语标记体现了说话人与自身、与语言、与话语接受者之间的多重互动关系，值得我们做更加深入的研究，强调标记的研究只是元话语标记的一个方面。尽管我们的研究还不够周延，还有一些问题没有解决，但仍然期盼我们的考察、讨论可以为今后的相关研究提供一些值得思考的线索和路径。

主要参考文献

中文文献

蔡国妹　2017　《闽语莆仙方言助词"乞"的强调用法》,《南开语言学刊》第1期。

曹凤龙　王晓红　2009　《中美大学生英语议论文中的元话语比较研究》,《外语学刊》第5期。

曹秀玲　杜可风　2018　《言谈互动视角下的汉语言说类元话语标记》,《世界汉语教学》第2期。

曹秀玲　魏　雪　2021　《从感官动词到推断元话语标记》,《语文研究》第2期。

陈景元　高　佳　2012　《现代汉语副词的评价视角分析》,《河北师范大学学报(哲学社会科学版)》第6期。

陈新仁　2002　《从话语标记语看首词重复的含义解读》,《解放军外国语学院学报》第3期。

陈月明　1987　《"又"的一种语法意义新解》,《语言教学与研究》第2期。

陈　一　2006　《对举表达式的再分类及其意义》,《中国语言学报(第十三期)》,商务印书馆。

陈　一　2014　《说"有点小(不)A/V"》,《中国语文》第2期。

陈　一　程书秋　2016　《"我别VP(了)"的构式整合机制及其语用价值》,《世界汉语教学》第2期。

陈　一　李广瑜　2014　《"别+引语"元语否定句探析》,《世界汉语教学》第4期。

陈　颖　2008　《简论程度副词的程度等级》,《牡丹江师范学院学报》第1期。

陈　颖　蔡　峥　2008　《小议副词"真"和"很"》,《常州工学院学报》第5期。

陈　颖　2009　《现代汉语传信范畴研究》,中国社会科学出版社。

陈　颖　2010　《"真的"的虚化》,《语言研究》第 4 期。

陈　颖　陈　一　2010　《固化结构"说是"的演化机制及其语用功能》,《世界汉语教学》第 4 期。

陈　颖　陈　一　2013　《"百分之百"的语法化及传信功能》,《语文教学通讯》第 9 期。

陈　颖　2014　《双强调的"A 就 A 在 P"构式》,《语言研究》第 2 期。

陈　颖　2018　《由转喻而来的即时性主观评议构式"看把 P+A/V 的"》,《解放军外国语学院学报》第 2 期。

陈　颖　2022　《再论语气副词"又"的话语功能》,《汉语学习》第 4 期。

陈　颖　2022　《"必须"的情态功能游移和语用化》,《语言与翻译》第 2 期。

陈　颖　2023　《双聚焦引导性评价标记"X 的是"》,《中国语言学报(第二十一期)》,商务印书馆。

陈　颖　2024　《所言真实和所评真实——以"说真的"和"真的"的差别为例》,《汉语学报》第 2 期。

陈振宇　杜克华　2015　《意外范畴:关于感叹、疑问、否定之间的语用迁移的研究》,《当代修辞学》第 5 期。

程葆贞　2010　《现代汉语强调范畴》,河南大学硕士学位论文。

程亚恒　2015　《差比构式"(X)连 YA 都没有"探析》,《汉语学习》第 1 期。

程亚恒　2016　《原因型"又+Neg+Xp"构式的会话功能》,《汉语学习》第 4 期。

成晓光　1999　《亚言语的理论与应用》,《外语与外语教学》第 9 期。

成晓光　姜　晖　2008　《亚语言在大学英语写作中作用的研究》,《外语界》第 5 期。

崔诚恩　2002　《现代汉语情态副词研究》,中国社会科学院研究生院博士学位论文。

崔　蕊　2008　《"其实"的主观性和主观化》,《语言科学》第 5 期。

崔希亮　2020　《正式语体和非正式语体的分野》,《汉语学报》第 2 期。

崔一方　2014　《口语格式"X 个 P 类词"的构式研究》,山东大学硕士学位论文。

崔希亮　1990　《试论关联形式"连……也/都"的多重语言信息》,《世界汉语教学》第 3 期。

邓　雅　2017　《〈孟子〉断言强调研究》,华中师范大学硕士学位论文。

董成如　杨才元　2009　《构式对词汇压制的探索》,《外语学刊》第 5 期。

董连棋　2020　《评价理论视域下中国英语学习者议论文中的介入性词块

研究》,《解放军外国语学院学报》第 4 期。

董秀芳　2002　《词汇化:汉语双音词的衍生和发展》,四川民族出版社。

董秀芳　2007a　《"是"的进一步语法化:由虚词到词内成分》,《当代语言学》第 1 期。

董秀芳　2007b　《词汇化与话语标记的形成》,《世界汉语教学》第 1 期。

董秀芳　2009　《汉语的句法演变与词汇化》,《中国语文》第 5 期。

董秀芳　2017　《从动作的重复和持续到程度的增量和强调》,《汉语学习》第 4 期。

段瑞云　黄　莹　2009　《互动元话语视角下的中美报纸社论对比分析》,《中国矿业大学学报(社会科学版)》第 4 期。

段业辉　1995　《语气副词的分布及语用功能》,《汉语学习》第 4 期。

方　迪　2020　《北京话中"还是的"的立场重申功能及其产生机制》,《当代修辞学》第 2 期。

方　梅　1994　《北京话句中语气词的功能研究》,《中国语文》第 2 期。

方　梅　1995　《汉语对比焦点的句法表现形式》,《中国语文》第 4 期。

方　梅　2000　《自然口语中弱化连词的话语标记功能》,《中国语文》第 5 期。

方　梅　2005　《认证义谓宾动词的虚化——从谓宾动词到语用标记》,《中国语文》第 6 期。

方　梅　2013　《谈语体特征的句法表现》,《当代修辞学》第 2 期。

方　梅　2017　《负面评价表达的规约化》,《中国语文》第 2 期。

方清明　2012　《再论"真"与"真的"的语法意义与语用功能》,《汉语学习》第 5 期。

方清明　2013　《论汉语叙实性语用标记"实际上"——兼与"事实上、其实"比较》,《语言教学与研究》第 4 期。

房红梅　严世清　2004　《概念整合运作的认知理据》,《外语与外语教学》第 4 期。

高淑平　2016　《"加以"强调句的语用特征》,《大庆师范学院学报》第 5 期。

高　霞　2021　《中国学者英文学术论文中的非正式语体特征研究》,《外语与外语教学》第 2 期。

甘惜分主编　1993　《新闻学大辞典》,河南人民出版社。

龚千炎　1983　《论几种表示强调的固定格式》,《语法研究与探索》,北京大学出版社。

宫　军　2010　《元话语研究：反思与批判》，《外语学刊》第 5 期。
郭红伟　2017　《同于"元"而异于"源"：元话语和元语言特征分析》，《西安外国语大学学报》第 4 期。
阚明刚　杨　江　2017　《话语标记概貌分析与情感倾向探索》，吉林文史出版社。
韩容洙　2000　《现代汉语的程度副词》，《汉语学习》第 2 期。
何自然　冉永平　1999　《话语联系语的语用制约性》，《外语教学与研究》第 3 期。
何自然　莫爱屏　2002　《话语标记与语用照应》，《广东外语外贸大学学报》第 1 期。
贺　阳　2004　《从现代汉语介词中的欧化现象看间接语言接触》，《语言文字应用》第 4 期。
侯学超编　1998　《现代汉语虚词词典》，北京大学出版社。
胡承佼　2018　《"不如"的功能表达及其演化关联》，《对外汉语研究》第 1 期。
胡明扬　1992　《再论语法形式和语法意义》，《中国语文》第 5 期。
胡明扬　1994　《语义语法范畴》，《汉语学习》第 1 期。
胡佩文　2017　《多义副词"还"形成强调义的内部动因与机制》，《现代语文》第 7 期。
胡壮麟　2000　《功能主义纵横谈》，外语教学与研究出版社。
黄国文　2000　《韩礼德系统功能语言学 40 年发展述评》，《外语教学与研究》第 1 期。
黄　勤　熊　瑶　2012　《英汉新闻评论中的元话语使用对比分析》，《外语学刊》第 1 期。
黄　勤　龚梦南　2014　《英语新闻报道与新闻评论中元话语使用之对比研究》，《当代外语研究》第 5 期。
黄　莹　章礼霞　2018　《汉语反问句重音的程序功能及语用推理》，《当代修辞学》第 3 期。
黄　颖　2007　《"特别"与"尤其"》，《海外华文教育》第 1 期。
汲传波　2006　《论强调范畴的构建》，《暨南大学华文学院学报》第 2 期。
汲传波　2009　《从认知心理学视角论语言中的"强调"》，《语言理论研究》第 8 期。
汲传波　2015　《强调范畴及其若干句法研究》，北京大学出版社。
吉益民　2012　《"对了"的词汇化和语用化》，《宁夏大学学报（人文社会科学版)》第 5 期。

贾泽林　2015　《副词"起码"的语义、语用分析》,《语文研究》第 1 期。

姜　峰　2020　《基于多维分析的学术语篇语体特征的历时考察》,《外语教学与研究》第 5 期。

江蓝生　2008　《概念叠加与构式整合——肯定否定不对称的解释》,《中国语文》第 6 期。

孔　蕾　秦洪武　2018　《"说 X"的形成:语法化、词汇化和语用化的互动》,《汉语学报》第 2 期。

孔庆成　1995　《元语否定的类型》,《外国语》第 4 期。

雷四维　2015　《现代汉语"要不要"强调构式的构式化——基于一种全新理论框架》,《山西农业大学学报(社会科学版)》第 2 期。

李秉震　2016　《语体视角下"关于"的语用功能研究》,《中国语文》第 2 期。

李凤华　2012　《强调副词在学术书面语域中的语义序列分析》,《大学英语》第 1 期。

李凤琴　1993　《句子主观情态意义的几种表达手段》,《外语教学》第 2 期。

李福印　2008　《认知语言学概论》,北京大学出版社。

李劲荣　2014　《情理之中与预料之外:谈"并"和"又"的语法意义》,《汉语学习》第 4 期。

李劲荣　陆丙甫　2016　《论形容词重叠的语法意义》,《语言研究》第 4 期。

李　君　殷树林　2008　《副词"又"的语气用法》,《求是学刊》第 6 期。

李　蓝　2003　《现代汉语方言差比句的语序类型》,《方言》第 3 期。

李　琳　2005　《"很+adj"、"真+adj"及"AA(的)"的语法功能辨析》,《北方论丛》第 3 期。

李　敏　2010　《现代汉语的义务情态分析》,《语言教学与研究》第 1 期。

李小军　2018　《试论总括向高程度的演变》,《语言科学》第 5 期。

李晓琪　2003　《现代汉语虚词手册》,北京大学出版社。

李秀明　2007　《元话语标记与语体特征分析》,《修辞学习》第 2 期。

李秀明　2011　《汉语元话语标记研究》,中国社会科学出版社。

李新良　袁毓林　2017　《"知道"的叙实性及其置信度变异的语法环境》,《中国语文》第 1 期。

李宇明　1999　《数量词语与主观量》,《华中师范大学学报(人文社会科学版)》第 6 期。

李元瑞　2018　《元话语成分"说好的"探析》,《汉语学习》第 6 期。

李战子　2000　《情态——从句子到篇章的推广》,《外语学刊》第 4 期。

李宗江　王慧兰　2011　《汉语新虚词》,上海教育出版社。

李宗江　2012　《"A 的是"短语的特殊功能》,《汉语学习》第 4 期。

李佐文　2003　《元话语:元认知的言语体现》,《外国语》第 3 期。

厉　杰　2011　《口头禅的语言机制:语法化与语用化》,《当代修辞学》第 5 期。

廖秋忠　1986　《现代汉语篇章中的连接成分》,《中国语文》第 6 期。

廖秋忠　1989　《〈语气与情态〉评介》,《国外语言学》第 4 期。

梁晓波　2001　《情态的认知阐释》,《山东外语教学》第 4 期。

林惠京　2011　《词汇化形式"高频双音节能愿动词+说/是"》,《世界汉语教学》第 4 期。

蔺　璜　郭姝慧　2003　《程度副词的特点范围与分类》,《山西大学学报（哲学社会科学版)》第 2 期。

刘　丞　2010　《试析前项隐含的"又"字句》,《华文教学与研究》第 4 期。

刘丹青　1994　《"唯补词"初探》,《汉语学习》第 3 期。

刘丹青　2008a　《重新分析的无标化解释》,《世界汉语教学》第 1 期。

刘丹青　2008　《语法调查研究手册》,上海教育出版社。

刘　芬　2016　《英语情感强调副词的认知语义研究》,湖南师范大学博士学位论文。

刘　坚　曹广顺　吴福祥　1995　《论诱发汉语词汇语法化的若干因素》,《中国语文》第 3 期。

刘丽艳　2005　《作为话语标记语的"不是"》,《语言教学与研究》第 6 期。

刘丽艳　2006　《话语标记"你知道"》,《中国语文》第 5 期。

刘丽艳　2009　《话语标记的"这个"和"那个"》,《语言教学与研究》第 1 期。

刘丽艳　2011　《汉语话语标记研究》,北京语言大学出版社。

刘　明　2021　《作为互动意义的态度标记语研究》,《扬州教育学院学报》第 1 期。

刘　鹏　2012　《现代汉语强调表达研究》,黑龙江大学硕士学位论文。

刘叔新　2013　《汉语语法范畴论纲》,南开大学出版社。

刘　顺　2003　《现代汉语语用平面的焦点表达》,《南京林业大学学报》第 1 期。

刘探宙　2008　《多重强式焦点共现句式》,《中国语文》第 3 期。

刘　莹　程　工　2021　《从焦点的类型看"的"字结构的语义》,《中国语文》第 1 期。

刘月华　1982　《状语与补语的比较》,《语言教学与研究》第 1 期。

刘月华　1986　《对话中"说""想""看"的一种特殊用法》,《中国语文》第 3 期。

刘正光　2011　《主观化对句法限制的消解》,《外语教学与研究》第 3 期。

柳淑芬　2013　《中美新闻评论篇章中元话语比较研究》,《当代修辞学》第 2 期。

鲁　川　2003　《言的主观信息和汉语的情态标记语》,《语法研究和探索（十二）》,商务印书馆。

鲁　莹　2011　《现代汉语中的强调现象研究概览》,《湖北社会科学》第 8 期。

鲁　莹　2019　《话题化的元话语标记"X 的是"》,《语言研究》第 2 期。

陆丙甫　应学凤　张国华　2015　《状态补语是汉语的显赫句法成分》,《中国语文》第 3 期。

陆俭明　马　真　1999　《现代汉语虚词散论》,语文出版社。

陆俭明　2004　《"句式语法"理论与汉语研究》,《中国语文》第 5 期。

陆俭明　2008　《构式语法理论的价值与局限》,《南京师范大学文学院学报》第 1 期。

陆俭明　2009　《构式与意象图式》,《北京大学学报(哲学社会科学版)》第 3 期。

吕叔湘　1977　《通过对比研究语法》,《语言教学与研究》第 2 期。

吕叔湘　1982　《中国文法要略》,商务印书馆。

吕叔湘　1985　《近代汉语指代词》,学林出版社。

吕叔湘　1985　《疑问·否定·肯定》,《中国语文》第 4 期。

吕叔湘　1995　《汉语语法分析问题》,《吕叔湘文集(第二卷)》,商务印书馆。

吕叔湘　1999　《现代汉语八百词(增订本)》,商务印书馆。

马清华　2003a　《汉语语法化问题的研究》,《语言研究》第 2 期。

马清华　2003b　《词汇语法化的动因》,《汉语学习》第 4 期。

马庆株　1988　《自主动词和非自主动词》,《中国语言学报》第 3 期,商务印书馆。

马庆株　1990　《语法研究大有可为》,《汉语学习》第 5 期。

马庆株　2000　《结合语义表达的语法研究》,《汉语学习》第 2 期。

马庆株　2005　《汉语动词和动词性结构》,北京大学出版社。

马伟忠　2014　《试析"比 N 还 N"及相关句式的句法、语义特点》,《语言教学与研究》第 6 期。

马　真　1983　《说"反而"》,《中国语文》第 3 期。

马　真　1991　《普通话里的程度副词"很、挺、怪、老"》,《汉语学习》第 2 期。

马　真　2001　《表加强否定语气的副词"并"和"又"——兼谈词语使用的语义背景》,《世界汉语教学》第 3 期。

马　真　2004　《现代汉语虚词研究方法论》,商务印书馆。

梅　华　1983　《强调应单独列为一种修辞格》,《黄冈师专学报》第 1 期。

孟　超　2013　《英汉强调义的表达方式对比研究》,延边大学硕士学位论文。

莫爱屏　2004　《话语标记语的关联认知研究》,《语言与翻译》第 3 期。

彭小川　1999　《副词"并"、"又"用于否定形式的语义、语用差异》,《华中师范大学学报(人文社会科学版)》第 2 期。

祁　峰　2011　《"X 的是":从话语标记到焦点标记》,《汉语学习》第 4 期。

祁　峰　2013　《汉语焦点的类型及相关问题》,《汉语学习》第 2 期。

齐春红　2006　《现代汉语语气副词"可"的强调转折功能探源》,《云南民族大学学报(哲学社会科学版)》第 3 期。

齐沪扬　2002　《语气词与语气系统》,安徽教育出版社。

齐沪扬　2011　《现代汉语语气成分用法词典》,商务印书馆。

邱述德　孙　麒　2011　《语用化与语用标记语》,《中国外语》第 3 期。

冉永平　2000　《话语标记的语用学研究综述》,《外语研究》第 4 期。

冉永平　2002　《话语标记 you know 的语用增量辨析》,《解放军外国语学院学报》第 4 期。

冉永平　方晓国　2008　《语言顺应论视角下反问句的人际语用功能研究》,《现代外语》第 4 期。

邵长超　2020　《元话语的语篇调节机制与功能研究》,《当代修辞学》第 1 期。

邵敬敏　饶春红　1985　《说"又"——兼论副词研究的方法》,《语言教学与研究》第 2 期。

邵敬敏　赵春利　2006　《关于语义范畴的理论思考》,《世界汉语教学》第 1 期。

沈家煊　1993　《"语用否定"考察》,《中国语文》第 5 期。

沈家煊　1995　《"有界"与"无界"》,《中国语文》第 5 期。

沈家煊　1998　《语用法的语法化》,《福建外语》第 2 期。

沈家煊　1999a　《转指和转喻》,《当代语言学》第 1 期。

沈家煊　1999　《不对称和标记论》,江西教育出版社。

沈家煊　王冬梅　2000　《"N 的 V"和"参照体—目标"构式》,《世界汉语教学》第 4 期。

沈家煊　2001　《语言的"主观性"和"主观化"》,《外语教学与研究》第 7 期。

沈家煊　2009a　《副词和连词的元语用法》,《对外汉语研究》第 00 期。

沈家煊　2009b　《汉语的主观性与汉语语法教学》,《汉语学习》第 1 期。

沈家煊　完　权　2009　《也谈"之字结构"和"之"字的功能》,《语言研究》第 2 期。

沈家煊　2014　《汉语的逻辑这个样,汉语是这样的》,《语言教学与研究》第 2 期。

沈家煊　2016　《名词和动词》,商务印书馆。

施春宏　2014　《"招聘"和"求职":构式压制中双向互动的合力机制》,《当代修辞学》第 2 期。

施春宏　2015　《构式压制现象分析的语言学价值》,《当代修辞学》第 2 期。

施仁娟　2015　《论元话语与话语标记的关系》,《宁波大学学报(人文科学版)》第 4 期。

石毓智　2001　《肯定和否定的对称与不对称》,北京语言文化大学出版社。

石毓智　2005　《论判断、焦点、强调与对比的关系——"是"的语法功能和使用条件》,《语言研究》第 4 期。

史金生　2003　《语气副词的范围、类别和共现顺序》,《中国语文》第 1 期。

史金生　2005　《"又""也"的辩驳语气用法及其语法化》,《世界汉语教学》第 4 期。

史锡尧　1990　《副词"又"的语义及其网络系统》,《语言教学与研究》第 4 期。

苏俊波　2014　《"说真的"的话语功能》,《汉语学报》第 1 期。

苏晓军　张爱玲　2001　《概念整合理论的认知力》,《外国语》第 3 期。

孙利萍　方清明　2011　《汉语话语标记的类型及功能研究综观》,《汉语学习》第 6 期。

孙锡信　1999　《近代汉语语气词》，语文出版社。

孙　艳　1998　《试论类推机制在汉语新词语构造中的作用》，《西北师大学报（社会科学版）》第 2 期。

唐贤清　陈　丽　2010　《"极"作程度补语的历时发展及跨语言考察》，《古汉语研究》第 4 期。

田　婷　2017　《自然会话中"其实"的话语标记功能及言者知识立场》，《汉语学习》第 4 期。

完　权　2013　《事态句中的"的"》，《中国语文》第 1 期。

完　权　2015　《话语互动中的光杆有定宾语句》，《当代修辞学》第 4 期。

完　权　2017　《汉语（交互）主观性表达的句法位置》，《汉语学习》第 6 期。

完　权　2021　《话题的互动性——以口语对话语料为例》，《语言教学与研究》第 5 期。

汪立荣　2005　《概念整合理论对移就的阐释》，《现代外语》第 3 期。

王灿龙　2002　《现代汉语回声拷贝结构分析》，《汉语学习》第 6 期。

王丹荣　2017　《现代汉语祈使范畴及其表达手段研究》，武汉大学博士学位论文。

王德春　1987　《语体略论》，福建教育出版社。

王贵华　2008　《英汉强调手段对比及翻译》，《宜宾学院学报》第 8 期。

王建平　于　慧　2003　《强调的多种表达形式》，《新疆教育学院学报》第 3 期。

王菊泉　2007　《关于形合与意合问题的几点思考》，《外语教学与研究》第 6 期。

王　萍　2012　《现代汉语强调多角度研究探析》，《淮北师范大学学报》第 4 期。

王　倩　梁君英　2016　《语篇回指中的期待性和可及性》，《现代外语》第 6 期。

王素改　2019　《语用化的两种类型》，《郑州大学学报（哲学社会科学版）》第 5 期。

王　涛　2021　《话语标记"其实"和"事实上"的比较研究》，哈尔滨师范大学硕士学位论文。

王　伟　2004　《并列结构中名词性成分的语义量级类型》，《周口师范学院学报》第 3 期。

王晓辉　2018　《习语构式的动态浮现——由程度评价构式"X 没说的"说开去》，《语言教学与研究》第 4 期。

王　扬　2005　《话语标记的认知语用诠释》,《天津外国语学院学报》第 3 期。

王　寅　2004　《认知语言学之我见》,《解放军外国语学院学报》第 5 期。

王自强　1984　《现代汉语虚词用法小词典》,上海辞书出版社。

魏兆惠　2016　《北京话副词"满"的来源及演变机制》,《语文研究》第 1 期。

文桂芳　李小军　2019　《构式"又不/没 Xp"的功能及其形成》,《语言教学与研究》第 5 期。

温锁林　贺桂兰　2006　《有关焦点问题的一些理论思考》,《中国语文》第 2 期。

文　旭　黄　蓓　2008　《极性程度副词"极"的主观化》,《外语研究》第 5 期。

吴福祥　2007　《关于语言接触引发的演变》,《民族语文》第 2 期。

吴云丽　吉哲民　2015　《元话语理论对于英语专业学生阅读理解影响的实证研究》,《校园英语》第 33 期。

吴婷燕　赵春利　2018　《情态副词"怪不得"的话语关联与语义情态》,《世界汉语教学》第 3 期。

吴振国　1990　《前项隐含的"又"字句》,《语言教学与研究》第 2 期。

吴中伟　1999　《论"又不 P, ~Q"中"又"的意义》,《汉语学习》第 4 期。

肖任飞　张金圈　2018　《"P(x, y 又),Q"因果构式及其制约条件》,《语言研究》第 3 期。

肖　燕　2012　《时间的概念化及其语言表征》,西南大学博士学位论文。

谢佳玲　2014　《近义情态词于学术文体之元话语功能研究》,《华语文教学研究》第 3 期。

邢福义　2000　《"最"义级层的多个体涵量》,《中国语文》第 1 期。

徐富平　2005　《汉语报刊阅读教学中的语感问题研究》,《云南师范大学学报》第 3 期。

徐海铭　2001　《元语篇:跨文化视域下理论与实证》,东南大学出版社。

徐海铭　2004　《中国英语专业本科生使用元语篇手段的发展模式调查研究》,《外语与外语教学》第 3 期。

徐海铭　潘海燕　2005　《元语篇的理论和实证研究综述》,《外国语》第 6 期。

徐　杰　李英哲　1993　《焦点和两个非线性语法范畴:"否定"和"疑问"》,《中国语文》第 2 期。

徐　捷　黄　川　2015　《元话语对阅读理解能力影响的实证研究》,《合肥工业大学学报(社会科学版)》第 1 期。

徐晶凝　2008　《现代汉语话语情态研究》,昆仑出版社。

许文静　张辉松　2012　《现代汉语强调方式的认知语言学解释》,《湖北师范学院学报》第 4 期。

闫梦月　薛宏武　2017　《汉语"强调并列结构"的类型学表现》,《重庆师范大学学报(社会科学版)》第 5 期。

晏　静　2011　《现代汉语强调的表现》,吉林大学硕士学位论文。

杨　彬　2008　《"并、又"与否定词连用的多角度分析》,《修辞学习》第 2 期。

杨永龙　2018　《确认与强调:"实"的主观意义和语用功能》,《当代修辞学》第 4 期。

姚双云　姚小鹏　2012　《自然口语中"就是"话语标记功能的浮现》,《世界汉语教学》第 1 期。

姚双云　2015　《连词与口语语篇的互动性》,《中国语文》第 4 期。

殷树林　2012　《现代汉语话语标记研究》,中国社会科学出版社。

由建伟　2011　《英语强调词的功能分析》,黑龙江大学硕士学位论文。

余国良　2005　《语法焦点与强调》,《大连海事大学学报》第 1 期。

袁从润　2007　《现代汉语强调方式初探》,安徽师范大学硕士学位论文。

袁　晖　李熙宗　2005　《汉语语体概论》,商务印书馆。

袁梦溪　2017　《强调类副词的预设分析》,《现代外语》第 6 期。

袁毓林　1993　《自然语言理解的语言学假设》,《中国社会科学》第 1 期。

袁毓林　2003　《从焦点理论看句尾"的"的句法语义功能》,《中国语文》第 1 期。

袁毓林　詹卫东　施春宏　2014　《汉语"词库—构式"互动的语法描写体系及其教学应用》,《语言教学与研究》第 2 期。

乐　耀　2011a　《从"不是我说你"类话语标记的形成看会话中主观性范畴与语用原则的互动》,《世界汉语教学》第 1 期。

乐　耀　2011b　《从人称和"了2"的搭配看汉语传信范畴在话语中的表现》,《中国语文》第 2 期。

乐　耀　2016　《从互动交际的视角看让步类同语式评价立场的表达》,《中国语文》第 1 期。

乐　耀　2017　《汉语会话交际中的指称调节》,《世界汉语教学》第 1 期。

乐　耀　2020　《指示与非指示:汉语言谈交际中"那个"的用法》,《语言教学与研究》第 1 期。

张爱玲　2019　《"罪过"向会话程式语的语用化》，《汉语史学报》第 1 期。

张爱玲　2019　《汉语史上"惭愧"向庆幸程式语的语用化》，《语言研究集刊》第 2 期。

张安生　舍秀存　2016　《西宁回民话的强调助词"也"及其来源》，《语文研究》第 3 期。

张　斌主编　2001　《现代汉语虚词词典》，商务印书馆。

张伯江　2007　《语体差异和语法规律》，《修辞学习》第 2 期。

张成福　余光武　2003　《论汉语的传信表达——以插入语研究为例》，《语言科学》第 3 期。

张德禄　2019　《评价理论介入系统中的语法模式研究》，《外国语》第 2 期。

张峰辉　周昌乐　2008　《"DJ+的是+M"的焦点和预设分析》，《语言研究》第 2 期。

张　弓　1963　《现代汉语修辞学》，天津人民出版社。

张桂宾　1997　《相对程度副词与绝对程度副词》，《华东师范大学学报(哲学社会科学版)》第 2 期。

张国宪　2006　《性质形容词重论》，《世界汉语教学》第 1 期。

张海涛　2014　《"必须的"的形成机制与话语功能探析》，《语言教学与研究》第 3 期。

张辉松　2005a　《强调手段分类的新视角》，《湖北师范学院学报》第 3 期。

张辉松　2005b　《语言的强调功能及其心理机制》，《武汉理工大学学报(社会科学版)》第 4 期。

张辉松　2008a　《强调——人际意义的重要因素》，《海南师范学院学报(社会科学版)》第 2 期。

张辉松　2008b　《语言强调功能系统:强调及凸显》，《海南师范学院学报(哲学社会科学版)》第 5 期。

张辉松　2010　《论强调功能的认知机制——象似性与强调功能》，《湖北师范学院学报》第 6 期。

张继东　陈晓曦　2016　《社会科学与自然科学学术语篇中介入型式的对比研究——以"V+that-clause 介入型式"为例》，《外语教学与研究》第 6 期。

张京鱼　刘加宁　2010　《汉语间接否定拒绝句式"又不/没有"的语义背景和使用条件》，《汉语学习》第 1 期。

张　磊　2014　《口语中"你"的移指用法及其话语功能的浮现》,《世界汉语教学》第 1 期。

张林华　2013　《副词"并"与"又"修饰否定词的使用条件》,《语文知识》第 2 期。

张　曼　宋晓舟　2017　《书面语域中元话语标记语的功能和分布:以 F-LOB 为语料》,《外语学刊》第 5 期。

张孟晋　2008　《浅析句中"强调"的作用及其语用功能》,东北师范大学硕士学位论文。

张秀松　2020　《近代汉语中语用标记"可又来"的多功能性与语用化研究》,《中国语文》第 1 期。

张秀松　张爱玲　2016　《"阿弥陀佛"向会话程式语的语用化》,《当代修辞学》第 2 期。

张秀松　张爱玲　2017　《"好说"向会话程式语的语用化》,《当代修辞学》第 2 期。

张亚军　2002　《副词与限定描状功能》,安徽教育出版社。

张谊生　2000　《论与副词相关的虚化机制》,《中国语文》第 1 期。

张谊生　2000　《现代汉语虚词》,华东师范大学出版社。

张谊生　2000　《现代汉语副词研究》,学林出版社。

张谊生　2010　《现代汉语副词分析》,上海三联书店。

张谊生　2011　《当代流行构式"X 也 Y"研究》,《当代修辞学》第 6 期。

张　影　2019　《现代汉语话语标记"说真的"研究》,哈尔滨师范大学硕士学位论文。

张志红　2014　《语用标记语与英语阅读教学模式设计》,《浙江万里学院学报》第 2 期。

赵春利　钱　坤　2018　《副词"几乎"的分布验证与语义提取》,《语言教学与研究》第 3 期。

赵金铭　2002　《汉语差比句的南北差异及其历史嬗变》,《语言研究》第 3 期。

赵丽萍　李秀丽　2017　《"搁那"的强调标记用法》,《现代语文》第 1 期。

赵　旭　刘振平　2014　《准双向动词功能扩展的制约因素——动词与句式互动的个案思考》,《中国语文》第 2 期。

郑　军　2007　《汉语中动句的语义偏向》,《淮北煤炭师范学院学报(哲学社会科学版)》第 1 期。

周敏莉　李小军　2018　《湖南新邵(寸石)话的强调标记"别个"——兼论

汉语方言他称代词到强调标记的两种类型》,《方言》第 4 期。

周明强　2017　《强调类话语标记语"X 的是"的语用功能考察》,《语言科学》第 1 期。

周明强　成　晶　2017　《强调性话语标记语"你懂的"的语用功能》,《浙江外国语学院学报》第 6 期。

周明强　朱圆圆　2019　《示憾性话语标记语"令（使、让、叫）人+X 的是"的语用分析》,《湖州师范学院学报》第 1 期。

周明强　孙墨丹　2020　《示赞性话语标记"X 的是"的基本特征与语用功能》,《温州大学学报（社会科学版）》第 4 期。

周明强　刘　锐　2020　《示要性话语标记语"X 的是"语用功能探析》,《嘉兴学院学报》第 5 期。

周小兵　1995　《论现代汉语的程度副词》,《中国语文》第 2 期。

周有斌　2006　《"可能""会"的"或然性"高低及特点》,第二届"现代汉语虚词研究与对外汉语教学学术研讨会"论文。

朱　斌　2007　《然否对照的辨释功能》,《语言研究》第 2 期。

朱德熙　1956　《现代汉语形容词研究》,《语言研究》第 1 期。

朱德熙　1961　《说"的"》,《中国语文》第 12 期。

朱德熙　1978　《"的"字结构和判断句》,《中国语文》第 1、2 期。

朱德熙　1982　《语法讲义》,商务印书馆。

朱德熙　1985　《现代书面汉语里的虚化动词和名动词——为第一届国际汉语教学讨论会而作》,《北京大学学报（哲学社会科学版）》第 5 期。

朱德熙　1987　《现代汉语语法研究的对象是什么》,《中国语文》第 4 期。

朱冠明　2002　《副词"其实"的形成》,《语言研究》第 1 期。

朱景松　2003　《形容词重叠式的语法意义》,《语文研究》第 3 期。

朱　军　2011　《构式"独立性"的成因》,《湘潭大学学报（哲学社会科学版）》第 1 期。

朱　军　2016　《"行了"的语用否定功能》,《当代修辞学》第 3 期。

朱品凡　1997　《浅述英语句中的强调》,《大学英语》第 4 期。

曾晓宾　刘晓梅　1999　《现代汉语"强调"摭谈》,《南京师范大学文学院学报》第 3 期。

宗守云　2011　《说反预期结构式"X 比 Y 还 W"》,《语言研究》第 3 期。

宗守云　2018　《"R 不是一般的 X"构式的高程度性质及其获得途径》,《当代修辞学》第 5 期。

英文文献

Abdi, R., Rizi, M. T., & Tavakoli, M. 2010 *The cooperative principle in discourse communities and genres: A framework for the use of metacourse.* Journal of Pragmatics(42).

Abdollahzadeh, E. 2010 *Poring over findings: International anthorial engagement in applied linguistics papers.* Journal of Pragmatics(43).

Allerton, D. J. 1987 *English intensifiers and their indiosyncarcies.* In Steele R. & Terry T. (eds.), Language Topics, Essays in Honour of Michael Halliday, vol. II. Amsterdam and Philadelphia.

Athanasiadou, A. 2007 *On the Subjectivity of Intensifiers.* London: Language Sciences (27).

Beauvais, M. 1989 *A speech act theory of metacourse.* Written Communication, 6(1).

Bednarek, M. 2006 *Evaluation in media discourse: Analysis of a newspaper corpus.* New York: Continuum.

Benveniste, E. 1971 *Problems in General Linguistics.* Miami: University of Miami Press.

Bhatia, V. K. 1993 *Analysing genre-language use in professional settings.* London: Longman.

Biber, D., S. Johansson, G. Leech, S. Conrad, E. Finegan & R. Quirk. 1999 *Longman Grammar of Spoken and Written English.* Essex: Pearson Education.

Blackmore, D. 1987 *Semantic constraints on relevance.* Oxford; New York: Blackwell.

Blackmore, D. 1990 *The Semantic Development of Past Tense Modals in English.* Buffalo Working Papers in Linguistics(30).

Blackmore, D. 2002 *Relevance and linguistic meaning: the semantics and pragmatics of discourse markers.* Cambridge: Cambridge University Press.

Bolinger, D. 1972 *Degree Words.* Paris: Mouton.

Bunton, D. 1999 *The use of higher level metatext in Ph. D. theses.* English for Specific Purposes(18).

Bussmann, H. 1996/2000 *Routledge Dictionary of Language and Linguistics,* London: Routledge.(外语教学与研究出版社)

Cao, F. & Hu, G. 2014 *Interactive metadiscourse in research articles: A com-*

parative study of paradigmatic and disciplinary influences. Journal of Pragmatics(66).

Carrell, P. L. 1989 Metacognitive awareness and second language reading. The modern Language Journal, 73(2).

Chafe, W. & J. Nichols (eds.). 1986 Evidentiality: The Linguistic Coding of Epistemology, Norwood, NJ: Ablex.

Coates, J. 1987 Epistemic modality and spoken discourse. Transactions of the Philological Society, 85(1).

Conrad, S. & D. Biber. 2000 Adverbial marking of stance in speech and writing. In S. Hunston & G. Thompson(eds.), Evaluation in Text: Authorial Stance and the Construction of Discourse, Oxford: Oxford University Press.

Crismore, A. 1983 Metadiscourse: What is it and how it is used in school and non-school social science texts. Urbana-Champaign: University of Illinois.

Crismore, A. 1989 Talking with readers: Metadiscourse as rhetorical act. New York: Peter Lang Publishers.

Crismore, A. & Farnsworth, R. 1990 Metadiscourse in popular and professional science discourse. In W. Nash(ed.), The writing scholar. Newbury Park: Sage Publications.

Crismore, A. & Markkanen, R. & Steffensen, M. 1993 Metadiscourse in persuasive writing: A study of texts written by American and Finnish university students. Written Communication, 10(1).

Crismore, A. & Vande Kopple, W. J. 1997 Hedges and readers: effects on attitudes and learning. In S. Markkanen & H. Schröder(eds.), Hedging and discourse: Approaches to the analysis of a pragmatic in academic texts. Berlin: Walter de Gruyter.

Crystal, D. 1991 A Dictionary of Linguistics and Phonetic. Cambridge: Blackwell.

Dafouz-Milne, E. 2003 Metadiscourse revisited: A contrastive study of persuasive writing in professional discourse. Estudios Ingleses de la Universidad Complutense, 11(1).

Dafouz-Milne, E. 2008 The pragmatic role of textual and interpersonal metadiscourse markers in the construction and attainment of persuasion: A cross-linguistic study of newspapers discourse. Journal of Pragmatics (40).

Dahl, T. 2004 Textual metadiscourse in research articles: A marker of national *culture or of academic discipline?* Journal of Pragmatics (36).

Du Bois J. W.　2007　*Stancetaking in Discourse: Subjectivity , Evaluction , Interaction.* The stance triangle. In R. Englebretson (eds.), Amsterdam/Philadelphia: John Benjamins Publishing Company.

Eggins, S. & Martin, J. R.　1997　*Genres and registers of discourse.* In T. A. van Dijk(eds.), Discourse as structure and process. London: Sage Publications.

Flink, C.　1999　*Writing opinion for impact.* Hoboken: Wiley-Blackwell.

Foolen A. & van der Wouden　2013　*Dutch between English and German.* KU Leuven: A Comparative Linguistic Conference.

Fraser, B.　1988　*Types of English discourse markers.* Acta Linguistica Hungarica(38).

Fraser, B.　1990　*Perspectives on politeness.* Journal of Pragmatics(14).

Fraser, B.　1999　*What are discourse markers?* Journal of Pragmatics(31).

Fuertes-Olivera, P. A., Velasco-Sacristán, M., Arribas-Bano, A. & Samiengo-Fernández, E.　2001　*Persuasion and advertising English: Metadiscourse in slogans and headlines.* Journal of Pragmatics (33).

Gill, A. M. & Whedbee, K.　1997　*Rhetoric.* In T. A. van Dijk(ed.), *Discourse as structure and process.* London: Thousand Oaks & New Delhi.

Giltrow, J. & Stein, D.　2009　*Genres in the Internet: Issues in the theory of genre.* Amsterdam: John Benjamins Publishing Company.

Goodman, K. S.　1967　*Reading: A psycholinguistic guessing game.* Journal of the reading Specialist(6).

Goldberg, A. E.　1995　*Constructions : A Constructional Grammar Approach To Argument Structure.* Chicago: The University of Chicago Press.

Goodman, K. S.　1967　*Reading: A psycholinguistic guessing game.* Journal of the Reading Specialist(6).

Gough, P. B.　1972　*One second of reading.* In J. F. Kavanagh & I. G. Mattingly(eds.), *Language by ear and by eye.* Cambridge: MIT Press.

Grabe, W. & Stoller　2001　*Reading for academic purposes: Guidelines for the ESL/EFL teacher.* In M. Celce-Murcia(ed.). *Teaching English as a second or foreign language*(3rd ed.). Boston: Heinle & Heinle.

Greenbaum, S.　1974　*Some verb-intensifier collocations in American and British English.* American Speech(49).

Grice, H. 1981 *Presupposition and Conversational Implicature*. Beijing：Foreign Language Teaching and Research Press.

Halliday, M. A. K. 1975 *Learning How to Mean*. London：Edward Arnold.

Halliday, M. A. K. 1985 *An introduction to functional grammar*. London：Edward Arnold.

Halliday, M. A. K. 1994 *An introduction to functional grammar*. London：Edward Arnold.

Halliday, M. A. K. 2004 *Disciplinary interactions：Metadiscourse in L2 postgraduate writing*. Journal of Second Language Writing(13).

Halliday, M. A. K. & Hasan, R. 1976 *Cohesion in English*. London：Longman.

Halliday, M. A. K. & Milton, J. 1997 *Hedging in L1 and L2 study writing*. Journal of Second Language Writing, 6(2).

Hanks, H. 1987 *Discourse genres in a theory of practice*. American Ethnologist(14).

Hashemi, S. M., Khodabakhshzadeh, H. & Shirvan, M. 2012 *The effect of metadiscourse on EFL learners' listening comprehension*. Journal of Language Teaching and Research, 3(3).

Hinkel, E. 2002 *Second language writers' text*. Mahwah：Lawrence Erlbaum Associates.

Hu, G. W. & Cao, F. 2011 *Hedging and boosting in abstracts of applied linguistics articles：A comparative study of English-and Chinese-medium journals*. Journal of Pragmatics(43).

Hyland, K. 1994 *Hedging in academic textbooks and EPA*. English for Specific Purposes, 13(3).

Hyland, K. 1996 *Talking to the academy：Forms of hedging in science research articles*. Written Communication, 13(2).

Hyland, K. 1998 *Exploring corporate rhetoric：Metadiscourse in the CEO's letter*. Journal of Business Communication(35).

Hyland, K. 1999 *Talking to students：Metadiscourse in introductory course books*. English for Specific Purposes, 18(1).

Hyland, K. 2000 *Disciplinary discourse：Social interactions in academic writing*, London：Longman.

Hyland, K. 2001 *Humble servants of the discipline? Self-mention in research articles*. English for Specific Purposes(20).

Hyland, K. 2004 Disciplinary interactions: *Metadiscourse in L2 postgraduate writing*. Journal of second Language Writing(13).

Hyland, K. 2005 *Metadiscourse*. New York: Continuum.

Hyland, K. 2017 *Metadiscourse: What is it and where is it going*? Journal of Pragmatics(113).

Hyland, K. & Tse, P. 2004 *Metadiscourse in academic writing: A reappraisal*. Applied Linguistics, 25(2).

Hyland, K. & Milton, J. 1997 *Qualification and certainty in L1 and L2 students' writing*. Journal of second Language Writing, 16(2).

Ifantidou, E. 2005 *The semantics and pragmatics of metadiscourse*. Journal of Pragmatics(37).

Jalififar, A. & Alipour, M. 2007 *How explicit instruction makes a difference: Metadiscourse maker and EFL learners' reading comprehension skill*. Journal of College Reading and Writing, 38(1).

Jalififar, A. & Shooshtari, Z. 2011 *Metadiscourse awareness and ESAP Comprehension*. Journal College Reading and Writing, 41(2).

Keer, H. V. & Verhaeghe, J. P. 2005 *Effects of explicit reading strategies instruction and peer tutoringon second and fifth graders' reading comprehension and self-efficiency Perception*. The Journal of Experimental Education, 73(4).

Keller, E. 1979 Gambits: Conversational strategy signals. Journal of Pragmatics, 3(3).

Khabbazi-Oskouri, L. 2013 *Propositional or no-propositional, that is the question: A new approach to analyzing "interpersonal metadiscourse" in editorials*. Journal of Pragmatics(47).

Kim, L. C. & Lim, J. M. 2013 *Metadiscourse in English and Chinese research article introductions*, Discourse Studies, 15(2).

Kletzien, S. B. 1991 *Strategy use by good and poor comprehenders' reading expository text of different levels*. Reading Research Quarterly(26).

Kuhi, D. & Behnam, B. 2010 *Generic variations and metadiscourse use in the writing of applied linguist: A comparative study and preliminary framework*. Written Communication, 28(1).

Kuhi, D. & Mojood, M. 2014 *Metadiscourse in newspaper genre: A cross-lin-*

guistic Study of English and Persian editorials. Procedia-Social and Behavioral Sciences(98).

Klein, H. 1998 *Adverbs of Degree in Dutch and Related Languages*. Amsterdam/Philadelphia: John Benjamins Publishing Company.

Kristeva, J. 1989 *Language the Unknown: An Iniatiation into Linguistics*. New York: Columbia University Press.

Langacker, R. W. 1985 *Observations and Speculations on Subjectivity*. Amsterdam: Benjamins.

Langacker, R. W. 1987 *Foundations of Cognitive Grammmar : Theoretical Prerequisites*, vol. 1. Stanford: Stanford University Press.

Langacker R. W. 1990 *Subjectification*. Stanford: Cognitive Linguistics.

Langacker R. W. 1997 *The contextual basis of cognitive semantics*. In J. Nuyts & E. Pederson(eds.), *Language and Conceptualization*. Cambridge: Cambridge University Press.

Langacker, R. W. 2006 *Subjectification, Grammarticization and Conceptual Archetypes*. Berlin: Mouton de Gruyter.

Le, E. 2004 *Active participation within written argumentation: Metadiscourse and editorialist's authoruty*. Journal of Pragmatics, 36(4).

Levinson, S. C. 1983 *Pragmatics*. Cambridge: Cambridge University.

Loi, C. K. & Lim, J. M. H. 2013 *Metadiscourse in English and Chinese research article introductions*. Discourse Studies(15).

Loman, N. L. & Mayer, R. E. 1983 *Signaling techniques that increase the understandability of expository prose*. Journal of Educational Psychology, 75(3).

Lorch, R. F. 1989 *Text signaling devices and their effects on reading and memory processes*. Educational Psychology Review(1).

Lorenz, G. 2002 *Really worthwhile or not really significant? A corpus-based approach to the delexicalization and grammaticalization of intensifiers in Modern English*. In I. Wischer, & G. Diewald (eds.), *New Reflections on Grammaticalization*. Amsterdam /Philadelphia: John Benjamins. 143 – 162.

Lyons, J. 1977 *Semantics*. Cambridge: Cambridge University Press.

Lyons, J. 1995 *Linguistic Semantics: An Introduction*. Beijing: Foreign Language Teaching and Research Press.

Méndez-Naya, B. 2003 *On Intensifiers and Grammaticalization: The Case of*

SWIPE. English Studies(4).

Mu, C. & Zhang, L. J., Ehrich, J. & Hong, H. 2015 *The use of metadiscurse for knowledge construction in Chinese and English research articles*. Journal of English for Academic Purpose(20).

Munby, J. 1979 *Communicative syllabus design*. Cambridge: Cambridge University Press.

Myers, G. 1989 *The pragmatics of politeness in scientific articles*. Applied Linguistics, 10(1).

Palmer, F. 1986 *Mood and Modality*. Cambridge: Cambridge University Press.

Paradis, C. 1997 *Degree Modifiers of Adjectives in Spoken British English*. Lund: Lund University Press.

Partington, A. 1993 *Corpus Evidence of Language Changes the Case of the Intensifier*. Amsterdam: John Benjamins.

Parvaresh, V. & Nemati, M. 2008 *Metadiscourse and reading comprehension: The effects of language and proficiency*. Electronic Journal of Foreign Language Teaching, 5(2).

Perkin, M. 1983 *Modal expressions in English*. London, UK: Frances Pinter.

Pound, G. 2011 *"This property offers much character and charm": Evaluation in the discourse of online property advertising*. Text & Talk, 31(2).

Quirk, R. et al. 1985 *A Comprehensive Grammar of the English Language*. London: Longman.

Redeker, G. 1991 *Linguistic markers of discourse structure*. Linguistics(29).

Reppen, R. 2010 *Using corpora in the language classroom*. Cambridge: Cambridge University Press.

Rossiter, J. 1974 *Theories of communication*. Oxford: Oxford University Press.

Rumelhart, D. E. 1977 *Toward an interactive model of reading*. In S. Dornic (ed.), Attention and performance IV. New York: Academic Press.

Schiffrin, D. 1980 *Metatalk: Organizational and evaluative brackets in discourse*. Sociological Inquiry: Language and Social Interaction(50).

Schiffrin, D. 1987 *Discourse Markers*. Cambridge: Cambridge University Press.

Schleppegrell, M. J. 1996 *Conjunction in spoken English and ESL writing.* Applied Linguistics(17).

Souvignier, E. & Mokhlesgerami, J. 2006 *Using self-regulation as a framework for implementing strategy instruction to foster reading comprehension.* Learning and Instruction(16).

Sperber, D. & Wilson, D. 1986 *Relevance: Communication and cognition.* Oxford: Blackwell.

Swales, J. 1990 *Genre analysis: English in academic research settings.* Cambridge: Cambridge University Press.

Tagliamonte, S. A. 2008 *So Different and Pretty Cool! —Recycling Intensifiers in Canada.* Toronto: English Language and Linguistics(12).

Tavakoli, M., Dabaghi, A. & Khorvash, Z. 2010 *The effect of metadiscourse awareness on L2 reading comprehension: A case of Iranian EFL learners.* English Language Teaching Journal, 3(1).

Thompson, G. & Thetela, P. 1995 *The sound of one hand clapping: The management of interaction in written discours.* Text, 15(1).

Traugott, E. C. 1995 *Subjectification in grammaticalization*, D. Stein & S. Wright: Subjectivity and Subjectivisation: Linguistic Perspectives. Cambridge: Cambridge University Press.

Traugott E. C. 1995 *The Role of the Development of Discourse Markers in a Theory of Grammaticalization.* Manchester: University of Manchester.

Traugott, E. C. 1997 *Semantic Change: An Overview.* Cambridge: Cambridge University Press.

Ungerer, F. 1997 *Emotions and emotional language in English and German news stories.* In Niemeier, S. and Dirven, R.(1997), The Language of Emotions: Conceptualization, Expression, and Theoretical Foundation. Amsterdam: J. Benjamins.

Valero Garces, C. 1996 *Contrastive ESP rhetoric: Metatext in Spanish-English economics texts.* English for Specific Purposes(5).

vanDijk, T. A. 1979 *Pragmatics connectives.* Journal of Pragmatics, 3(5).

vanDijk, T. A. 1992 *Discourse and the denial of racism.* Discourse and Society (3).

vanDijk, T. A. 1998 *Opinions and ideologies in the press.* In A. Bell & P. Garett(eds.), Approaches to media discourse. Oxford: Blackwell.

Vande Kopple, W. J. 1985 *Some exploratory discourse on metadiscourse*. College Composition and Communication(36).

Vande Kopple, W. J. 2002 *Metadiscourse, discourse, and issues in composition and rhetoric*. In E. Barton & G. Stygall(eds.), Discourse studies in composition. Gresskill: Hampton Press, Inc.

Wang, Y. F., Goodman, D., Chen, S. Y. & Hsiao, Y. H. 2011 *Making claims and counterclaims through factuality: The use of Mandarin Chinese qishi("actually") and shishishang("in fact") in institutional settings*, Discourse Studies, 13(2).

Williams, M. J. 1981 *Style ten lesson in clarity and grace*. Boston: Scott Foresman.

Wilson, D. & Sperber, D. 2004 *Relevance theory*. In L. R. Horn & G. Ward (eds.), The handbook of pragmatics. Oxford: Blackwell.

Zhang, M. 2016 *A multidimensional analysis of metadiscourse markers across written registers*. Discourse Studies, 18(2).